A Sobrevigência das Cláusulas Normativas aos Contratos Individuais de Trabalho

CARLOS EDUARDO PRÍNCIPE

Graduado em Direito pela Universidade de São Paulo. Pós-graduado, em nível de Especialização Lato sensu, em Direito Processual Civil e Direito do Trabalho. Mestre em Direito do Trabalho pela Pontifícia Universidade Católica de São Paulo. Advogado e consultor trabalhista-sindical com especialização em negociação coletiva e administração de greves.

A Sobrevigência das Cláusulas Normativas aos Contratos Individuais de Trabalho

Dados Internacionais de Catalogação na Publicação (CIP)
(Câmara Brasileira do Livro, SP, Brasil)

Príncipe, Carlos Eduardo

A sobrevigência das cláusulas normativas aos contratos individuais de trabalho / Carlos Eduardo Príncipe. — São Paulo : LTr, 2004.

Bibliografia.

ISBN 85-361-0530-5

1. Cláusulas (Direito) — Brasil 2. Contratos individuais de trabalho — Brasil I. Título.

03-7221   CDU-34:331.116.2(81)

Índice para catálogo sistemático:

1. Brasil : Contratos individuais de trabalho : Cláusulas normativas : Direito do trabalho : 34:331.116.2(81)

Produção Gráfica: **IRENE STUBBER PEINADO**
Editoração eletrônica: **WTJ**
Capa: **ELIANA C. COSTA**
Impressão: **BOOK**

(Cód. 2853.7)

© Todos os direitos reservados

EDITORA LTDA.

Rua Apa, 165 — CEP 01201-904 — Fone (11) 3826-2788 — Fax (11) 3826-9180
São Paulo, SP — Brasil — www.ltr.com.br

Junho, 2004

Sumário

Abreviaturas utilizadas 9

Introdução 13

1. Origem 17
1.1. Regulamentação Legal no Brasil 21
1.2. As Dificuldades para o Desenvolvimento das Convenções Coletivas de Trabalho no Brasil 23

2. Terminologia 34

3. Natureza Jurídica 37
3.1. Teoria Contratualista ou Civilista 37
    3.1.1. Teoria do Mandato 37
    3.1.2. Teoria da Estipulação em favor de Terceiros 38
    3.1.3. Teoria da Gestão dos Negócios 38
    3.1.3. Teoria do Contrato *sui generis* ou Teoria do Contrato Inominado 39
3.2. Teorias Normativistas 39
    3.2.1. Teoria do Pacto Social 40
    3.2.2. Teoria da Instituição Corporativa 40
3.3. Teoria Mista 40

4. Condições de Validade 43
4.1. Forma Escrita 44
4.2. Publicidade 45
4.3. Assembléia Deliberativa 48
4.4. Vigência 49

4.5. Prorrogação, Revisão, Denúncia ou Revogação 51

    4.5.1. Prorrogação 53

    4.5.2. Revisão 54

    4.5.3. Denúncia 55

    4.5.4. Revogação 57

5. Tipos de Cláusulas 58

    5.1. Cláusulas Obrigacionais ou Contratuais 58

    5.2. Classificação das Cláusulas Obrigacionais 61

    5.3. Modelo Adotado no Brasil 63

6. A Integração das Cláusulas Normativas ao Contrato Individual de Trabalho 67

    6.1. Tese da Incorporação 68

        6.1.1. Amauri Mascaro Nascimento 68

        6.1.2. José Augusto Rodrigues Pinto 69

        6.1.3. José Martins Catharino 69

        6.1.4. Octavio Bueno Magano 70

        6.1.5. Orlando Teixeira da Costa 70

        6.1.6. Roberto Pessoa 71

        6.1.7. Ronald Amorim e Souza 73

        6.1.8. Segadas Vianna 73

    6.2. Tese da Não Incorporação 74

        6.2.1. Eduardo Gabriel Saad 74

        6.2.2. Gino Giugni 75

        6.2.3. Jean-Claude Javillier 76

        6.2.4. Pedro Paulo Teixeira Manus 76

        6.2.5. Renato Rua de Almeida 77

        6.2.6. Sérgio Pinto Martins 78

        6.2.7. Wilson de Souza Campos Batalha 79

6.3. O Princípio da Vantagem Individual Adquirida 79

    6.3.1. A Influência do Princípio da Vantagem Individualmente Adquirida no Processo Negocial 85

    6.3.2. A Opinião dos Operadores do Direito Diante da Tese da (Não) Incorporação das Cláusulas Normativas nos Contratos Individuais de Trabalho 94

6.4. Considerações Finais 95

7. Direito Internacional 99

8. Direito Estrangeiro 103

8.1. Argentina 103

8.2. Espanha 104

8.3. Portugal 105

8.4. França 106

8.5. República Federal da Alemanha 109

8.6. Itália 112

9. A Lei n. 8.542/92 e o Impacto no Âmbito das Relações Trabalhistas . 116

9.1. Revogação do art. 1º, §§ 1º e 2º da Lei n. 8.542/92 122

9.2. Ação Direta de Inconstitucionalidade n. 1849-0-DF 124

10. Enunciado n. 277 do TST 126

11. A Jurisprudência Trabalhista e as Teses de Incorporação e Não Incorporação de Cláusulas Normativas aos Contratos Individuais de Trabalho 136

12. A Flexibilização dos Direitos Trabalhistas nos Dias Atuais 141

12.1. A Cláusula do Vale-Transporte nas Convenções Coletivas de Trabalho 146

    12.1.1. Setor Metalúrgico 147

    12.1.2. Setor de Rádio e Televisão 147

    12.1.3. Setor Químico 148

12.2. A Portaria n. 865/95 do Ministério do Trabalho e Emprego 149

12.2.1. Ato Declaratório n. 4 do Ministério do Trabalho e Emprego 153

13. O Projeto de Lei n. 5.483/01 e a Flexibilização do Art. 618 da CLT objetivando a Prevalência do Negociado sobre o Legislado 156

13.1. O Projeto de Lei na Câmara dos Deputados 163

13.2. O Voto do Relator Deputado José Múcio Monteiro 164

13.3. A Versão Final do Projeto de Lei aprovado na Câmara dos Deputados 167

13.4. O Projeto de Lei n. 134/01 no Senado Federal 168

13.5. A Opinião dos Atores Sociais 168

13.6. Observações Finais 192

14. A Tentativa do Sindicato dos Metalúrgicos de São Paulo em flexibilizar os Direitos Trabalhistas com base no Projeto de Lei n. 5.483/01 194

14.1. A Ação Declaratória de Nulidade proposta pelo Ministério Público do Trabalho da 2ª Região 199

14.2. A Liminar Concedida *Inaudita Altera Pars* e o Julgamento pelo TRT da 2ª Região 201

14.3. Impressões Preliminares 202

Conclusão 205

Apêndice 209

1. Portaria n. 865 de 14 de setembro de 1995 209

2. Instrução Normativa n. 1 de 28 de fevereiro de 2002 210

3. Jurisprudências Selecionadas 213

4. Decisões da Corregedoria-Geral do Trabalho do TST 229

5. Despacho Denegatório referente ao Pedido de Efeito Suspensivo envolvendo Cláusula Estabilitária decorrente de Doença Profissional ou Acidente de Trabalho 233

Bibliografia 241

Abreviaturas Utilizadas

amp.	—	Ampliada
art.	—	Artigo
aum.	—	Aumentada
BIT	—	Bureau Internacional do Trabalho
CLT	—	Consolidação das Leis do Trabalho
Conf.	—	Confrontar
coord.	—	Coordenador
E.	—	Enunciado
ed.	—	Edição
G.N.	—	Grifos nossos
OIT	—	Organização Internacional do Trabalho
op. cit.	—	Obra já citada
org.	—	Organizador
p.	—	Página ou páginas
PEA	—	População Economicamente Ativa
Prof.	—	Professor
Prof.ª	—	Professora
rev.	—	Revista
SBDI	—	Seção Especializada em Dissídios Individuais
ss.	—	Seguintes
STF	—	Supremo Tribunal Federal
TRT	—	Tribunal Regional do Trabalho
TST	—	Tribunal Superior do Trabalho
v.	—	Volume

*"Na sociedade na qual estamos inseridos
em busca da eterna perfeição,
prevalece o erro em detrimento dos acertos,
enquanto regra matriz de conduta e sobrevivência."*

Carlos Eduardo Príncipe

Introdução

Neste início de 2002 pode-se constatar que o Brasil, considerado país emergente, caminha a passos largos na busca de ocupar uma posição de destaque no cenário político-internacional.

Ao mesmo tempo em que se busca o reconhecimento internacional, quer pela atuação no campo das relações comerciais, quer pela influência político-geográfica, verifica-se internamente uma forte inércia das classes empresariais e profissionais na busca de um modelo de relações trabalhistas que valorize mais o trabalho diante da dinâmica imposta pela economia mundial, via de conseqüência contribuindo para que o Brasil figure nas estatísticas da Organização das Nações Unidas como o quarto pior colocado na distribuição de renda[1].

Inobstante toda a construção legal em defesa dos direitos dos trabalhadores, a maioria dos brasileiros não usufrui daqueles direitos sociais[2] previstos em lei, pois não recebem 13º salário (54%), férias remuneradas (55%), além do que, ganham salários baixos (56% recebem no máximo dois salários mínimos), integrando o "país dos direitos de papel"[3].

De outro lado, tem-se os trabalhadores com carteira assinada, mas que, muitas vezes, são empurrados para o desemprego, a informalidade, com a precarização de seus direitos, diante de uma legislação rígida e de impostos que oneram em demasia o custo da mão-de-obra para o empresário, o qual opta por caminhar à margem da legislação, enquanto alternativa de sobrevivência numa economia extremamente competitiva e globalizada.

---

(1) *Folha de São Paulo*, São Paulo, 24 de março de 2002, Caderno Especial Trabalho, p. 1-8.
(2) Os dados foram levantados pelo Datafolha em pesquisa realizada no mês de novembro de 2001. In *Folha de São Paulo*, São Paulo, 24 de março de 2002, Caderno Especial Trabalho, p. 1-8.
(3) *Ibidem*, p. 1.

Daí entendermos pertinente reavivar a discussão sobre a incorporação ou não das cláusulas normativas, pactuadas em convenção coletiva de trabalho, nos contratos individuais de trabalho, diante da dinâmica da qual se reveste o processo negocial, principalmente em função do papel que cabe aos interlocutores sociais na busca contínua do equilíbrio entre capital e trabalho, mormente, nos dias atuais, em que a globalização da economia exige uma maior desregulamentação da legislação trabalhista.

Desta feita, iniciamos o estudo do tema perquirindo a origem do instituto convenção coletiva de trabalho para logo em seguida, delimitar-se a sua regulamentação jurídica na legislação nacional e as dificuldades que inviabilizam o seu cabal desenvolvimento como instrumento de paz e justiça sociais entre as classes empresarial e operária.

No capítulo 2, buscou-se definir a correta terminologia deste instituto, eis que doutrinariamente não há consenso quanto ao nome mais apropriado.

Logo a seguir, no capítulo 3, analisa-se as principais teorias existentes no campo doutrinário concernente à natureza jurídica da convenção coletiva de trabalho. Em seguida, no capítulo 4, procura-se dissecar as condições de validade, analisando-se detidamente os fatores intrínsecos e extrínsecos que imantam de validade a sua celebração, sendo que se dedica o capítulo 5 para estabelecer os tipos de cláusulas que compõem uma convenção coletiva de trabalho, além de se analisar o modelo adotado no Brasil.

No capítulo 6, discute-se, do ponto de vista doutrinário e jurisprudencial, a incorporação ou não das cláusulas normativas nos contratos individuais de trabalho. Para tanto, decidiu-se optar por relacionar doutrinadores de escol favoráveis e contrários ao tema central *desta obra*, valendo-nos, por didático e objetivo, da apresentação contida em trabalho de fôlego desenvolvido pelo ínclito Prof. *Arion Sayão Romita*[4]. Acrescentamos, por pertinente e atual, tópico específico atinente ao princípio da vantagem individual adquirida, de origem francesa e que tem sobremaneira influenciado a doutrina nacional, principalmente a jurisprudência dos tribunais trabalhistas.

---

(4) Arion Sayão Romita, "Extinção de convênios coletivos: efeitos sobre os contratos de trabalho", p. 533-558.

Mais à frente, no capítulo 7, procura-se descortinar o tema no âmbito do direito internacional e, no capítulo 8, de forma seletiva, posicioná-lo no direito estrangeiro, destarte, analisando-se a legislação em seis países que têm proximidade jurídica com o nosso direito pátrio.

No capítulo 9, busca-se avaliar o impacto gerado pelo advento da Lei n. 8.542/92, que estabelecia regras de política salarial e determinava a integração das cláusulas normativas aos contratos individuais de trabalho, e, por fim, a sua posterior revogação, inclusive suscitando uma ação direta de inconstitucionalidade perante o Supremo Tribunal Federal.

É dentro deste contexto que, no capítulo 10, se demonstra o posicionamento atual da mais alta Corte trabalhista brasileira favorável ao respeito pelo prazo de vigência dos instrumentos normativos, não admitindo a sobrevigência das cláusulas normativas depois de expirado referido prazo, porém, ressalvando a aplicação do princípio da vantagem individualmente adquirida, inclusive levando a Seção Especializada em Dissídios Individuais a adotar precedente específico.

Buscando-se ilustrar o desenvolvimento do tema com casos concretos, no capítulo 11, faz-se uma seletiva de acórdãos que revelam o norte que tem orientado os nossos julgadores quanto à incorporação ou não de cláusulas normativas aos contratos individuais de trabalho, principalmente após o término de vigência do instrumento normativo.

No capítulo 12, aborda-se a flexibilização dos direitos trabalhistas nos dias atuais e o posicionamento dos doutrinadores a respeito do tema, aproveitando-se, em complemento, para abrir dois tópicos específicos, sendo um para exemplificar a dinâmica da qual se revestem as negociações coletivas, muitas vezes levando os atores sociais a ajustarem cláusulas contrárias à legislação, mas que se coadunam com a realidade, sem prejuízo para o trabalhador, e, outro, para demonstrar a mudança de postura por parte do Ministério do Trabalho e Emprego em prol da valorização do princípio da autonomia privada coletiva.

No capítulo 13, analisa-se a reação gerada pelo Projeto de Lei n. 5.483/01, o qual prevê a prevalência do negociado sobre o legislado, enquanto tentativa do Governo Federal em impulsionar um ajuste da legislação trabalhista em consonância com as exigências impostas pela economia mundial.

Dedica-se o capítulo 14 para trazer o resultado da primeira tentativa de flexibilização dos direitos trabalhistas, em consonância com os termos do projeto mencionado, feita pelo Sindicato dos Metalúrgicos de São Paulo e a reação contrária do Ministério Público do Trabalho ao intentar ação declaratória de nulidade perante o Tribunal Regional do Trabalho de São Paulo.

Finalizamos o estudo apontando para a necessidade de se enfrentar, com maior isenção de ânimo, a nova realidade econômico-social, a qual prenuncia tempos difíceis e maior disposição dos interlocutores sociais em perseguir saídas alternativas e compatíveis para um modelo mais flexível atinente às relações trabalhistas, no âmbito individual e coletivo, sob pena de se tornarem meros expectadores impotentes, diante dos impactos da revolução econômico-tecnológica que hodiernamente avança sobre todos os países, derrubando fronteiras, interferindo, ainda que indiretamente, na economia e, mormente, na legislação social.

Por derradeiro, apresentamos a bibliografia utilizada, cumprindo esclarecer que foram relacionados somente os artigos e obras efetivamente utilizados no corpo do trabalho e constantes das notas de rodapé, apesar de várias outras terem sido catalogadas e manuseadas e, portanto, contribuindo indiretamente para o desenvolvimento da obra.

Sinceramente, para aqueles que nos derem a honra de ler este trabalho, desde já, agradecemos as críticas e esperamos ter podido contribuir para o redescortinar de um tema que tende a acentuar uma profunda discussão doutrinária na medida em que o processo de globalização da economia deixa de ser utopia para se tornar realidade, deste modo, obrigando a classe empresarial a buscar alternativas sustentáveis a viabilizar o seu negócio em consonância com os aspectos sociais que devem imantar a relação capital e trabalho, porém, flexíveis o suficiente para dinamizar o processo negocial e não emperrá-lo sob o falso argumento de proteção à classe trabalhadora, num País como o nosso, em que o desrespeito às leis trabalhistas é uma constante diante de uma visão míope e atitude estática dos interlocutores sociais na busca de caminhos pragmáticos que possibilitem alcançar o verdadeiro equilíbrio nas relações trabalhistas.

1. Origem

Com o advento da Revolução Industrial, o mundo contemporâneo irá assistir a um contínuo desenvolvimento fabril cuja base de sustentação estará no emprego de mão-de-obra a custo extremamente reduzido, sem qualquer valorização do indivíduo como cidadão pertencente a uma sociedade com direitos e deveres.

Esta visão distorcida quanto ao equilíbrio da relação capital e trabalho irá refluir na união espontânea da classe operária, inicialmente, como forma de auto-ajuda e, ulteriormente, com objetivos reivindicatórios[5], muitas vezes por meio de greves no ambiente de trabalho diante da intransigência do empresariado em negociar melhorias nas condições de trabalho.

A iniciativa operária, de início, será reprimida violentamente pela polícia pois, à época, o assunto era visto como caso de polícia e não como de cunho social.

Posteriormente, a classe empresarial viu-se premida a se reposicionar diante dos trabalhadores que passavam a reivindicar de forma mais unida e, apesar da repressão policial, causar um mal maior, qual seja, a paralisação das máquinas e conseqüentemente da produção.

Desta feita, surgem os primeiros contratos coletivos[6] estabelecendo condições de trabalho presentes e futuras de modo a se minimizar o rompimento da relação capital e trabalho[7], "uma verdadeira

---

(5) Henrique Stodieck, "Convenção coletiva de trabalho", p. 5.
(6) "A Convenção Coletiva de Trabalho surgiu espontânea e simultaneamente nos países em que ocorreu a revolução industrial, migrando depois para aquêles *(sic)* que se integraram nossa revolução, ao mesmo tempo em que se intensificava a sua aplicação nos centros originários". Henrique Stodieck, *loc. cit.*
(7) "As convenções coletivas surgiram com a industrialização da Europa Ocidental e dos Estados Unidos. Apareceram como forma de reivindicação dos empregados, recebendo logo a adesão dos empregadores, apesar da forte oposição estatal.
Através do costume, vieram a consolidar-se sendo, posteriormente, reconhecidas pelas legislações". Anita Natal, "Da convenção coletiva de trabalho", p. 1.229.

composição de interêsses antagônicos, verdadeira trégua entre as reivindicações que se chocam"[8] (sic), nas palavras do eminente *Roberto Barretto Prado*.

A princípio, como assinala *Mozart Victor Russomano*[9], esses arranjos celebrados entre os representantes dos obreiros e dos empregadores estipulando o preço do trabalho, a duração da jornada de trabalho, as hipóteses para rescisão contratual, entre outras cláusulas de interesse mútuo, encontrarão óbice por parte do Estado[10] que se recusava a aceitar um direito de fonte não estatal.

Com o passar do tempo, considerando-se que as relações entre empregados e empregadores respaldavam-se na ausência de regulamentação legal, tornou-se incontestável os benefícios advenientes da celebração dos referidos pactos coletivos, mormente, nos momentos de maior tensão social gerados pela deflagração de movimentos paredistas, na maioria das vezes, violentos, eis que restabeleciam a paz social e contribuíam significativamente para evitar ou, pelo menos, minimizar confrontos futuros.

No século XX[11], o Estado passa a reconhecer as convenções coletivas[12], e a incorporar em suas leis, mecanismos que regulem a forma de elaboração, o conteúdo e os requisitos para a sua validade.

A regulamentação legal deste novo instituto jurídico iniciar-se-á na Europa, "transformada em um grande laboratório de soluções trabalhistas"[13], sendo que *Segadas Vianna* em sua obra *Direito Coletivo do Trabalho*[14] destaca, entre os países europeus, a Alemanha, onde a

---

(8) *Tratado de direito do trabalho*, p. 861.
(9) *O empregado e o empregador no direito brasileiro*, p. 175-176.
(10) "Inicialmente, o Estado proibia as convenções, passando depois a ignorá-las e a tolerá-las; mais tarde reconhece-as e passou a regulá-las. A primeira lei regulamentadora foi o Código Civil da Holanda, de 1909; seguem-se o Código Federal das Obrigações da Suíça, em 1912, a lei alemã sobre contratos e salário (*tarifwertrag*), de 1918, e o reconhecimento pela Constituição de Weimar, de 1919". Wagner D. Giglio, "Convenções coletivas de trabalho", p. 271.
(11) Segadas Vianna, "Direito Coletivo de Trabalho", p. 145.
(12) "O Estado, até então indiferente à sorte de tais convenções, depois de a elas se haver oposto durante muito tempo, deliberou dar-lhes importância jurídica, aplicando-lhes a chancela de sua autoridade, a fim de que as partes se sentissem mais vinculadas aos compromissos assumidos e a fim de que a violação do contrato não permanecesse impune". Mozart Victor Russomano, *O empregado e o empregador no direito brasileiro*, p. 175.
(13) *Ibidem*, p. 176.
(14) P. 145-146.

primeira lei regulamentadora da convenção coletiva surgiu no ano de 1918 e findou com o advento do regime nazista. Somente no ano de 1949 seria aprovada uma nova lei de abrangência nacional que, à semelhança da legislação francesa, atribuirá à convenção coletiva um sentido de lei profissional para as partes convenientes, ficando a critério do Ministério do Trabalho e Emprego determinar a sua extensão a requerimento de uma das partes, ressalvada a hipótese de aplicar a norma de ofício em decorrência de eventual momento crítico na órbita social.

Ronald Amorim e Souza[15] esclarece que prevalecem as convenções por ramos de atividade, entretanto, atualmente caminha-se para a negociação por empresa e que o interlocutor, em nome dos empregados, é o comitê de empresa, cuja vantagem sobre o sindicato está no fato de representar todos os empregados ao contrário daquele.

Na Espanha[16], a convenção coletiva é celebrada por empresa sendo que o sindicato profissional para ter representatividade deve envolver, no mínimo, dez por cento (10%) dos trabalhadores daquela empresa.

Na França, a regulamentação das convenções ocorre por força da lei de 11 de fevereiro de 1950, em muito semelhante à legislação concernente à definição e à prevalência de suas disposições sobre os contratos individuais, se estas não contiverem cláusulas mais favoráveis, conforme assinala *Segadas Vianna*[17].

Na Itália, atualmente, as convenções coletivas denominadas de direito comum[18] abrigam somente os associados dos sindicatos convenientes e são reguladas pelo Código Civil, cumprindo esclarecer que no passado por força da Lei n. 741[19] de 1959, as convenções da

---

(15) "A questão atual do contrato coletivo de trabalho", p. 391.
(16) *Ibidem*.
(17) *Op. cit.*, p 146.
(18) Sérgio Pinto Martins, *Direito do trabalho*, p. 719.
(19) "Para que se complete a exposição é necessário fazer referência à Lei n. 741 de 1959. Por força desta lei, o Governo foi autorizado, excepcional e transitoriamente (por um ano), a emanar normas jurídicas, com força da lei, a fim de assegurar mínimos inderrogáveis de tratamento econômico e normativo a todos os que pertençam a uma mesma categoria econô-

época foram transformadas em decretos legislativos especiais, tornando-se a partir daí obrigatórios para todos.

De outro lado, *Sérgio Pinto Martins*[20] pondera que nos Estados Unidos, o sindicalismo se pratica em nível de empresa cuja característica primordial é a celebração de convenções coletivas para o âmbito da empresa e excepcionalmente de aplicação nacional. Ao contrário de outros países, não existe o processo de extensão dos instrumentos normativos. Outra característica peculiar está no fato dos próprios empregados elegerem o sindicato profissional que irá representá-los no processo de negociação coletiva, escolha esta a que o empregador não poderá se recusar, ainda que estranho à categoria profissional.

Por fim, o Prof. *Segadas Vianna*[21] esclarece que de longa data as convenções coletivas norte-americanas refletem o verdadeiro poder negocial atribuído aos sindicatos profissionais[22], motivo pelo qual, no dizer de *Mozart Victor Russomano*, "o operário dos Estados Unidos não se preocupa muito com a adoção, pelo Congresso Nacional, de leis sobre a duração da jornada diária de trabalho, indenização por despedida, férias, etc. (*sic*). Prefere estipular leis, através de conven-

---

mica. Na emanação das normas o Governo deverá ater-se às cláusulas dos acordos econômicos e contratos coletivos estipulados anteriormente à data da entrada em vigor da lei.
Com base em tal autorização legal, foram editados incontáveis decretos legislativos, dando efeito geral a contratos coletivos nacionais.
A necessidade de tal generalização dos contratos coletivos se fez sentir pela constatação da pequena abrangência de tais contratos, do que resultava que grandes contingentes de trabalhadores ficassem ao desabrigo de um sistema normativo de proteção ao trabalho." Carlos Moreira De Luca, *Convenção coletiva de trabalho: um estudo comparativo*, p. 22.
(20) *Op. cit.*, p. 720.
(21) *Op. cit.*, p. 142. Enfatiza ainda o autor que: "Merece a pena, por isso, repetir as palavras de Eisenhower, que já transcrevemos: 'Êsse (*sic*) processo é o melhor método que temos para alterar e melhorar as condições de trabalho e, assim, ajudar a levantar o nível de vida do povo americano'". *Ibidem*.
(22) "O que hoje se dissemina, constituindo modernismo em todo o mundo, é o comportamento das relações trabalhistas nos Estados Unidos. Com efeito, ainda que a estrutura sindical, neste país, se aglutine em duas megacorporações unificadas, o sindicalismo se pratica em nível de empresa, emprestando maior realismo às relações entre capital e trabalho". Ronald Amorim e Souza, *A questão atual do contrato coletivo de trabalho*, p. 392.

ções normativas, com seus empregadores, obtendo, assim, muitas vezes, vantagens maiores"⁽²³⁾.

1.1. Regulamentação Legal no Brasil

A primeira lei nacional⁽²⁴⁾ a regulamentar o instituto jurídico da convenção coletiva de trabalho foi o Decreto n. 21.761 de 23 de agosto de 1932, que a definia como "o ajuste relativo às condições de trabalho concluído entre um ou vários empregadores e seus empregados, ou entre sindicatos ou qualquer outro agrupamento de empregadores e sindicatos, ou qualquer outro agrupamento de empregados".

No plano constitucional, segundo *Henrique Stodieck*⁽²⁵⁾, a Carta Magna de 1934, no art. 121, § 1º, letra *j*, "reconheceu as convenções coletivas de trabalho, com o que o Brasil seguiu a orientação introduzida pela Constituição de Weimar, tornando a convenção um instituto constitucional".

De outro lado, a Constituição de 1937 avançou significativamente sobre o instituto da convenção ao dispor expressamente que, *in verbis*:

"Art. 137 — A legislação de trabalho observará, além de outros, os seguintes preceitos:

a) os contratos coletivos de trabalho⁽²⁶⁾ concluídos pelas associações, legalmente reconhecidos, de empregadores, trabalhadores, artistas e especialistas serão aplicados a todos os empregados, trabalhadores, artistas e especialistas que eles representam;

---

(23) Mozart Victor Russomano, *O empregado e o empregador no direito brasileiro*, p. 177.
(24) "E foi realmente por iniciativa de Evaristo de Moraes, um dos primeiros estudiosos do problema social em nossa Pátria, que surgiu o Decreto n. 21.761, de 23 de agosto de 1932. Pela falta de experiência do problema, o legislador decalcou a lei do direito positivo francês...". Arnaldo Süssekind; Délio Maranhão; Segadas Vianna, *Instituições de direito do trabalho*, p. 1.038.
No mesmo sentido, João Régis Fassbender Teixeira, *Teoria prática do direito do trabalho*, p. 319.
(25) Henrique Stodieck, *Op. cit.*, p. 6.
(26) Registra-se que o Texto Constitucional de 37 voltou a utilizar a denominação de contrato coletivo de trabalho ao invés de manter convenção coletiva de trabalho utilizada na Carta de 1934.
Consulte-se na mesma direção Arnaldo Süssekind; Délio Maranhão; Segadas Vianna, *Instituições de direito do trabalho*, p. 1.038-1.039. Ver ainda *op. cit.*, p. 6.

b) os contratos coletivos de trabalho deverão estipular obrigatoriamente (sic) a sua duração, a importância e as modalidades do salário, a disciplina interior e o horário de trabalho."

Posteriormente, a Constituição de 18 de setembro de 1946[27], de forma sucinta, estabelece no art. 157, XIII, o "reconhecimento das convenções coletivas de trabalho", retomando a denominação "convenção coletiva".

A Constituição de 24 de janeiro de 1967 mantém o mesmo espírito com o art. 159, posteriormente mantido com o n. 166 na Carta de 17 de outubro de 1969, in verbis:

"É livre a associação profissional ou sindical; a sua constituição; a representação legal nas convenções coletivas de trabalho e o exercício de funções delegadas de poder público serão reguladas em lei."

Finalmente, a Constituição de 5 de outubro de 1988, dispõe expressamente em seu art. 7º, XXVI: "reconhecimento das convenções e acordos coletivos de trabalho".

No plano infraconstitucional, de significativa importância tem-se o Decreto n. 5.452 de 1º de maio de 1943, que institui a Consolidação das Leis do Trabalho, dando-se destaque ao título VI o qual regulamentou os Contratos Coletivos de Trabalho[28][29] e, ulteriormente, o Decreto-lei n. 229 que introduziu modificações substanciais[30], verbi gratia, a inclusão no capítulo dos acordos coletivos, que já existiam na prática, mas careciam de regulamentação legal, além de consagrar em definitivo a denominação "convenção coletiva de trabalho".

---

(27) "O contrato normativo é permitido pela Constituição de 1946, art. 157, XIII, como espécie de convenção coletiva de trabalho. As convenções coletivas de trabalho podem ser *normativas*, ou não, isto é, apenas de vinculação contratual a prestar trabalho e a retribuir" (Grifos no original). Pontes de Miranda, *Tratado de direito privado*, p. 369.
(28) "A Consolidação das Leis do Trabalho inicialmente manteve a denominação 'contrato coletivo' e, também o princípio de que só podem firmá-lo associações sindicais de empregados e empregadores." Arnaldo Süssekind; Délio Maranhão; Segadas Vianna, *Op. cit.*, p. 1.039.
(29) "A expressão 'contrato coletivo' de trabalho sempre foi usada no Brasil em contraposição a contrato individual de trabalho, mas com o sentido de convenção coletiva de trabalho, como se infere, por exemplo, do disposto nos arts. 59 e 462 do Texto Consolidado". Carlos Henrique Bezerra Leite, *Direito do trabalho primeiras linhas*, 2ª ed., rev., atual. e ampl., Curitiba: Juruá Editora, 1997, p. 290.
(30) João Régis Fassbender Teixeira, *Teoria prática do direito do trabalho*, p. 320.

1.2. As Dificuldades para o Desenvolvimento das Convenções Coletivas de Trabalho no Brasil

Por oportuno, registra-se que no Brasil, de acordo com os ensinamentos do emérito jurista *Mozart Victor Russomano*[31], as convenções coletivas de trabalho tiveram pequeno desenvolvimento prático[32], cujo fenômeno tem explicação nas seguintes questões, *in verbis*:

"a) formalismos numerosos, que podem ser restringidos, ao menos em parte;

b) intervenção exagerada da autoridade administrativa, retraindo a iniciativa das partes;[33]

c) existência, no Brasil, de uma Justiça[34] constituída dentro do Poder Judiciário Nacional, com funções jurisdicionais[35] que alcançam a solução dos dissídios coletivos (de natureza jurídica ou de natureza econômica), o que a transforma em órgão preferencialmente escolhido pelas partes para solução de suas controvérsias, relegando a convenção coletiva ao papel de instrumento conciliatório de caráter preventivo;

---

(31) Mozart Victor Russomano, *Comentários à consolidação das leis do trabalho*, p. 117-118.
(32) Octavio Bueno Magano, "Lei e convenção coletiva", p. 399.
Analisando o modelo brasileiro de negociação coletiva e solução dos conflitos coletivos, o autor afirma categoricamente:
"De tudo deriva a conclusão de haver fracassado o modelo brasileiro de Direito do Trabalho, fundado na lei de caráter genérico e protecionista.
Urge, portanto, que acertemos o passo com o resto do mundo, abrindo espaço, cada vez maior, aos procedimentos de autocomposição de litígios, notadamente o de contratação coletiva. Exemplo a ser seguido é o do Chile que, com a edição da Lei n. 19.069, de 30 de julho de 1991, converteu a negociação coletiva, a contratação coletiva e o convênio coletivo em instrumentos prioritários de modelação de condições de trabalho.
E a preponderância dos procedimentos de autocomposição aqui preconizados encontram respaldo na Constituição vigente."
(33) "Os sindicatos, com raras exceções, são frágeis. Sem nenhuma exceção estão submetidos a diversos tipos de controle do Estado." Amauri Mascaro Nascimento, "Novos problemas de direito do trabalho", p. 411.
(34) Octavio Bueno Magano, "Lei e convenção coletiva", p. 398-399.
(35) "Ademais, a especificidade dos conflitos coletivos de trabalho torna o poder normativo uma peça de retórica, transformando o judiciário trabalhista em um verdadeiro bode expiatório dos desencontros das negociações coletivas no Brasil. Na realidade os Tribunais pátrios não estão aparelhados para assessorar os magistrados na apreciação dos indicadores econômicos específicos, que devem nortear todo o processo de composição dos conflitos coletivos de trabalho, principalmente, em períodos de estabilidade econômica." Wolney de Macedo Cordeiro, "A composição dos conflitos coletivos de trabalho — alternativas", p. 756.

d) desenvolvimento incipiente do sindicalismo[36][37], fato que, constatado no Brasil, se repete em grande parte das nações latino-americanas."

Na mesma linha de raciocínio, porém, destacando a falta de tradição sindicalista em nosso País, *Cibele Schuelter*[38] destaca que "raras são as categorias que estão empenhadas na luta[39] por melhores condições de trabalho e salários provocando a negociação[40]. Para a grande massa de trabalhadores e empregadores, apesar do respaldo constitucional, a atividade sindical é totalmente estranha, minimamente utilizada ao grande fim que pode proporcionar".

Em complemento às ponderações supra, tem-se a lição de *Octavio Bueno Magano*[41] ao dizer que: "O primeiro e mais formidável obstáculo à prática da convenção coletiva, no Brasil, é a intensa atividade legiferante, na área trabalhista. Formou-se, em conseqüência, entre nós, uma legislação aparatosa, em que se regulam todos os direitos do trabalhador, desde o de férias, até o limite máximo de peso, que pode levantar. Isso permite mesmo dizer que o Brasil possui a legislação mais adiantada do mundo. Mas, com isso, ocupou-se o campo em que poderia desabrochar a convenção coletiva".

Em síntese, ainda segundo o mencionado autor, necessário se faz remover os óbices[42] que tolhem o florescimento da convenção

---

(36) "No Brasil, ao contrário, o sindicalismo era pouco influente na vida nacional. Os sindicatos não são, realmente, expressões de classe, pois a maior parte dos trabalhadores e dos empregadores não se inscreve entre seus associados. Por outro lado, os sindicatos e seus dirigentes gravitaram, muito tempo, na órbita do Ministério Público do Trabalho (*sic*) e não possuíam a necessária força para que assumissem a posição compatível com suas responsabilidades políticas, econômicas e trabalhistas.
Esse é o motivo principal que dificultou a consagração dos convenções coletivas em nosso país". Mozart Victor Russomano, *Comentários à consolidação das leis do trabalho*, p. 118-119.
(37) "Somente com a reformulação da cultura sindical brasileira e com a consciência da importância da atividade sindical pelos interessados neste processo, é que a Convenção Coletiva de Trabalho poderá servir ao seu objetivo primordial de proporcionar a paz social e fomentar o crescimento econômico." Cibele Cristiane Schuelter, "Exame jurídico da convenção de trabalho no Brasil", p. 1.489.
(38) *Op. cit.*, p. 1.489.
(39) Gelson de Azevedo, "Contrato coletivo de trabalho", p. 322.
(40) "A falta de cultura profissional e trabalhista, o longo tempo de atrelamento do sindicato à vontade do Estado, a estrutura que permite um exagerado número de sindicatos, tudo conduz a que a negociação coletiva tenha, entre nós, pouco desenvolvimento, seja uma prática incipiente, muito aquém do papel e da importância da convenção coletiva de trabalho". Ronald Amorim e Souza, *Op. cit.*, p. 389.
(41) *Convenção coletiva do trabalho*, p. 165-166.
(42) *Ibidem*, p. 179.

coletiva de trabalho no Brasil, a saber: a) concorrência do legislador; b) poder normativo da Justiça do Trabalho[43]; c) rigorismo da política salarial vigente; d) debilidade dos sindicatos[44].

Antônio Álvares da Silva[45], jurista mineiro de escol, analisando o contrato coletivo e a mudança[46] das relações do trabalho no Brasil, observa percucientemente que quando ocorre conflito coletivo "a convenção coletiva[47] é a solução ideal" e que a intervenção estatal para pôr fim ao litígio (art. 856, CLT) por meio do processo de dissídio coletivo contraria a Convenção n. 87 da OIT, "por causa da intervenção do Estado"[48]. Destarte, propõe que se rompa este círculo vicioso com a imediata criação da pluralidade sindical, de modo que o sindicato deixe de possuir o monopólio da representação (sindicato único), permitindo-se a atuação de novos sindicatos sem limites de qualquer ordem. Afirma que:

"A eficiência na representatividade e na prestação de serviços é que vai dizer qual deles assumirá a liderança dos empregados ou empregadores.

O salutar princípio da concorrência os impulsionará a novas conquistas. A extinção da contribuição social[49] as obrigará a retirar

---

(43) Amauri Mascaro Nascimento, "Tendências de flexibilização das normas reguladoras das relações de trabalho no Brasil", p. 1.024.
(44) "A debilidade dos sindicatos decorre: a) da unidade sindical; b) da contribuição sindical compulsória; c) do excesso de intervencionismo estatal; d) da formação deficiente de líderes sindicais." Octavio Bueno Magano, Convenção coletiva do trabalho, p. 179.
(45) "Contratação coletiva", p. 246-247.
(46) "A falta de cultura profissional e trabalhista, o longo tempo de atrelamento do Sindicato à vontade do Estado, a estrutura que permite um exagerado número de sindicatos, tudo condiz a que a negociação coletiva tenha, entre nós, pouco desenvolvimento, seja uma prática incipiente, muito aquém do papel e da importância da convenção coletiva de trabalho." Ronald Amorim e Souza, Op. cit., p. 389.
(47) "Em verdade, a convenção coletiva de trabalho nunca alcançou ou desempenhou o seu verdadeiro papel de instrumento de organização da vida econômica no Brasil, como acontece nos Estados Unidos, França, Inglaterra, Alemanha ou mesmo na Itália, para citar os exemplos mais altos. Sem liberdade nem auto-confiança das classes interessadas, murcha a convenção coletiva, por falta de oxigênio, tornando-se letra morta nas leis e servindo somente de tema erudito para dissertações doutorais, nada mais." Evaristo de Moraes Filho, "Evolução do direito das convenções coletivas no Brasil", p. 223.
(48) Antônio Álvares da Silva, "Contratação coletiva", p. 246.
(49) "O Brasil é talvez o único país no mundo que obriga o trabalhador a recolher uma contribuição ao sindicato, mesmo que não queira e até mesmo se oponha àquele. Enche os cofres do sindicato, mas esvazia as assembléias, não há interesse em atrair associados." Luiz Carlos Amorim Robortella, "Relações de trabalho no Brasil — experiências e perspectivas", p. 367.

dos próprios associados voluntários os meios de subsistência o que, por sua vez, será objeto de cobrança.

O afiliado será um autêntico consumidor de serviços para os quais contribuirá financeiramente e cuja eficiência será inevitavelmente cobrada.

O sindicato deverá, a exemplo das empresas, ser o melhor para não ficar à deriva. A eficiência deverá fazer parte inseparável de sua nova maneira de agir."[50][51]

Luiz Carlos Robortella[52], com muita propriedade, desenvolve minuciosa análise histórica no tocante às relações de trabalho no Brasil para destacar a incidência vigorosa de três fatores que inibem o desenvolvimento do salutar processo negocial pelos interlocutores sociais na busca da convenção coletiva[53], a saber: legislação imperativa[54], monopólio sindical de representação[55] e Justiça do Trabalho[56].

---

(50) *Ibidem*, p. 246-247.
(51) Ver no mesmo sentido Ronald Amorim e Souza, *op. cit.*, p. 386.
(52) "Relações de trabalho no Brasil — experiências e perspectivas", p. 365.
(53) Ver Wagner D. Giglio, "Convenções coletivas de trabalho", p. 275-276.
(54) "A legislação trabalhista brasileira é abundante. A Constituição de 1988 consagrou expressamente, com amplitude inédita em todo o mundo, os direitos individuais e coletivos.

....
A minuciosa, vasta e inderrogável legislação desestimula a negociação coletiva. O sindicato brasileiro, majoritariamente, se acomoda a essa situação, tentando ampliar as conquistas sempre através da lei estatal. Vários diplomas legais com normas de proteção bem revelam essa tendência." Luiz Carlos Amorim Robortella, "Relações de trabalho no Brasil — experiências e perspectivas", p. 365-366.
(55) "A Carta de 1988 evoluiu no sentido de aperfeiçoar nossa organização sindical quando vedou a interferência do poder público na organização sindical, valorizou a negociação coletiva e propiciou o exercício amplo do direito de greve, com as restrições que se consideram aceitáveis nas democracias.
Todavia, há vícios fundamentais que se mantêm, como a unidade sindical obrigatória, a estrutura piramidal formada por confederações, federações e sindicatos, todos com exclusividade de representação na base territorial. Impediu-se o sindicato por empresas porque a base territorial não pode ser inferior a um município. Manteve-se a contribuição sindical compulsória, que obriga a todos, associados ou não ao sindicato. Para manter as cúpulas eternamente, permitiu-se o direito de votar e ser votado aos aposentados." *Ibidem*, p. 367.
(56) "A mais moderna e autorizada doutrina reconhece que um dos fatores responsáveis pela baixa incidência e eficácia da negociação coletiva é a competência normativa da Justiça do Trabalho, prevista constitucionalmente desde 1937 e mantida na Carta de 1988." *Ibidem*, p. 369.

De outro lado, Luiz Carlos Robortella lista dezessete características que deverão respaldar as mudanças estruturais futuras, possibilitando uma efetiva participação dos atores sociais na construção do diálogo constante como fator real de operacionalização da negociação coletiva a colimar a celebração da convenção coletiva de trabalho, instrumento único a consolidar a paz social e crescimento econômico entre capital e trabalho.

Pela importância e atualidade do tema, decidiu-se relacionar de forma resumida, as características[57] acima:

1) extinção do poder normativo[58][59] da Justiça do Trabalho e valorização[60] do processo negocial ou arbitragem facultativa;

2) criação[61] de mecanismos para o equacionamento dos conflitos jurídicos individuais por meio de comissões internas paritárias e comissões externas paritárias, compostas de representantes sindicais de empregados e empregadores;

---

(57) *Ibidem*, p. 371-374.
(58) "A Justiça do Trabalho, no nosso entendimento, e a exemplo de outros países, deverá ater-se à discussão das formalidades dos Contratos Coletivos de Trabalho, como as assembléias de deliberação, suas assinaturas, a discussão sobre a interpretação das cláusulas, a quem se aplicam, etc. *(sic)*
Nota-se claramente que a extinção da Justiça do Trabalho é impossível, e indesejável. O que deve ocorrer é uma rediscussão da responsabilidade dos atores sociais, que, assumindo uma maior parcela de culpa do caos social, irão se sentar e dialogar sobre os problemas próprios das condições de trabalho, e não jogando simplesmente suas dúvidas e incertezas para que um terceiro — o Juiz do Trabalho — as solucione." Murilo Gouvêa dos Reis, "Contrato coletivo de trabalho — uma modernização nas relações capital x trabalho — uma maior conscientização do atual estado do mundo com relação à produção", p. 340.
(59) "Está clara a diminuição do poder normativo dos Tribunais do Trabalho a partir da decisão do Supremo Tribunal Federal (RE 19.799911-9-PE, j. 24.09.1996, rel. Min. Octavio Gallotti) que interpretou o art. 114 da Constituição e declarou que a Justiça do Trabalho pode criar obrigações para as partes envolvidas nos dissídios desde que atue no vazio deixado pelo legislador e não se sobreponha ou contrarie a legislação em vigor, sendo-lhe vedado estabelecer normas e condições vedadas pela Constituição ou dispor sobre matéria cuja disciplina seja reservada pela Constituição ao domínio da lei formal". Amauri Mascaro Nascimento, "O debate sobre negociação coletiva", p. 1.121.
(60) "A existência de uma Justiça do Trabalho com competência exclusiva para o julgamento das questões oriundas do trabalho, dos dissídios trabalhistas, não impede a prática da negociação coletiva. Certo que uma vez entrada em prática, a contratação coletiva, se embasada em princípios sadios, e se vier a instalar nas próprias fábricas uma instância obrigatória de conciliação, a Justiça do Trabalho poderá ser menos custosa e mais eficiente." C. A. Barata Silva, "A negociação coletiva de trabalho", p. 1.248.
(61) *Vide* Lei n. 9.958 de 12.1.2000.

3) maior estímulo[62] à participação do Ministério do Trabalho e Emprego na mediação e até mesmo na arbitragem facultativa, como ocorre na França, Espanha, Argentina e outros países;

4) valorização[63][64] da negociação coletiva objetivando o fortalecimento[65] das entidades sindicais[66];

5) legislação trabalhista mínima[67] completada pelas normas coletivas[68];

6) liberdade sindical[69], inclusive para criação de sindicato por empresa;

---

(62) "Onde mais se utiliza a mediação é nas Delegacias Regionais do Trabalho, por meio do Serviço Nacional de Mediação, criado pelo Decreto n. 88.984/83, quase sempre como etapa anterior ao ajuizamento dos dissídios coletivos, por força de exigência legal.
É preciso entender que a mediação prévia poderá contribuir fortemente para desafogar o Judiciário de modo geral, mas não só o Judiciário Trabalhista, máquina que também já anda ameaçada de emperramento total." Francisco Osani de Lavor, "Formas alternativas de solução dos conflitos individuais e coletivos de trabalho", p. 29.
(63) "Sem negar valor aos direitos hoje assegurados aos trabalhadores na lei consolidada, divisamos com clareza que o melhor caminho, para alargar as conquistas e garantias do trabalho, é a negociação direta. Uma negociação planejada, vigorosa e inteligente, irá fortalecer o tecido social no qual os trabalhadores armazenarão sua força reivindicatória cada vez maior, mais organizada e capaz de fazer avançar outras conquistas de natureza econômica, social e política." Wellington Cantal, "Convenções coletivas de trabalho", p. 185.
(64) Conf. Almir Pazzianotto Pinto, "Convenções coletivas de trabalho — análise crítica", p. 625-628.
(65) "(...) é necessário que se estimule, por todos os meios, a educação dos trabalhadores e dos empregadores, dos primeiros principalmente, por motivos óbvios, a fim de que o processo de valorização do movimento sindical e, conseqüentemente da prática da negociação coletiva venha encontrar líderes autênticos, com verdadeira formação democrática e plenamente conscientizados de seus deveres e obrigações perante suas respectivas categorias, sejam profissionais ou econômicas.
(...) O sindicalismo é problema intimamente ligado ao da educação e ao do aprimoramento cultural de uma nação." C. A. Barata Silva, op. cit., p. 1.249.
(66) "A incipiente prática da negociação coletiva, no Brasil, tende a ampliar e melhorar o seu perfil com a atuação das centrais sindicais como, a exemplo, fazem com o setor bancário, onde a convenção se conduz em nível nacional de negociação que, uma vez concluída, celebram-se, subscrevem-se os instrumentos locais ou regionais." Ronald Amorim e Souza, op. cit., p. 394.
(67) "A legislação social brasileira é, sem dúvida alguma, amplamente protetora do trabalhador e pouco incentivadora para os empresários que assumem todo o risco da produção." Ibidem, p. 1.248.
(68) "Nossa lei é demasiadamente detalhista em um tema que deve ser confiado, principalmente, à iniciativa dos próprios interessados, disciplinando o procedimento da negociação coletiva, a forma escrita...". Amauri Mascaro Nascimento, "O debate sobre negociação coletiva", p. 1.120.
(69) "(...) É certo, todavia, que a negociação coletiva e os instrumentos que dela resultam, somente alcançarão êxito se tivermos uma organização sindical menos rígida, e, induvido-

7) fim do monopólio de representação sindical[70][71];

8) eliminação da contribuição sindical obrigatória[72][73];

---

samente, o modelo brasileiro é muito inflexível, devendo ser revista. Isso será fruto da consciência amadurecida dos interlocutores sociais, aos quais cabe a tarefa de, garantindo a dignidade do homem-pessoa trabalhador, promover o bem-estar de toda a sociedade." Georgenor de Sousa Franco Filho, *Globalização do trabalho: rua sem saída*, p. 102.

(70) "A fragilidade dos sindicatos, mais afirmada do que provada por uma pesquisa sóciojurídica que indique quais os critérios que devem ser estabelecidos para dar resposta a essa questão, é, em parte, provocada pelo sistema do monopólio sindical impeditivo de uma competitividade que levaria as organizações sindicais a uma natural evolução." Amauri Mascaro Nascimento, "O debate sobre negociação coletiva", p. 1.121.

(71) "Os sindicatos não podem transformar-se numa ilha de privilegiados, onde não cheguem as vantagens e também os ônus da livre concorrência. Garantidos pela representação permanente, recheados pelo dinheiro fácil da contribuição social, os sindicatos brasileiros são um convite permanente ao ócio e à inoperância. Grande parte limita sua atividade à assistência. Não têm postura crítica e reivindicatória. Repetem as mesmas pretensões nas petições de dissídios, sem sequer tentar, pela via da ação direta, melhores conquistas para a categoria. Muitos são autênticos burocratas da ação coletiva e nada mais." Antônio Álvares da Silva, *Pluralismo sindical na nova Constituição — perspectivas atuais do sindicalismo brasileiro*, p. 39.

(72) "Fraco e inexpressivo até hoje tem sido o movimento sindical brasileiro, com um mínimo de associados nas entidades de classe. Nunca tivemos uma sindicalização em massa, com formação de líderes realmente democráticos, somente voltados para os interesses das categorias e da coletividade. E um dos fatores de enfraquecimento de uma sã política sindical tem sido a existência, entre nós, do imposto sindical — agora restabelecido no texto constitucional, sob a denominação eufemista de contribuição sindical, — que é pago por todos os que exerçam atividade remunerada no país em favor das entidades sindicais de qualquer grau até 80%, ficando os restantes 20% para determinados órgãos governamentais de mão-de-obra." Evaristo de Moraes Filho, *op. cit.*, p. 223.

(73) Por oportuno, veja-se a análise do Prof. Antônio Álvares da Silva, *Pluralismo sindical na nova Constituição — perspectivas atuais do sindicalismo brasileiro*, p. 81-82, ao asseverar que:

"A solução a que nos propuséramos neste livro foi concretizada antes mesmo de sua publicação, ou seja, a extinção da contribuição por via de lei ordinária. Os sindicatos brasileiros começam agora uma nova época, que será sem dúvida o marco de uma nova fase de nossa história social. Não se pode deixar de reconhecer este ato de coragem e de justiça do governo brasileiro.

O argumento de que os sindicatos pequenos não terão condições de sobrevivência não procede. Morrerão aqueles que nunca deveriam ter nascido. Não farão falta a seus representados. Eram instituições burocratizadas, que viviam dos fatores da contribuição. Eram meros administradores do dinheiro público que ilegitimamente recebiam. Todos os sindicatos, no mundo contemporâneo, vivem independentes do Estado e nunca desejaram com ele qualquer tipo de aliança ou aproximação, a não ser o diálogo necessário e democrático que devem desenvolver para o bem dos interesses que representam.

Os sindicatos menores, a exemplo dos demais países, vão aprender, agora, novos mecanismos de associação, fora dos moldes rígidos e tranqüilos da 'carta sindical' que rece-

9) expirado o prazo de vigência da convenção ou acordo coletivo, as cláusulas devem permanecer em vigor até sua substituição por outro instrumento[74];

10) um novo padrão de relações de trabalho vem sendo implantado pelos sindicatos mais organizados, mediante negociação com o Governo;

11) o contrato coletivo de trabalho[75], apesar de não desfrutar de uma conceituação clara quanto à sua abrangência (nacional, setorial ou por empresa) tem capacidade de contribuir para alteração do padrão de relações de trabalho atualmente em vigor;

12) ampliação do conteúdo da negociação coletiva para abranger itens como tecnologia, produto e mercado, pois a empresa nacional tende a adquirir maior competitividade por meio de investimentos em qualidade e produtividade, dentro do contexto de valorização da qualidade de vida, mediante adoção de políticas econômicas e industriais direcionadas;

13) inibir a política do repasse de custos com a finalidade de evitar que setores oligopolistas venham a repassar automaticamente aos preços os reajustes salariais concedidos em negociações coletivas, principalmente em época de inflação alta;

14) Implantação de uma política gradual de elevação dos salários, inclusive do salário mínimo e do nível de emprego;

---

biam do MT, pela qual lhes era garantida a área de atuação e o dinheiro fácil para gastar. Deverão agora unir-se a entidades compondo blocos maiores de interesses e modernizando a representação de que são titulares: não basta mais a atividade assistencial. Como em toda associação democrática, deverão enfrentar as incertezas e concorrências, e terão em breve que disputar com outras a representatividade dos associados, segundo os serviços que prestarem.
A MP n. 215 nada mais fez do que submeter os sindicatos ao sadio jogo democrático da concorrência. A pluralidade sindical, defendida nesta obra, agora ficou mais fácil de ser realizada. Só sobreviverão aqueles que melhor representarem; só serão reconhecidos pelos representados os que apresentem melhor folha de serviço e de atuação.
Os que morrerem por falta de dinheiro terão merecido a morte que tiverem. Também no jogo democrático da representação sindical não deve haver lugar para os incapazes."
(74) Conf. capítulo 9 infra que analisa o impacto da Lei n. 8.542/92, especificamente art. 1º, § 1º, no tocante à integração das cláusulas normativas ao contrato individual de trabalho até que seja assinado outro instrumento coletivo.
(75) Murilo Gouvêa dos Reis, op. cit., p. 337-350.

15) o acordo por empresa se mostra mais adequado para o Brasil, uma vez que mais suscetível de adaptação às peculiaridades de cada empresa;

16) os segmentos mais modernos e organizados da economia nacional, por meio de iniciativas isoladas, vêm alterando a estrutura brasileira de relações do trabalho;

17) dentro do espírito de parceria, torna-se necessário incrementar a participação do trabalhador na gestão[76], nos resultados e na propriedade da empresa.

A par das questões estruturais intrínsecas e extrínsecas à negociação coletiva, enquanto instrumento viabilizador da convenção coletiva de trabalho, *J. J. Calmon de Passos*[77], em excelente estudo sobre a constitucionalização dos direitos sociais, faz uma diatribe à sociedade e, em especial, ao legislador constituinte que diante de uma realidade complexa, instável, permitiu "a jurisdicionalização de questões políticas e constitucionalização de banalidades, forçando o Judiciário a ser o que não pode ser, e isso com prejuízo para a Nação e grave risco para o próprio Poder Judiciário, ameaçado de desacreditar-se ou tornar-se um fator de ingovernabilidade[78]".

Dentro deste contexto, ressalta, ainda, *J. J. Calmon de Passos*[79] que o político necessariamente precede o jurídico e somente pelo exercício da política é que as mudanças ocorrerão, redundando "em ganhos de poder, pressuposto necessário para que ocorram ganhos reais de natureza social, política e econômica"[80] para concluir magistralmente que, *in verbis*:

"Cumpre-nos conscientizar o povo brasileiro dos riscos que decorrem dessa solerte campanha desmobilizadora. Precisamos convencer-nos, todos os brasileiros, de que Papai Noel não existe, que será inútil colocarmos nossos sapatos na beira da cama ou no peitoral da janela, na esperança de que o bom velhinho coloque neles os mimos que desejamos. Nossos sapatos perma-

---

(76) *Vide* Lei n. 10.101, de 19.12.2000 (Participação dos trabalhadores nos lucros ou resultados da empresa).
(77) "A constitucionalização dos direitos sociais", p. 94.
(78) *Ibidem*, p. 95.
(79) *Ibidem*.
(80) *Ibidem*.

necerão vazios, porque só o nosso empenho, nosso engajamento, nosso trabalho e nossa organização têm condições de produzir os frutos que se farão presentes. Será inútil, portanto, e frustrante, pretendermos que o Direito seja nosso Papai Noel e com suas formulações (palavras, palavras e palavras!) coloque em nossos sapatos os presentes que não podemos adquirir com nossa lenta política."[81]

No mesmo sentido, porém, direcionando o foco para o direito coletivo do trabalho, com invulgar felicidade, *Evaristo de Moraes Filho* discorrendo sobre o tema *Evolução do Direito das Convenções Coletivas no Brasil* já constatava o fracasso de referido instrumento na vida brasileira em função direta de "uma das notas mais típicas e características do nosso caráter nacional — a ausência de espírito associativo, a inexistência de instituições voluntárias de solidariedade, de associações permanentes, de grupos de interesses duráveis. Desde os tempos coloniais — pela extensão do território, pela dispersão da população, pelo arquipélago em que se constituiu a ocupação da terra, pelos clãs isolados em fazendas e em famílias, — que esse fato vem sendo notado pelos cronistas e pelos historiadores. Povo de entusiasmos momentâneos, de desprendimentos de ocasião, de socorros e auxílios urgentes, talvez como herança cultural da Península Ibérica — e nisso se assemelharia todas as nações latinas do novo mundo, — faltam-lhe, no entanto, os sentimentos do todo, da unidade global, do partido, do sindicato, do espírito de equipe, com abrandamento das personalidades e dos egoísmos individuais"[82].

Por todo o exposto, constata-se que inúmeros são os obstáculos a serem superados de modo a efetivamente valorizar[83] a convenção

---

(81) *Ibidem*, p. 95.
(82) *Op. cit.*, p. 223.
(83) "*As tendências atuais da convenção coletiva são francamente expansivas.Tornou-se famosa, na terceira década desse século, a frase pronunciada por Georges Scelle, na Faculdade de Direito de Paris*, marcando, com forte espírito de previsão, os três grandes ciclos do Direito do Trabalho: ontem, a lei arbitrária do patrão; hoje, a lei protecionista do Estado; amanhã, a lei voluntariamente escolhida pelas próprias partes.
O trabalhador usou a força da lei do Estado para quebrar a vontade soberana e despótica do empregador, até então definido, pelo liberalismo, como senhor exclusivo da empresa.
Mas — como previu *Scelle* — mais cedo ou mais tarde procuraria libertar-se, também, do protecionismo do Estado, para chegar à formulação de suas próprias leis, através de entendimentos diretos com os empregadores.
A realidade atual confirma o vaticínio. Convenção coletiva amplia a área do Direito do Trabalho, ao mesmo tempo que a invade em todas as direções. As leis trabalhistas, nos paí-

coletiva de trabalho como instrumento democrático e agregador entre as classes operária e empresarial, via de conseqüência contribuindo significativamente para o desenvolvimento nacional. Entretanto, não se pode olvidar do compromisso ético e moral a imantar a atuação dos interlocutores sociais mormente na defesa e amadurecimento dos conceitos de cidadania e direitos humanos, enquanto agentes de mudança numa sociedade individualista e politicamente acomodada, sob pena de, após mais de sessenta anos, ainda ter-se de admitir que o quadro histórico-social descrito pelo inesquecível jurista baiano *Orlando Gomes* prevalece entre nós, ao asseverar que:

> "A convenção coletiva de trabalho é produto do desenvolvimento industrial e do crescimento das associações profissionais. No Brasil a indústria é incipiente e a sindicalização recente. Aqui não há, pois, clima mui propício ao desenvolvimento do fenômeno.
>
> ....
>
> Devido ao demorado desenvolvimento dos fatores que condicionam a evolução da convenção coletiva, a lei, aqui, se antecipou ao fato. Não tendo atingido ainda o florescimento industrial dos paizes que marcham na vanguarda da civilisação, o Brasil conserva muitos traços da economia medieval, que o não fazem ainda maduro para uma intensa aplicação da instituição. A permanencia das condições objetivas que dominam a sua sub-estrutura social constitui um entrave a seu progresso, que freia sua industrialização. Em consequência, o proletariado nacional não está ainda suficientemente desenvolvido, numérica e politicamente, para lutar conscientemente por seus direitos. Daí, não ter tido a convenção coletiva ainda a aplicação que suas vantagens aconselham."[84] (*sic*)

---

ses industrializados, perdem grande parte da importância que outrora lhes era atribuída. Passam a ser, apenas, um *minimum* de garantia ou, como costumamos dizer, o limite inferior dos direitos atribuídos aos trabalhadores" (Destacado no original). Mozart Victor Russomano, *Princípios gerais de direito sindical*, 2ª ed., Rio de Janeiro: Forense, 1997, p. 181-182.
(84) *A convenção coletiva de trabalho*, p. 234.

2. Terminologia

Doutrinariamente, a utilização do nome convenção coletiva de trabalho não é pacífica, eis que várias denominações têm sido adotadas, *verbi gratia*, contrato coletivo de trabalho, contrato de tarifa, regulamento corporativo, concordata de trabalho, convenção coletiva de condições de trabalho e convênio de normas de trabalho e salários, conforme ressalta *Octavio Bueno Magano*[85].

Antônio Álvares da Silva destaca duas expressões de uso internacional no direito comparado, a saber:

"a) *Tarifvertrag*, usada pela lei-alemã de 1969, onde a palavra 'Tarif', em português 'tarifa', é usada como salário fixado por negociação coletiva ...

b) *Collectiva bargeining*, 'barganha, troca ou negociação coletiva', usada no direito inglês e americano."[86]

Mais adiante afirma *que* "dentre todas as expressões usadas, a definição nominal mais próxima do conteúdo é, sem dúvida, a usada no direito inglês e americano — *collective bargaining* — exatamente porque salienta o aspecto da negociação da 'barganha' que, em última análise, é o resultado do processo que figura como conteúdo de todos os institutos de Direito Coletivo do Trabalho."[87]

No Brasil[88][89], o Decreto n. 21.761, de 23 de agosto de 1932, adotou a denominação convenção coletiva de trabalho, ao estabelecer em seu art. 1º, *in verbis*:

"Entende-se por convenção coletiva de trabalho o ajuste relativo às condições do trabalho, concluído entre um ou vários empregadores e

---

(85) *Convenção coletiva de trabalho*, p. 33.
(86) "Contratação coletiva", p. 218.
(87) *Ibidem*.
(88) Ver Evaristo de Moraes Filho, *op. cit.*, p. 213 a 223.
(89) Henrique Stodieck, *op. cit.*, p. 5.

seus empregados, ou entre sindicatos ou qualquer outro agrupamento de empregadores e sindicatos, ou qualquer outro agrupamento de empregados."

A Constituição de 1934, art. 121, § 1º, letra *j*, estabelecia que:

"A legislação do trabalho observará os seguintes preceitos, além de outros que colidem melhor as condições do trabalhador: reconhecimento das convenções coletivas de trabalho."

Com o advento da Carta Constitucional[90] de 10 de novembro de 1937, o art. 137, alínea *a*, determinava que:

"A legislação do trabalho observará, além de outros, os seguintes preceitos: a) os contratos coletivos de trabalho concluídos pelas associações, legalmente reconhecidas, de empregadores, trabalhadores, artistas e especialistas, serão aplicados a todos os empregados, trabalhadores e especialistas que eles representam."

Observa-se a alteração da terminologia de convenção para contrato coletivo de trabalho, reflexo do regime fascista italiano[91] e que continuará com o advento da Consolidação das Leis do Trabalho em 1º de maio de 1943, ao estabelecer no art. 611, *in verbis*:

"Contrato coletivo de trabalho é o convênio de caráter normativo pelo qual dois ou mais sindicatos representativos de categorias econômicas e profissionais estipulam condições que regerão as relações individuais de trabalho, no âmbito da respectiva representação."

Em 1946, com o retorno à democracia, a nova Carta Constitucional em seu art. 157, XIII, reconhece as convenções coletivas de trabalho, destarte, retomando a denominação mais perfeita[92] adotada pela Constituição de 1934.

Posteriormente, a Constituição de 1967, no seu art. 165, XIV, mantém na íntegra o texto inserto na Carta substituída. Neste mesmo

---

(90) "Continuava em vigor o Decreto n. 21.761, de 1932, que não se chocava com o texto constitucional, que se cingia àquele enunciado de reconhecimento das convenções pela lei ordinária. Mas, com a instituição, a 10 de novembro de 1937, do Estado Novo brasileiro, do tipo corporativo-fascista, copiou-se servilmente a legislação italiana a respeito, com a promulgação da Carta daquela mesma data. Limitou-se o legislador brasileiro a traduzir fielmente as disposições da Carta Del Lavoro, de abril de 1927." Evaristo de Moraes Filho, *op. cit.*, p. 218.
(91) *Ibidem*, p. 219.
(92) João Régis Fassbender Teixeira e Zeno Simm, *Teoria prática do direito do trabalho*, p. 320.

ano, mais precisamente em 28 de fevereiro, é baixado o Decreto-lei n. 229 que alterou vários dispositivos celetistas, inclusive o título VI, ao imprimir nova redação ao art. 611 e seguintes, a começar, nas palavras de *Evaristo de Moraes Filho*[93], pela mudança de terminologia, voltando-se à clássica e mais certa de convenção coletiva de trabalho, com abandono de contrato coletivo de trabalho[94][95][96][97], conforme se extrai da leitura do art. 611 que ora se transcreve:

> "Convenção Coletiva de Trabalho é o acordo de caráter normativo, pelo qual dois ou mais Sindicatos representativos de categorias econômicas e profissionais estipulam condições de trabalho aplicáveis, no âmbito das respectivas representações, às relações individuais de trabalho."

---

(93) Evaristo de Moraes Filho, *op. cit.*, p. 220.
(94) Em sentido contrário, Antônio Álvares da Silva, "Contratação coletiva", p. 217 e 218, ao afirmar que: "O nome 'contrato coletivo de trabalho' substituiu o anterior e foi introduzido pela Constituição de 37, art. 137, que passou à CLT. O Decreto-lei n. 229/67 retomou a expressão 'convenção coletiva de trabalho", dando ao art. 611 a redação que hoje possui.
Se a vacilação do legislador pela escolha de convenção em lugar de contrato coletivo se deu para melhor esclarecer a natureza do instituto, seu esforço foi em vão.
O termo contrato, seguido do adjetivo coletivo, tem de fato o mérito de distingui-lo do contrato de direito privado.
Mas essa distinção é apenas parcial pois também no Direito Privado pode haver contrato com vários contratantes, embora com o mesmo objeto, o que poderia induzir a idéia de coletivização. A diferença, entretanto, seria evidente, o contrato coletivo cria cláusulas de caráter normativo que vão reger os contratos individuais de trabalho ao passo que o contrato, com várias partes, rege diretamente seus próprios interesses.
O termo convenção, por outro lado, usado por influência do direito francês, é excessivamente amplo e, por si só, não seria suficiente para colocar em relevo a distinção pretendida. A palavra 'contrato' seguida do adjetivo 'coletivo' tem o mesmo alcance de significação."
(95) "Além disso, a lei afastou o pensamento de Oliveira Viana, quando, na Consolidação das Leis do Trabalho, em sua redação originária, sufragou a expressão *contratos coletivos*. Apesar de tudo, no art. 611, definindo o contrato coletivo, ele foi considerado um *convênio*, ou seja, uma *convenção* — o que autoriza afirmar que sempre foi indiferente dizermos, no Brasil, contrato coletivo ou convenção coletiva. Nos dois casos, o interlocutor compreenderá, perfeitamente, o alcance da expressão usada e isso é o que, na verdade, importa. Não obstante, a expressão 'convenções coletivas' nos parece mais precisa e teoricamente recomendável, por distinguir com nitidez, esse instituto dos contratos individuais plúrimos ou de equipe" (Grifos no original). Mozart Victor Russomano, *O empregado e o empregador no direito brasileiro*, p. 179.
(96) No mesmo sentido: Arnaldo Süssekind; Délio Maranhão; Segadas Vianna, *op. cit.*, p. 1.051.
(97) João Régis Fassbender Teixeira e Zeno Simm, *op. cit.*, p. 321.

3. Natureza Jurídica

Perquirir[98] a natureza jurídica da convenção coletiva de trabalho, eis uma tarefa espinhosa[99] que tem levado autores de escol a desenvolverem trabalhos monográficos, sem contudo chegarem a um ponto de consenso.

Desta feita, pode-se afirmar que existem três grandes correntes doutrinárias que buscam explicar a natureza jurídica da convenção coletiva, conforme se demonstrará a seguir:

3.1. Teoria Contratualista ou Civilista[100]

Tem respaldo nos conceitos clássicos de Direito Civil, baseando-se no princípio da autonomia da vontade entre as partes convenientes, destacando-se:

3.1.1. Teoria do Mandato

O sindicato ao celebrar a convenção coletiva de trabalho age em nome de seus membros[101], atuando como mandatário dos asso-

---

(98) Consultar estudo minucioso do Professor Dilvanir José da Costa sob o título "A natureza jurídica da convenção coletiva de trabalho", p. 903-918.
(99) Arnaldo Süssekind; Délio Maranhão; Segadas Vianna, *op. cit.*, p. 1.051.
(100) Orlando Gomes; Elson Gottschalk, *Curso de direito do trabalho*, p. 577. "Nenhum outro instituto do Direito do Trabalho tem sido objeto de estudo dos especialistas e dos civilistas quanto à convenção coletiva de trabalho, desde o seu aparecimento no mundo jurídico. E não só trabalhistas e civilistas têm se preocupado com a matéria, mas ainda administrativistas, constitucionalistas e economistas, sem se falar em sociólogos e filósofos que vêem no fenômeno jurídico em causa o ponto de convergência das pesquisas científicas contemporâneas. Esses acurados estudos têm servido para destacar a relevância econômica e social do contrato coletivo de condições de trabalho no mundo contemporâneo".
(101) Mozart Victor Russomano, *O empregado e o empregador no direito brasileiro*, p. 191.

ciados para representar seus interesses individuais[102]. Após a celebração da convenção coletiva, o sindicato, que atuou como mandatário, deveria se afastar, pois, agindo em nome de terceiros (associados) não possuía meios de ação para exigir o cumprimento da convenção coletiva, conforme explicam *Orlando Gomes* e *Elson Gottschalk* [103].

Esclarecem, ainda, referidos autores, que ulteriormente esta doutrina evoluiu para reconhecer que "o sindicato não representava apenas os interesses individuais dos associados, mas os interesses gerais da profissão e, nessa qualidade, lhe podia ser reconhecido o direito de estar em juízo. Todavia ficava sempre reservado ao mandante, segundo as regras do mandato, o direito de estipular na contratação individual condições de trabalho diferentes das ajustadas na convenção coletiva, revogando-a"[104].

3.1.2. Teoria da Estipulação em favor de Terceiros

O sindicato dos trabalhadores atua como estipulante ao fixar com os empregadores ou com o sindicato patronal, condições contendo cláusulas em benefício de terceiros que são os trabalhadores pertencentes à categoria profissional[105]. Entretanto, nem sempre as condições pactuadas são favoráveis ou trazem benefícios ao terceiro, daí, conforme acentua *Mozart Victor Russomano*[106], a impropriedade desta teoria.

3.1.3. Teoria da Gestão dos Negócios

Adota o princípio de que uma pessoa (gerente), de maneira voluntária e espontânea, irá gerir, tomar conta dos negócios de outra (gerido). Ocorre que, conforme esclarece *Sérgio Pinto Martins*[107] "na

---

(102) Sérgio Pinto Martins, *op. cit.*, p. 725.
(103) Orlando Gomes; Elson Gottschalk, *op. cit.*, p. 579.
(104) *Ibidem*, mesma página.
(105) Arnaldo Süssekind; Délio Maranhão; Segadas Vianna, *op. cit.*, p. 1.052.
(106) Mozart Victor Russomano, *O empregado e o empregador no direito brasileiro*, p. 195.
(107) Sérgio Pinto Martins, *op. cit.*, p. 725.

convenção coletiva já existe uma delegação expressa ou tácita para o sindicato agir em nome da categoria. O negócio não diz respeito a outrem, mas à categoria como um todo. Na gestão ainda haveria a possibilidade de os donos do negócio não ratificarem certo ato praticado pelo gerente, quando contrário a seus interesses, enquanto na convenção coletiva o sindicato já tem, com a assembléia geral, o poder de negociar as condições, que podem ser boas ou más e que, posteriormente, não precisarão ser ratificadas pela categoria".

3.1.4. Teoria do Contrato *sui generis* ou Teoria do Contrato Inominado

Esclarece *Mozart Victor Russomano*[108] que esta teoria se subdivide em duas correntes. A primeira comandada por Nast, deu origem à teoria da personalidade moral fictícia para quem o sindicato fica identificado com a pessoa dos seus associados, de modo que estes passem a ser os próprios contratantes. Desta forma, os futuros asso-ciados darão a sua aquiescência tácita aos termos do compromisso assumido.

A segunda corrente chefiada por *Deslandres* faz a combinação da teoria do mandato com a teoria da estipulação em favor de terceiros, destarte, estabelecendo que a convenção coletiva de trabalho seria uma figura jurídica em que o mandatário fosse, simultaneamente, parte do convênio e agisse em nome de terceiros, a exemplo do que ocorre com a estipulação em favor de outrem.

3.2. Teorias Normativistas

Surgem como reação contrária[109] às teorias civilistas, podendo-se, praticamente, destacar duas grandes correntes no dizer de *Mozart Victor Russomano*[110]:

---

(108) Mozart Victor Russomano, *O empregado e o empregador no direito brasileiro*, p. 194-195.
(109) Anita Natal, *op. cit.*, p. 1.230.
(110) Mozart Victor Russomano, *O empregado e o empregador no direito brasileiro*, p. 197.

3.2.1. Teoria do Pacto Social

Parte do princípio de que quando ocorre a celebração de uma convenção coletiva de trabalho, não há se falar num ajuste de contrato entre os trabalhadores, eis que apenas revelam identidade de interesse. Portanto, as partes nada contrataram, apenas "*se dirigiram, em conjunto, para o alcance do* fim comum: prevenir futuros conflitos, solucionar conflitos existentes, equilibrar interesses opostos, etc."[111]

3.2.2. Teoria da Instituição Corporativa

Para essa corrente, "o sindicato possui caráter institucional, assumindo posição *sui generis* no seio do Estado (do Estado corporativo).

Através dos convênios coletivos, o sindicato dita verdadeiras leis, que, por natureza, obrigarão a todos os seus associados e a toda a categoria por ele representada.

Dessa forma, mesmo aqueles que não tomaram parte na elaboração do convênio coletivo se verão coagidos ao respeito de suas cláusulas. Os trabalhadores, como indivíduos, através do exercício de sua profissão, aderem à convenção coletiva, visto que esta constitui verdadeira lei profissional".[112]

3.3. Teoria Mista

Resultado de aceso debate jurídico, esta teoria adota o entendimento majoritário[113], segundo o qual a convenção coletiva de trabalho "identifica-se ao contrato *lato sensu*, isto é, tomada a

---

(111) *Ibidem.*
(112) *Ibidem.*
(113) Os autores citam como partidários desta teoria Kaskel, Dersch, Nipperdey, Nikish, Krotoschin, Durand, Jaussaud, Rivero, Savatier. Esclarecem ainda que: "No 2º Congresso Internacional de Direito Social, 1958, reunido na Bélgica, foi esta a tese vencedora, embora o Autor do Relatório final, Kahn Freund, houvesse excluído países como a Inglaterra e os Estados Unidos. No 2º Congresso Internacional de Direito do Trabalho, Genebra, 1957, os relatórios Rouast e Lenhoff (países de línguas latina e inglesa) chegaram à mesma conclusão, do dualismo. Hueck, relator das teses dos países de língua alemã, não divergia desta orientação". Orlando Gomes; Elson Gottschalk, *op. cit.*, p. 583.

expressão no seu sentido mais amplo de negócio jurídico bilateral. Por seu conteúdo, assemelha-se à norma jurídica, entendida esta na acepção ampla de preceito regulador de relações jurídicas, por via geral".(114)(115)

Orlando Gomes e *Elson Gottschalk* ressaltam que "para os partidários da teoria mista, a convenção coletiva tem natureza híbrida, compondo-se, unitariamente, de cláusulas contratuais e normas jurídicas".(116)

Por oportuno, cumpre registrar o posicionamento de *Octavio Bueno Magano* ao asseverar que, *in verbis*:

"A concepção da convenção coletiva como negócio jurídico já é, por si, indicativa de sua natureza jurídica. Trata-se de negócio jurídico resultante da autonomia das partes convenentes. Vale dizer que se particulariza como negócio jurídico bilateral, ou, mais especificamente, como contrato normativo. É contrato porque expressa o mútuo consenso das partes convenentes, a respeito de um objeto e é normativo em virtude de sua aptidão para determinar o conteúdo de contratos individuais."(117)

Diante de todo o exposto, a nosso ver, *Mozart Victor Russomano* bem sintetiza a celeuma existente sobre a natureza jurídica das convenções coletivas de trabalho ao asseverar que:

---
(114) *Ibidem*.
(115) "A tese, que defendo, é que a convenção coletiva é um *contrato normativo*. Normativo, sim, mas *contrato*, e não lei.

O próprio direito positivo brasileiro, o define como um acordo de caráter normativo. Tem, por conseqüência, natureza contratual, já que acordo de vontades é contrato.
O interesse de ressaltá-la tem importância prática na medida em que se qualifica seu conteúdo, e em que se define a sua eficácia.
O seu *conteúdo* compõe-se de cláusulas; não de normas. Do fato de ser, fundamentalmente, uma *pré-regulamentação* de condições de trabalho, não resulta que a sua natureza — repito — seja a de *um direito legal*.
Quanto à sua *eficácia*, depende, — retificando, — do *modo de formação* desse regulamento. A convenção coletiva forma-se por acordo entre duas pessoas jurídicas de *direito privado*. Desse acordo nascem tão-somente *disposições negociais*, para as partes, que se assemelham, sob o ponto de vista meramente formal, *a normas legais*, mas que, sob o ponto de vista material, *conservam* a natureza de *cláusulas contratuais*. Contrato não é fonte normativa" (Grifo no original). Orlando Gomes, "Da convenção ao contrato coletivo do trabalho", p. 275.
(116) *Ibidem*.
(117) Octavio Bueno Magano, *Direito coletivo do trabalho*, p. 136.

"Não se chegará, nunca, à natureza das convenções coletivas, portanto, se não partirmos do pressuposto de que ele (*sic*) é um instituto híbrido: aproxima-se dos contratos, pelo modo de celebração, já que depende do acordo das vontades convenientes e, inclusive, pode conter cláusulas contratuais que obriguem os convenientes; é fonte de normas jurídicas, pois suas cláusulas devem ser respeitadas, tanto quanto a lei, pelos empregadores e pelos empregados que venham a concluir, entre si, contratos individuais de trabalho (Mozart Victor Russomano, *Natureza e Finalidade da Convenção Coletiva de Trabalho*, p. 13 e 14).

Na verdade, as convenções coletivas criam um novo *plano normativo*, que se interpõe entre a lei (geral e abstrata) e os contratos de trabalho (que são atos jurídicos determinados e concretos). Esse novo plano normativo se submete ao plano legal, assim como a ele se submetem as cláusulas e o conteúdo dos contratos individuais de trabalho.

Essas conclusões se adaptam à orientação adotada pelo legislador brasileiro.

Pensamos, também, que tal orientação se coaduna com a melhor doutrina.

Mesmo quando definido como contrato, esse instituto do Direito do Trabalho é diferente de todos os outros contratos, porque representa a vontade coletiva da profissão que subjuga e vence as manifestações em contrário das vontades individuais, visto ter força para enfrentar, automática e imediatamente, qualquer cláusula de contrato individual que contrarie suas expressas condições, anulando-a de pleno direito e, inclusive, substituindo-as, quando for o caso, pelas cláusulas da convenção" [118] (Destaques no original).

---

(118) Mozart Victor Russomano, *O empregado e o empregador no direito brasileiro*, p. 200.

4. Condições de Validade

O legislador nacional atribuiu significativa importância à convenção coletiva de trabalho, enquanto instrumento de conciliação entre as classes empresariais e operárias, com a finalidade precípua de "realizar entendimentos que regulem as relações de Trabalho, desde a disciplina, ao horário e ao salário e, até mesmo, à adoção de medidas de caráter social que podem resultar desse acordo de vontades, sem ônus para o Estado"[119][120][121] (sic).

A CLT expressamente definiu os requisitos intrínsecos e extrínsecos à realidade desse instrumento, conforme se depreende do Título VI (Das Convenções Coletivas de Trabalho), dando-se destaque ao art. 613[122][123] e parágrafo único, *in verbis*:

---

(119) "Existe, destarte, a mais ampla liberdade e um campo quase ilimitado para o conteúdo de uma convenção coletiva e êsse (sic) terreno imenso para a contratação foi bem sintetizado pelo B.I.T. como uma regulamentação dos direitos e obrigações das partes e uma regulamentação das condições de trabalho." Segadas Vianna, *op. cit.*, p. 155.
(120) *Ibidem*, p. 150.
(121) Mais a frente Segadas Vianna conclui que:
"Dando liberdade aos convenentes para decidir sôbre problemas de seu interesse, o legislador apenas fixou, na lei geral (CLT) e nas leis de ordem pública as limitações naturais. A inclusão de qualquer cláusula que extravase essas proibições nem por isso anula a existência da convenção, mas impõe à autoridade o dever de considerar tais cláusulas como não escritas, mantidas as que não contravenham as fronteiras fixadas" (sic). *Ibidem*, p. 156.
(122) "O objeto do convênio, como igualmente ocorre com o acôrdo coletivo, não se circunscreve a meras questões de reajustes salariais. Sua extensão é muito mais ampla, abrangendo quaisquer relações de trabalho entre os empregados e as emprêsas, desde que não previstas em lei.
Entretanto, o que não está certo na lei é a *obrigatoriedade* da exigência de uma série de cláusulas, cuja oportunidade e conveniência, de natureza transitória e variável, cabe aos convenentes apreciar. Não se vê razão para que em todo convênio coletivo haja estipulação de normas a respeito dos 'direitos e deveres dos empregados e emprêsas' (alínea VII); condições ajustadas para reger as relações individuais de trabalho (alínea IV); e mesmo 'penalidades para os Sindicatos convenentes, os empregados e as emprêsas em caso de violação de seus dispositivos' (alínea VIII). Apesar dos termos categóricos da lei, dada a natureza das condições a que se refere o texto em exame, entendemos que a enumeração deve ser considerada como meramente exemplificativa." (sic) Roberto Barretto Prado, *Tratado de direito do trabalho*, p. 871-872.
(123) Em sentido contrário ver Mozart Victor Russomano, *O empregado e o empregador no direito brasileiro*, p. 184.

"Art. 613. As Convenções e os Acordos deverão conter obrigatoriamente:

I — designação dos Sindicatos convenentes ou dos Sindicatos e empresas acordantes;

II — prazo de vigência;

III — categorias ou classes de trabalhadores abrangidos pelos respectivos dispositivos;

IV — condições ajustadas para reger as relações individuais de trabalho durante sua vigência;

V — normas para a conciliação das divergências surgidas entre os convenentes por motivos da aplicação de seus dispositivos;

VI — disposições sobre o processo de sua prorrogação e de revisão total ou parcial de seus dispositivos;

VII — direitos e deveres dos empregados e empresas;

VIII — penalidades para os Sindicatos convenentes, os empregados e as empresas em caso de violação de seus dispositivos.

Parágrafo único. As Convenções e os Acordos serão celebrados por escrito, sem emendas ou rasuras, em tantas vias quantos forem os Sindicatos convenentes ou as empresas acordantes, além de uma destinada a registro."

Uma vez fixada a linha mestra que norteia o arcabouço jurídico do qual se reveste uma convenção coletiva[124], decidiu-se para melhor compreensão analisar-se separadamente, por tópicos, cada um dos componentes a moldar referida figura legal.

4.1. Forma Escrita

A primeira[125] condição de validade para a existência de uma convenção coletiva ou acordo coletivo de trabalho está na forma de

---

(124) "O Bureau Internacional do Trabalho, sintetizando todas as idéias anteriores, ofereceu um quadro do conteúdo dos contratos coletivos:
'Todas as leis sobre convenções coletivas contêm duas séries de regulamentações, que diferem por sua natureza, alcance e fim:
a) uma regulamentação dos direitos e obrigações das partes na convenção coletiva, sejam sindicatos profissionais, comitês paritários, organizações corporativas ou grupos de trabalhadores partícipes das instâncias de conciliação; b) uma regulamentação das condições de trabalho em favor das pessoas representadas pelas partes nas convenções coletivas'."
Arnaldo Süssekind; Délio Maranhão; Segadas Vianna, *op. cit.*, p. 1.061.
(125) Octavio Bueno Magano, *Convenção coletiva do trabalho*, p. 83.

apresentação que deverá ser escrita[126] por força de lei,[127] destarte, não se admitindo o acerto verbal sob pena de nulidade, eis que referido instrumento enquadra-se na categoria dos atos formais[128] e como tal deve ser escrito sem emendas ou rasuras[129], em tantas vias quantos forem os sindicatos ou empresas acordantes, além de uma destinada a registro nos órgãos regionais do Ministério do Trabalho e Emprego[130].

Portanto, trata-se de um negócio formal, inexistente se não se revestir desta solenidade, pois que, a forma escrita, frise-se, é requisito essencial para sua validade, deste modo, operando *ad substantiam actus* e não meramente *ad probationem* [131][132].

4.2. Publicidade

Após a assinatura da convenção coletiva ou acordo coletivo de trabalho, compete aos signatários, conjunta ou separadamente, providenciarem o depósito[133] de uma via na Secretaria de Relações do

---

(126) "Pode o contrato individual de trabalho ser objeto de acêrto (*sic*) verbal de condições se bem que a lei imponha a necessidade de sua anotação na Carteira de Trabalho e Previdência Social, mas quanto às convenções coletivas a imposição legal de que seja objeto de instrumento escrito decorre não só do art. 613 como do art. 614, que determina o depósito de uma de suas vias, para registro e arquivo, no Departamento Nacional do Trabalho, quando tiver caráter interestadual ou nacional ou nos órgãos regionais do Ministério do Trabalho, nos demais casos." Segadas Vianna, *op. cit.*, p. 158.
(127) "Constitui *requisito intrínseco* do negócio jurídico, quando a lei o prescreve, sob pena de nulidade ou esta resulta tacitamente de seu enunciado. A convenção coletiva não pode ser homologada (hoje não existe mais esta formalidade) e não produz efeito jurídico se não fôr lavrada por escrito. É, evidente, assim, que a *forma* é requisito essencial à validade da convenção coletiva, operando *ad substantiano actus* e não meramente *ad probationem*" (*sic*). *Ibidem*, p. 159.
(128) Octavio Bueno Magano, *Convenção coletiva do trabalho*, p. 83.
(129) "Rasuras, não comprometendo o entendimento e a segurança do documento, não ensejarão a nulidade do contrato." Carlos Moreira De Luca, *op. cit.*, p. 156.
(130) Instrução Normativa n. 1, de 28.2.2002, da Secretaria de Relações do Trabalho — DOU 1 de 8.3.2002, art. 2º, II.
(131) Orlando Gomes; Elson Gottschalk, *op. cit.*, p. 588.
(132) Ver no mesmo sentido Paulo Eduardo Vieira de Oliveira, *Convenção coletiva de trabalho no direito brasileiro — setor privado*, p. 100.
(133) "Pelo sistema legal primitivo, era necessária a homologação dos contratos coletivos pelo Ministério do Trabalho, a fim de que eles tivessem validade. A partir da nova lei, basta o depósito do instrumento nessa repartição, para que o mesmo entre em vigência, três dias após a data da sua entrega." Orlando Teixeira da Costa, *Direito coletivo do trabalho e crise econômica*, p. 132.

Trabalho[134], em se tratando de instrumento de caráter interestadual ou nacional, ou nos órgãos regionais do Ministério do Trabalho e Emprego, nos demais casos, para efeito de registro[135] e arquivo[136].

Recentemente o Ministério do Trabalho e Emprego por meio de sua Secretaria de Relações do Trabalho baixou a Instrução Normativa n. 1, de 28.2.2002, a qual estabelece no art. 4º os requisitos necessários ao depósito da convenção ou acordo coletivo de trabalho, *in verbis*:

"Art. 4º — O depósito deverá ser instruído com os seguintes documentos:

I — uma via original da convenção ou do acordo coletivo de trabalho destinada ao registro e arquivo;

II — cópia do comprovante de registro sindical expedido pela Secretaria de Relações do Trabalho, identificando a base territorial e as categorias representadas pelas entidades sindicais signatárias; e,

III — cópia autenticada da ata da assembléia da categoria que aprovou as reivindicações e concedeu poderes para a negociação coletiva ou, ainda, de aprovação das cláusulas e condições acordadas."

Ademais, o depósito[137] deverá ser efetuado no prazo de 8 (oito) dias a contar da assinatura (art. 614 da CLT),[138] sendo que as con-

---

(134) Instrução Normativa n. 1, de 28.2.2002, da Secretaria de Relações do Trabalho — DOU 1 de 8.3.2002.
"Art. 2º — O depósito da convenção ou acordo coletivo de trabalho deverá ser efetuado:
I — na Secretaria de Relações de Trabalho, quando se tratar de norma com abrangência nacional ou interestadual; e,
II — nos órgãos regionais do Ministério do Trabalho e Emprego, nos demais casos."
(135) Instrução Normativa n. 1, de 28.2.2002, da Secretaria de Relações do Trabalho — DOU 1 de 8.3.2002.
"Art. 1º ....
§ 3º — Registro é o ato administrativo de assentamento da norma depositada."
(136) Instrução Normativa n. 1, de 28.2.2002, da Secretaria de Relações do Trabalho — DOU 1 de 8.3.2002.
"Art. 1º ....
§ 4º — Arquivo é o ato de organização e guarda dos documentos registrados para fins de consulta."
(137) Instrução Normativa n. 1, de 28.2.2002, da Secretaria de Relações do Trabalho — DOU 1 de 8.3.2002.
"Art. 1º ....
§ 2º — Depósito é o ato de entrega do instrumento coletivo no protocolo dos órgãos do Ministério do Trabalho e Emprego, para fins de registro e arquivo."
(138) Segundo Octavio Bueno Magano a fonte que inspirou o legislador brasileiro a criar as regras insculpidas no art. 614 da CLT, está no art. 31 (d) do Código de Trabalho Francês, *in verbis*:
"Art. 31 — (d) — Les Conventions Collectives sont applicables sauf stipulations contraires, a partir du jour qui suit leur depôt en triple exemplaire au secretariat du conseil des prud' hommes...". Octavio Bueno Magano, *Convenção coletiva do trabalho*, p. 84.

venções e acordos coletivos entrarão em vigor[139] 3 (três) dias após a data da entrega ao referido órgão.

No prazo de 5 (cinco) dias a contar do efetivo depósito, os sindicatos convenientes deverão providenciar a fixação da cópia autenticada do acordo ou convenção coletiva na sua sede e nas dependências das empresas compreendidas dentro de sua base territorial, de conformidade com os §§ 1º e 2º do referido artigo.

Eis a forma encontrada pelo legislador para dar publicidade[140][141] aos interessados quanto ao conteúdo do instrumento normativo que irá regular as relações de trabalho durante a vigência estipulada previamente, a qual não poderá ser superior a dois anos (art. 614, § 3º, CLT).

Observa-se que a publicidade[142] da convenção ou acordo coletivo não se reveste da forma normalmente utilizada para os atos de autoridade pública, qual seja, a publicação em diários oficiais.

De qualquer modo, as formalidades elencadas foram implementadas pelo Decreto-lei n. 229 de 28 de fevereiro de 1967, que substituiu a exigência de homologação por parte do Ministério do Trabalho e Emprego, o que constituiu enorme avanço legislativo, pois o requisito da homologação era claramente atentatório à liberdade sindical no dizer de *Octavio Bueno Magano*[143].

---

(139) "Isso, contudo, não obsta decisão dos convenentes, visando a que certas cláusulas tenham efeitos postergados ou retroativos. É perfeitamente lícito e até comum estipular-se que determinadas vantagens só sejam concedidas a partir de data posterior.
Dado, por outro lado, o caráter normativo da convenção, é natural que suas cláusulas tenham efeito imediato, alcançando não apenas os contratos individuais a serem celebrados, posteriormente, mas, também, os que se encontrarem em curso. Admite-se mesmo que se aplique retroativamente, como no caso de anulação de dispensa de empregado, cancelamento de suspensões, pagamento de dias de greve, etc. A convenção ou o acordo podem mesmo alcançar contratos de trabalho, já findos, o que bem se ilustra através da Súmula n. 5, do TST" (*sic*). *Ibidem*, p. 86.
(140) "Melhor seria se os prazos de vigência e publicação (ambos contados do depósito realizado perante a autoridade administrativa) fossem coincidentes. Como está redigida a lei, o convênio entra em vigor antes de sua ampla publicidade, isto é, da fixação do instrumento nos locais de trabalho ou de comparecimento habitual dos trabalhadores e empresários atingidos por suas cláusulas." Mozart Victor Russomano, *Comentários à consolidação das leis do trabalho*, p. 128.
(141) No mesmo sentido Paulo Eduardo Vieira de Oliveira, *op. cit.*, p. 101.
(142) Orlando Gomes; Elson Gottschalk, *op. cit.*, p. 588.
(143) *Direito coletivo do trabalho*, p. 148.

No mesmo sentido, *Orlando Gomes* e *Elson Gottschalk* ao observarem que a homologação da convenção coletiva enquanto ato de competência do Ministro do Trabalho, destarte, subordinando a sua eficácia, "(...) constituía um ato altamente intervencionista do poder estatal, por estabelecer um controle de mérito, e não apenas de forma, sobre o negócio já realizado"[144] para logo, em seguida, concluírem que "a homologação não é mais uma *conditio juris*, isto é, não subordina a validade do negócio jurídico à apreciação de um terceiro, valendo a deliberação dos convenientes por si mesma, obedecidos apenas a forma e os prazos prescritos em lei. A abolição do *ato homologatório* pelo Ministério do Trabalho constitui importante conquista no campo da liberdade sindical"[145] (Grifos no original).

Outra questão relevante é destacada por *Octavio Bueno Magano* ao afirmar que "o encargo de efetuar registro e fazer publicação é das partes convenentes. Contudo, se descumprirem tal imposição, qual será a conseqüência? Perderá a convenção a sua eficácia? Visto que o registro e a publicação não devem interferir com o conteúdo da convenção, tendo apenas como escopo a observância de formalidades legais e o resguardo de interesses de terceiros, a resposta deve ser negativa. As omissões em causa podem apenas acarretar sanções de natureza administrativa"[146].

4.3. Assembléia Deliberativa

Um dos requisitos essenciais a validar com o manto da legalidade a convenção coletiva está na sua origem, isto é, a autorização dos trabalhadores associados ao sindicato profissional que mediante convocação formal de assembléia-geral irão decidir quais as reivindicações a serem negociadas com a entidade patronal.

Hoje, por força do disposto no art. 612 da CLT, basta uma única assembléia dos trabalhadores para deliberar sobre o processo negocial e a celebração de convenção coletiva de trabalho, ao contrário,[147]

---

(144) *Op. cit.*, p. 590.
(145) Barbero, *Contributo alla teoria della condizione*, Milano, 1937, p. 76 e ss., *apud* Orlando Gomes; Elson Gottschalk, *op. cit.*, p. 590.
(146) *Direito coletivo do trabalho*, p. 148-149.
(147) "Para que a convenção seja assinada, os sindicatos necessitam colher, previamente, autorização de seus associados, através de assembléia geral.

do período anterior à reforma introduzida pelo Decreto-lei n. 229, de 28 de fevereiro de 1967, quando necessariamente "havia necessidade de uma assembléia geral para deliberar sobre a realização do contrato coletivo e de outra para o ratificar".[148]

Ademais, salienta *Octavio Bueno Magano*[149] que, com o advento da Constituição Federal de 1988, o *quorum* a ser observado nas assembléias sindicais passou a constituir-se em matéria *interna corporis*, eis que conforme assinala *Segadas Vianna* "A Constituição de 1988 'vedou ao Poder Público a interferência e a intervenção na organização sindical' (art. 8º, I). Assim, restaram revogadas as exigências constantes na legislação ordinária (CLT, art. 612) acerca do *quorum* para convocação e deliberação em assembléia, consoante foi explicitado, inclusive, no art. 4º, § 1º, da Lei n. 7.783/89, no que tange à autonomia sindical quanto ao exercício do direito de greve: 'A Entidade sindical deverá prever as formalidades de convocação e do *quorum* para deliberação, tanto da deflagração quanto da cessação da greve.'"[150]

4.4. Vigência

A convenção coletiva terá vigência de no máximo 2 (dois) anos[151][152] (art. 614, § 3º, CLT) a contar do terceiro dia da data em

---

E, depois de celebrada, a validade da convenção ainda fica dependendo de outra assembléia geral dos associados, na qual se dê a ratificação das cláusulas aceitas, em votação que assinale, em primeira convocação, maioria de dois terços de seus associados ou, em caso de acordo coletivo, dos interessados e, em segunda convocação, de dois terços dos presentes, diminuído esse *quorum*, para as entidades com mais de cinco mil associados, a um oitavo (1/8) dos mesmos, em segunda convocação (art. 612 e seu parágrafo).
A finalidade do preceito, evidentemente, é ventilar ao máximo os problemas consignados e solucionados na convenção coletiva, onde se plasmam os interesses vitais da categoria convenente." Mozart Victor Russomano, *O empregado e o empregador no direito brasileiro*, p. 185.
(148) *Ibidem*, p. 150.
(149) *Ibidem*, p. 149.
(150) Arnaldo Süssekind; Délio Maranhão; Segadas Vianna, *op. cit.*, p. 1.060.
(151) "A fixação de prazo superior, a nosso ver, não anula a convenção mas a torna inoperante depois de dois anos de sua assinatura." Segadas Vianna, *op. cit.*, p. 156.
(152) "Estabelecida a vigência do pacto ajustado, jamais superior a vinte e quatro meses sob pena de nulidade da cláusula, poderá o acordo ou convenção coletiva ser prorrogado,

que uma via tiver sido depositada no Ministério do Trabalho e Emprego (art. 614, § 1º, CLT).

Octavio Bueno Magano[153] esclarece que em outros sistemas jurídicos admite-se que a convenção coletiva se celebre com prazo determinado ou indeterminado, cuja duração encontraria fundamento na conjugação dos seguintes fatores:

"a) o de que, para a empresa, é necessária certa estabilidade de condições de trabalho, a fim de que os planos, que regem a sua atividade, se executem;

b) o de que a constante evolução e alteração das condições econômicas exige flexibilidade equivalente da convenção. Conforme se dê prevalência a um ou outro dos fatores apontados, o prazo da convenção será maior ou menor. Na França, se estipula que a convenção, quando condicionada a prazo, não pode ter duração superior a cinco anos; no Panamá, se determina que a duração da convenção não pode ser inferior a dois anos nem superior a quatro anos. Em Portugal e no Chile se estabeleceu que a convenção não pode ter duração inferior a dois anos."[154]

No Brasil, conforme já assinalado, o prazo não poderá ser superior a 2 (dois) anos o que, segundo *Orlando Gomes* e *Elson Gottschalk*, teria explicação na "razão de freqüente mutação das condições econômicas existentes no momento da celebração. Fator que entra na previsão das partes *no ato da* estipulação, e que justificaria, sem dúvida, a exclusão da cláusula já referida antes: *a rebus sic stantibus*"[155].

Por oportuno, transcreve-se recente decisão judicial proferida pela 2ª turma do TST em recurso de revista, dando-se destaque ao entendimento de que o limite temporal de 2 (dois) anos deverá sempre ser observado, *in verbis*:

"*Acordo coletivo de trabalho — limite temporal — prorrogação por termo aditivo — impossibilidade — exegese.*

---

revisto, denunciado ou revogado." João Régis Fassbender Teixeira e Zeno Simm, *op. cit.*, p. 325-326.
(153) *Direito coletivo do trabalho*, p. 149.
(154) *Ibidem*, p. 150.
(155) *Op. cit.*, p. 589.

Acordo coletivo prorrogado por tempo indeterminado através de termo aditivo — Validade. Analisando o disposto nos arts. 613, II, e 614, § 3º, da CLT, verifica-se que resta estabelecido que as convenções e acordos coletivos devem obrigatoriamente conter o prazo de sua vigência e que tal prazo não pode ser superior a 2 (dois) anos. Após este prazo as normas contidas em tais avenças deixam de ter eficácia. *Até mesmo as normas contidas em sentença normativa que vigem indefinidamente, não integram de forma definitiva os contratos, conforme se lê no Enunciado n. 277, desta Corte.* Percebe-se daí que o ordenamento jurídico trabalhista brasileiro tem a clara intenção de estabelecer limite temporal às estipulações acordadas entre trabalhadores e empregadores, não admitindo que as normas legais possam ser objeto de livre estipulação entre as partes por prazo indeterminado, *isto porque tal permissividade acabaria por abrir um atalho ao descumprimento perene de normas legais, bastando para isto um único acordo coletivo com validade por prazo indeterminado. Recurso de Revista conhecido e parcialmente provido" (Ac. un. da 2ª T. do TST — RR 478.542/98.9 — 15ª R. — Rel. Juíza Anelia Li Chum, Convocada — j. 20.2.02 — Rectes.: Sebastião Faustino da Silva e outros; Recda.: Nestlé — Industrial e Comercial Ltda. — DJU 1 22.3.02, p. 680 — ementa oficial)*[(156)] *(Grifamos).*

4.5. Prorrogação, Revisão, Denúncia ou Revogação [(157)]

A CLT expressamente dispõe quanto às hipóteses que poderão advir em decorrência do término da vigência[(158)(159)] de acordo ou con-

---

(156) Repertório IOB de jurisprudência, n. 10-2002, caderno 2, p. 259, 2ª quinzena de maio de 2002.
(157) "Durante certo lapso de tempo, questionou-se a constitucionalidade desses dispositivos, ante os termos constitucionais da liberdade sindical mais ampla, agora, todavia, o tema está extreme de dúvidas, sendo perfeitamente constitucional tanto a exigência do registro, como a previsão da publicidade da norma coletiva." Georgenor de Sousa Franco Filho, *op. cit.*, p. 101.
(158) "Se chegar a seu término o contrato coletivo sem que tenha sido renovado ou prorrogado, a conseqüência é que deixará de vigorar, como decorre de sua natureza, e a categoria ficará sem regulamentação pela via convencional, até que novo contrato coletivo seja celebrado." Carlos Moreira De Luca, *op. cit.*, p. 158.
(159) Conf. Amauri Mascaro Nascimento, *Iniciação ao direito do trabalho*, p. 521:
"As cláusulas das convenções e acordos coletivos podem ser estipuladas por prazo determinado, como, também, indeterminado com efeitos permanentes mesmo depois da database, caso assim tenha sido estabelecido pela vontade dos contratantes; se esse cuidado for observado, o problema terá as suas dimensões reduzidas."

venção coletiva de trabalho ao estabelecer em seu art. 615 que, *in verbis*:

"Art. 615. O processo de prorrogação, revisão, denúncia ou revogação total ou parcial de Convenção ou Acordo ficará subordinado em qualquer caso, à aprovação de Assembléia Geral dos Sindicatos convenientes ou partes acordantes, com observância do disposto no art. 612."[160]

Portanto, ao se verificar qual hipótese legal a ser aplicada, vedado está a eventual recusa à negociação, sob pena de convocação compulsória dos sindicatos ou empresas recalcitrantes para participarem de reunião no Ministério do Trabalho e Emprego (art. 616, § 1º, CLT). Em persistindo a recusa à negociação coletiva por qualquer das partes, inobstante as convocações expedidas pelo órgão regional do Ministério do Trabalho e Emprego, é facultada a instauração de dissídio coletivo dentro dos 60 (sessenta) dias que antecedem ao término do prazo de vigência[161][162] de modo a que o novo instrumento tenha início no dia imediato a esse termo (art. 616, §§ 2º e 3º, CLT).

---

(160) "Art. 612. Os Sindicatos só poderão celebrar Convenções ou Acordos Coletivos de Trabalho, por deliberação de Assembléia Geral especialmente convocada para esse fim, consoante o disposto nos respectivos Estatutos, dependendo a validade da mesma de comparecimento e votação, em primeira convocação, de 2/3 (dois terços) dos associados da entidade, se se tratar de Convenção, e dos interessados no caso de Acordo e, em segunda, de 1/3 (um terço) dos membros.
Parágrafo único. O *quorum* de comparecimento e votação será de 1/8 (um oitavo) dos associados em segunda convocação, nas entidades sindicais que tenham mais de 5.000 (cinco mil) associados.
Com o advento da Constituição Federal da 1988, o assunto referente a *quorum* passou a constituir matéria *interna corporis* aos sindicatos por força do art. 8º, inciso I" (Destaque no original).
(161) "A lei estabelece que instauração de dissídio coletivo terá lugar dentro dos 60 dias anteriores ao têrmo final da convenção, mas entendemos que o dispositivo diz respeito à prorrogação, já que a rescisão ou denúncia podem ocorrer antes dêsse prazo, pondo em perigo a estabilidade social" (*sic*). Segadas Vianna, *op. cit.*, p. 160.
(162) Ver em sentido contrário João Régis Fassbender Teixeira e Zeno Simm, *op. cit.*, p. 326, ao asseverarem que:
"Em qualquer hipótese de revisão ou denúncia, quando não bem sucedidos os entendimento que visavam a alterar cláusulas, as partes poderão encaminhar dissídio coletivo de *natureza econômica* ao Tribunal do Trabalho competente. Mas isso só poderá ocorrer quando faltarem sessenta dias para que se esgote o prazo de vigência previsto originariamente. É claro que poderão os interessados ajuizar o pedido de dissídio coletivo trinta dias antes do vencimento, ou vinte, ou dez, ou mesmo depois de esgotada a vigência; o que se pretendeu coibir foi o ajuizamento *anterior* a sessenta dias do prazo fatal de vencimento do acordo ou convenção."

Registra-se, por oportuno, que em se tratando de dissídio coletivo de natureza econômica, a observância do prazo citado é de fundamental importância para os sindicatos profissionais, sob pena de perderem a data-base, conforme disposto na Instrução Normativa n. 4/93 do TST[163].

4.5.1. Prorrogação

O processo de prorrogação necessariamente observará os mesmos trâmites inerentes ao nascimento de um acordo ou convenção coletiva, destarte, dando-se destaque à assembléia geral convocada pelo sindicato profissional para que efetivamente os interessados manifestem-se, de forma livre e soberana, quanto à oportunidade e interesse de se prorrogar referido instrumento normativo, observando-se a necessária antecedência no tocante aos estudos e entendimentos de modo a não se verificar eventual interrupção de sua vigência[164].

Inobstante a lei seja omissa quanto ao limite temporal referente à prorrogação, esclarece *Mozart Victor Russomano* que "não existe restrição alguma quanto ao número de prorrogações possíveis, o que leva a concluir que o convênio pode ser prorrogado tantas vezes quantas sejam consideradas convenientes, desde que as partes restrinjam cada prorrogação ao biênio que delimita, no tempo, os limites de sua aplicabilidade"[165][166].

---

(163) Instrução Normativa n. 4/93 do TST (uniformiza o procedimento nos dissídios coletivos de natureza econômica no âmbito da Justiça do Trabalho).
"II — Na impossibilidade real de encerramento da negociação coletiva em curso antes do termo final a que se refere o art. 616, § 3º, da CLT, a entidade interessada poderá formular protesto judicial em petição escrita dirigida ao Presidente do Tribunal do Trabalho, a fim de preservar a data-base da categoria.
III — Deferida a medida prevista no item anterior, a representação coletiva será ajuizada no prazo máximo de 30 (trinta) dias, contados da intimação, sob pena de perda da eficácia do protesto."
(164) Segadas Vianna, *op. cit.*, p. 160.
(165) *O empregado e o empregador no direito brasileiro*, p. 188.
(166) No mesmo sentido acórdão unânime da 2ª T. do TST — RR 478.542/98.9 — 15ª R. — Rel. Juíza Anelia Li Chum, Convocada — j. 20.2.02 — Rectes.: Sebastião Faustino da Silva e outros; Recda.: Nestlé — Industrial e Comercial Ltda. — DJU 1 22.3.02, p. 680 — ementa oficial. *In: Repertório IOB de jurisprudência*, n. 10-2002, caderno 2, p. 259, 2ª quinzena de maio de 2002.

De outro lado, *Octavio Bueno Magano*[167] esclarece que por força do contido no art. 615 da CLT, inviável se mostra a prorrogação automática[168], alertando inclusive "que não desencadeado, tempestivamente, o processo de prorrogação, cessam, no termo final, os efeitos da convenção ou do acordo coletivo anterior. Em outras palavras, isso significa que os contratos individuais posteriores não ficam subordinados aos ditames da convenção ou acordo findos".[169]

4.5.2. Revisão

A revisão[170][171] constitui-se numa reavaliação do acordo ou convenção coletiva[172] de trabalho diante da mudança produzida[173] pelos fatos sociais com reflexos significativos nas cláusulas anteriormente acordadas.

Octavio Bueno Magano[174] afirma que, diante da ausência de pressupostos legais quanto a esse direito, "são de se aplicar, analogicamente, os critérios do parágrafo único do art. 14, da Lei n. 7.783/

---

(167) *Convenção coletiva do trabalho*, p. 93.
(168) "O Direito Positivo Brasileiro não prevê o sistema de prorrogação automática dos instrumentos normativos, como o faz a legislação italiana, seguida pela francesa e pela alemã, embora determine que as convenções e os acordos coletivos contenham, obrigatoriamente, entre outras, disposições sobre o processo de sua prorrogação e de revisão total ou parcial de seus dispositivos (art. 613, VI, da CLT). Mas, ao assim dispor, admite intrinsecamente, a eficácia temporária das cláusulas funcionais dos instrumentos normativos não prorrogados." Umberto Grillo, "Eficácia no tempo das condições estipuladas nos acordos ou convenções coletivas e sentenças normativas", p. 402-403.
(169) *Ibidem.*
(170) Sérgio Pinto Martins, *op. cit.*, p. 735.
(171) "A revisão do convênio não se confunde com a revogação parcial. No primeiro caso dá-se, com efeito, uma derrogação do convênio; mas, simultaneamente, se opera a substituição das cláusulas revisadas pelas novas cláusulas adotadas através do processo de revisão. No segundo caso, parte do convênio é rescindido (*sic*) e a outra parte continua vigente, sem que aquela seja substituída por qualquer outra cláusula." Mozart Victor Russomano, *O empregado e o empregador no direito brasileiro*, p. 189.
(172) "Vale dizer que a revisão poderá ser pleiteada, na vigência da convenção ou do acordo, só quando tiverem sido modificadas substancialmente as condições de fato vigorantes, no ensejo da respectiva celebração, salvo disposição diversa pactuada pelas partes". Octavio Bueno Magano, *Convenção coletiva do trabalho*, p. 93.
(173) José da Fonseca Martins Júnior, "A cláusula *rebus-sic-stantibus* e os convênios coletivos de trabalho", p. 1.079.
(174) *Direito coletivo do trabalho*, p. 151.

89⁽¹⁷⁵⁾, para se saberem as condições ante as quais pode ser exercido", que assim dispõe, in verbis:

"Art. 14 ....

Parágrafo único — Na vigência de acordo, convenção ou sentença normativa não constitui abuso do exercício do direito de greve a paralisação que:

I — tenha por objetivo exigir o cumprimento de cláusula ou condição;

II — seja motivada pela superveniência de fato novo ou acontecimento imprevisto que modifique substancialmente a relação de trabalho."

De qualquer modo, necessariamente a revisão de acordo ou convenção coletiva de trabalho deverá obter a aprovação por parte da assembléia dos trabalhadores, pressuposto legal e obrigatório para validar o ato revisional (art. 615, CLT).

Renato Rua de Almeida ressalta que: "No geral, a revisão ou a revogação da convenção coletiva de trabalho não ocorre com freqüência, pois o Direito do Trabalho mantém, embora não mais de maneira absoluta, seu caráter progressista, vale dizer de melhoria da condição social do trabalhador, através do que a doutrina, especialmente a francesa, denomina de ordem pública social, representada pela lei trabalhista estabelecendo condições mínimas de proteção e as convenções coletivas de trabalho prescrevendo condições *in melius*"[176].

4.5.3. Denúncia

De acordo com *Pedro Nunes* denúncia é a "notificação de uma parte contratante à outra, de que a partir de determinada data cessarão os efeitos da convenção ou contrato que celebraram e vêm cumprindo"[177].

A função principal do ato de denúncia[178][179] é o de evitar a prorrogação automática da convenção ou acordo coletivo a termo, ou a de

---

(175) José da Fonseca Martins Júnior, *op. cit.*, p. 1.080.
(176) "Das cláusulas normativas das convenções coletivas de trabalho: conceito, eficácia e incorporação nos contratos individuais de trabalho", p. 1.602.
(177) Pedro Nunes, *Dicionário de tecnologia jurídica*, 1976.
(178) Sérgio Pinto Martins, *Direito do trabalho*, 11ª ed. rev., atual. e ampl. São Paulo: Atlas, 200, p. 735.
(179) Octavio Bueno Magano, *Direito coletivo do trabalho*, p. 151.

pôr fim à convenção ou ao acordo de prazo indeterminado. Considerando que nenhuma das hipóteses anteriores se aplicam no direito brasileiro, "ficou a utilidade da denúncia circunscrita à função de evitar hiatos entre títulos normativos que se devam suceder".[180]

Para *Mozart Victor Russomano*, as expressões denúncia ou revogação foram usadas como sinônimos pelo legislador e o "seu objetivo é tornar sem efeito a convenção coletiva, em sua totalidade ou apenas em parte e, por isso, apenas pode ocorrer durante a vigência da mesma".[181]

Uma vez denunciada a convenção ou acordo coletivo, as partes deverão observar novamente todos os trâmites legais para a elaboração de um novo instrumento normativo, conforme preconizam os arts. 612 e 615 da CLT.

Segundo *Renato Rua de Almeida* a denúncia, no sentido estrito, é pouco utilizada no direito brasileiro, porém, diante, da "(...) busca da empregabilidade e a proteção do consumidor face ao mundo globalizado e à alta competitividade entre as empresas passaram a exigir, sobretudo em relação às pequenas e médias empresas, por serem as grandes promotoras de emprego, conforme a Recomendação n. 189 de 1998 da Organização Internacional do Trabalho, a flexibilização de adaptação (expressão consagrada por *Jean Claude Javillier*) das normas protecionistas dos paradigmas tradicionais do Direito do Trabalho, representados pela visão clássica da legislação imperativa e pela visão promocional da convenção ou acordo coletivo de trabalho"[182].

Dentro deste novo contexto, conclui o renomado professor que:

"(...) deve-se procurar a decidibilidade necessária para a denúncia, como instituto autônomo do direito coletivo do trabalho brasileiro, mesmo porque positivado pelo ordenamento jurídico, decidibilidade essa que constitui o problema central da ciência da dogmática jurídica.

Em outras palavras, é dar caráter prospectivo à interpretação do art. 615 da Consolidação das Leis do Trabalho, que prevê o

---

(180) *Ibidem.*
(181) *O empregado e o empregador no direito brasileiro*, p. 188.
(182) "A denúncia da convenção coletiva de trabalho", p. 531.

processo da denúncia na duração da convenção ou acordo coletivo de trabalho, a fim de que tenha validade objetiva e funcionalidade, pela concreção jurídica do instituto em apreço.

Em última análise, é a construção autopoiética[183] da denúncia, em que se busca a aplicação axiológica da norma legal face à realidade nova dos fatos sociais[184]."

4.5.4. Revogação

O ato de revogação[185][186] constitui-se na faculdade dada às partes convenientes de encerrarem a vigência da convenção ou acordo coletivo antes de seu prazo final.

A revogação, no dizer de *Mozart Victor Russomano*[187], poderá ser total ou parcial. Na primeira hipótese, o instrumento normativo se extingue naturalmente, podendo ser substituído ou não por um novo. Já em se tratando de revogação parcial, constata-se maior semelhança com a revisão também parcial. Ocorre que, esta, de certo modo, pressupõe a substituição de uma cláusula por outra, enquanto aquela, ao contrário, se baseia na supressão de determinadas cláusulas, sem afetar a vigência das restantes e sem implementação de novas condições.

Em qualquer hipótese, as partes deverão observar a aprovação por parte da assembléia-geral dos trabalhadores, condição essencial para validade do ato nos termos do art. 615 da CLT.

---

(183) "O conceito de autopoiese tem sua origem na teoria biológica de Maturana e Varela. Etimologicamente, a palavra deriva do grego *autós* ('por si próprio') e *poiesis* ('criação', 'produção'). Significa inicialmente que o respectivo sistema é construído pelos próprios componentes que ele constrói. Definem-se então os sistemas vivos como máquinas autopoiéticas: uma rede de processos de produção, transformação e destruição de componentes que, através de suas interações e transformações, regeneram e realizam continuamente essa mesma rede de processos, constituindo-a concretamente no espaço e especificando-lhes o domínio topológico. Trata-se, portanto, de sistemas homeostáticos, caracterizados pelo fechamento na produção e reprodução dos elementos." Marcelo Neves, "Da autopoiese à alopoiese do direito", p. 117.
(184) *Ibidem*, p. 532.
(185) "A revogação, por seu turno, impõe que os interessados, em conjunto ou separadamente, façam a comunicação final à autoridade competente, a mesma que recebeu cópia do acordo ou convenção revogada, para efeitos gerais de arquivo." João Régis Fassbender Teixeira e Zeno Simm, *op. cit.*, p. 326.
(186) No mesmo sentido Octavio Bueno Magano, *Convenção coletiva do trabalho*, p. 94.
(187) Mozart Victor Russomano, *Comentários à consolidação das leis do trabalho*, p.128.

5. Tipos de Cláusulas

Doutrinariamente inúmeros[188][189][190] são os critérios utilizados para o estabelecimento de uma classificação referente às cláusulas que deverão compor uma convenção ou acordo coletivo de trabalho, conforme se abordará no item a seguir.

5.1. Cláusulas Obrigacionais ou Contratuais

Mozart Victor Russomano[191] assinala que dentre as várias classificações existentes a mais importante é aquela que divide as cláusulas convencionais em: a) cláusulas obrigacionais ou contratuais; b) cláusulas normativas.

a) *Cláusulas obrigacionais ou contratuais*[192]. Criam[193] direitos e deveres recíprocos entre as partes convenentes, obrigando-as diretamente entre si[194], *verbi gratia*, uma cláusula estabelecendo multa para o sindicato que descumprir a convenção, eis que este tipo de cláusula tem a característica de uma obrigação assumida pelo sindicato como pessoa jurídica[195].

---

(188) Octavio Bueno Magano, *Convenção coletiva do trabalho*, p. 109 e ss.
(189) Amauri Mascaro Nascimento, "A negociação coletiva no contexto democrático: sistema brasileiro e avaliação de experiências pós-corporativas estrangeiras", p. 1.183-1.184.
(190) "Diversos critérios são utilizados na classificação das cláusulas do conteúdo, podendo se distinguir, primariamente, entre cláusulas obrigatórias, as quais são indicadas pela lei como conteúdos mínimos que devam ser contemplados, e facultativas, que são as decorrentes do livre acordo entre as partes." Cibele Cristiane Schuelter, *op. cit.*, p. 1.484.
(191) *Comentários à consolidação das leis do trabalho*, p. 125.
(192) "As cláusulas obrigacionais, melhor denominadas 'cláusulas contratuais', concernem a obrigações assumidas diretamente pelas partes convenentes ou acordantes e que não se incorporam aos contratos individuais de trabalho." Arnaldo Süssekind, *Direito constitucional do trabalho*, p. 413.
(193) Octavio Bueno Magano, *Convenção coletiva do trabalho*, p. 109-110.
(194) Mozart Victor Russomano, *Comentários à consolidação das leis do trabalho*, p. 125.
(195) Sérgio Pinto Martins, *op. cit.*, p. 729.

b) Cláusulas normativas[196]. Determinam[197] e modelam o conteúdo das relações individuais de trabalho, não gerando obrigações[198] imediatas e diretas para as partes convenientes, porém, criando a obrigação[199] de seus representados respeitarem as cláusulas ajustadas quando da celebração de contratos individuais.

Amauri Mascaro Nascimento salienta que "o conteúdo normativo é o núcleo dos acordos e a sua parte principal, a verdadeira razão de ser das negociações, que é a constituição das normas que se transmitirão aos contratos individuais de trabalho, como se tivessem sido diretamente pactuadas pelo empregado e empregador singularmente considerados"[200].

Melhor exemplificando[201], admita-se a hipótese de cláusula assecuratória de aumento salarial cuja obrigatoriedade de cumprimento não se destina ao sindicato como pessoa jurídica, todavia, aos empregadores de setor e, por conseqüência, constituindo-se em benefício correlato para os empregados.

Em síntese[202], as cláusulas normativas são aquelas que determinam salários, jornadas de trabalho, férias, normas sobre higiene e segurança do trabalho e outras condições de trabalho.

Quanto à classificação das cláusulas normativas, *Octavio Bueno Magano*[203] com respaldo no direito alemão as divide em cinco grupos, a saber: norma de benefício individual, normas de conclusão, normas solidárias, normas relativas à constituição interna da empresa e normas sobre instituições comuns.

a) Normas de benefício individual. Especificamente disciplinam salários, jornadas de trabalho, férias, admissão e desligamento de

---

(196) "As cláusulas normativas são, indubitavelmente, mais importantes do que as obrigacionais." *Ibidem*, p. 110.
(197) *Ibidem*, p. 109-110.
(198) Mozart Victor Russomano, *Comentários à consolidação das leis do trabalho*, p. 127.
(199) "O conteúdo normativo é constituído pelas cláusulas que se aplicarão às relações individuais de trabalho com o que os acordos normativos funcionam no sentido de fonte de produção de direito positivo." Amauri Mascaro Nascimento, "A negociação coletiva no contexto democrático: sistema brasileiro e avaliação de experiências pós-corporativas estrangeiras", p. 1.184.
(200) *Ibidem*, p. 1.184-1.185.
(201) Sérgio Pinto Martins, *op. cit.*, p. 729.
(202) Octavio Bueno Magano, *Convenção coletiva do trabalho*, p. 111.
(203) *Ibidem*, p. 111-113.

empregados, indenização, estabilidade, horas extraordinárias, horas noturnas, prêmios etc.

b) Normas de conclusão. Referem-se às formalidades a serem observadas na celebração de contratos individuais de trabalho, como cláusulas que proíbem a contratação de menores para determinados trabalhos; impõem a readmissão de trabalhadores despedidos em razão de greve; condicionam a validade dos contratos individuais ao cumprimento de forma específica como, por exemplo, a escrita.

c) Normas solidárias. Caracterizam-se por beneficiarem o trabalhador, não de forma individual, mas enquanto membro da empresa. Como exemplo, pode-se citar as normas que dispõem sobre higiene e segurança de trabalho.

d) Normas relativas à constituição interna da empresa. Destinam-se a regular a forma de funcionamento, a atividade de comissões, comitês internos à empresa, como por exemplo, Conselhos de Empresa e Comissões de Arbitragem.

e) Normas sobre instituições comuns. Regulamentam as caixas de compensação de salários, instituições de previdência, de ajuda, de administração de bônus para férias etc.

Ademais, *Octavio Bueno Magano*[204] registra que no elenco do art. 613 da CLT, as matérias tratadas nos incisos IV (condições ajustadas para reger as relações individuais de trabalho durante sua vigência), V (normas para a conciliação das divergências surgidas entre os convenientes por motivos de aplicação de seus dispositivos) e VII (direitos e deveres dos empregados e empresas) são identificadas como de natureza normativa, o mesmo ocorrendo com o disposto no art. 621 da CLT (comissões mistas de consulta e colaboração e sobre participação nos lucros), além das matérias disciplinadas nos artigos 374 e 413 do mesmo diploma legal, concernente à prorrogação do trabalho da mulher e do menor mediante compensação.

Dentro deste contexto, *Carlos Moreira De Luca*[205] orienta que "embora as funções obrigacional e normativa dos contratos coletivos

---

(204) *Ibidem.*
(205) *Op. cit.*, p. 145.

possam ser bem identificadas, muitas vezes estão elas presentes numa mesma cláusula[206]" concluindo que "A classificação de uma cláusula, como obrigacional ou normativa, dependerá portanto em alguns casos do critério que for usado para a classificação"[207][208].

5.2. Classificação das Cláusulas Obrigacionais

Amauri Mascaro Nascimento[209] valendo-se de alguns exemplos colhidos na doutrina alienígena contribui significativamente para delinear o conteúdo obrigacional de referidas cláusulas ao asseverar que, *in verbis*:

> "São consideradas como tal, cláusulas de organização da atividade sindical na empresa, destinadas a fazer com que o sindicato possa cumprir as suas funções normais de representação. Incluem-se aqui as cláusulas de segurança sindical, como as proibições de admissão de trabalhadores não sindicalizados etc., muitas delas configurando uma lesão à liberdade sindical individual. Também se situam na mesma esfera obrigacional cláusulas que fixam o dever de informação da empresa ao sindicato dos trabalhadores. Na mesma linha, estão cláusulas que criam órgãos como Comissões de negociação, Comissões de arbitragem, delegados sindicais, seções sindicais na empresa etc. São da mesma natureza as multas fixadas nos acordos normativos e que recaem sobre as partes contratantes. Há também com muita freqüência em outros países, o dever de paz e as cláusulas de tréguas (*sic*), incluído nos acordos com a finalidade de firmar compromisso de vida em harmonia durante a vigência do acordo, com o que o direito de greve fica de algum modo comprometido. Aliás, a doutrina germânica sustenta que

---

(206) "Assim, a que estabeleça a obrigação de ser criada comissão para a imposição de penalidade aos empregados, com participação do sindicato da categoria profissional, representa obrigação quanto a esta entidade; mas também assegura aos próprios trabalhadores o direito de só serem punidos através do procedimento previsto perante o órgão." *Ibidem*, mesma página.
(207) *Ibidem*.
(208) Paulo Eduardo Vieira de Oliveira, *op. cit.*, p. 71.
(209) "A negociação coletiva no contexto democrático: sistema brasileiro e avaliação de experiências pós-corporativas estrangeiras", p. 1.184.

a cláusula de paz está implícita, fundamentando-a juridicamente com base na teoria dos deveres imanentes dos acordos coletivos, segundo a qual todo acordo normativo pressupõe tacitamente o cumprimento de três deveres: na aplicação, seu cumprimento pelos representantes e a obtenção de conflitos. Há também quem fundamente o mesmo dever no princípio da boa-fé dos contratantes."

As cláusulas obrigacionais têm sido objeto de várias classificações, cumprindo destacar o entendimento de *Octavio Bueno Magano*[210] para quem o critério mais adequado para identificar se uma cláusula é obrigacional está em saber se o conteúdo da cláusula revela uma vantagem individual ou genérica, atribuída aos trabalhadores abrangidos pela convenção coletiva ou, alternativamente, restringe-se a fixar direitos e obrigações às partes convenientes.

As cláusulas obrigacionais podem ser divididas em típicas e atípicas.

a) Cláusulas típicas

Octavio Bueno Magano[211] diz que as cláusulas típicas[212] correspondem aos deveres de paz e de influência. O dever da paz implica na renúncia de novas exigências durante o interregno em que vigorar a convenção coletiva. Já o dever de influência se traduz na dedicação a ser desempenhada pelo sindicato sobre os seus representados para que se abstenham de transgredir o dever de paz, *verbi gratia*, por meio de uma paralisação com a finalidade de exigir o implemento de novo reajuste salarial.

Carlos Moreira De Luca[213] esclarece que tais cláusulas não se incorporaram às nossas tradições mormente em decorrência da limitação legislativa atinente ao exercício do direito de greve[214].

---

(210) *Convenção coletiva do trabalho*, p. 114.
(211) *Direito coletivo do trabalho*, p. 146.
(212) Sérgio Pinto Martins, *op. cit*, p. 729.
(213) *Op. cit.*, p. 148.
(214) Lei n. 7.783, de 28.6.1989, especificamente art. 14, ao dispor expressamente que: "Art. 14. Constitui abuso do direito de greve a inobservância das normas contidas na presente Lei, bem como a manutenção da paralisação após a celebração de acordo, convenção ou decisão da Justiça do Trabalho.

b) Cláusulas atípicas

Estas cláusulas, ainda de acordo com *Octavio Bueno Magano*[215], referem-se à duração, vencimento, denúncia, renovação e aos mecanismos de gerenciamento da convenção, *exempli gratia*, a instituição de comissão com a finalidade precípua de dirimir eventuais controvérsias decorrentes da aplicação dos termos da convenção coletiva.

As cláusulas atípicas[216] se subdividem em instrumentais e não instrumentais. Ao primeiro grupo pertencem as cláusulas já citadas, eis que tratam de viabilizar operacionalmente a convenção. Já no segundo grupo, enquadram-se aquelas cláusulas que objetivam a satisfação de interesses próprios da entidade sindical conveniente, como por exemplo, o desconto[217] da contribuição assistencial pelo sindicato patronal ou empresa conveniente, o fornecimento[218] de informações de caráter econômico-financeiro ao sindicato de trabalhadores ou o ajuste para a realização de serviços sociais e obras públicas mediante contribuição por parte do sindicato patronal ou empresa conveniente.

5.3. Modelo Adotado no Brasil

Na legislação brasileira, constata-se que a CLT adotou o critério de cláusulas obrigatórias[219] e facultativas. Estas entregues à livre von-

---

Parágrafo único — Na vigência de acordo, convenção ou sentença normativa não constitui abuso do exercício do direito de greve a paralisação que:
I — tenha por objetivo exigir o cumprimento de cláusula ou condição;
II — seja motivada pela superveniência de fato novo ou acontecimento imprevisto que modifique substancialmente a relação de trabalho."
(215) *Direito coletivo do trabalho*, p. 147.
(216) *Ibidem*.
(217) Carlos Moreira De Luca, *op. cit.*, p. 147.
(218) *Ibidem*.
(219) "Não vemos na verdade qualquer razão para se fixar conteúdo obrigatório para as convenções coletivas de trabalho. Esse critério, certamente não estimula a sua prática. Pode, por exemplo, uma das partes convenentes estar propensa a pactuar novas condições de trabalho, mas não querer a montagem de nenhum mecanismo destinado à solução de conflitos, oriundos da aplicação da convenção, preferindo relegar a apreciação deles à Justiça do Trabalho exclusivamente. Basta isso para não ser celebrada a convenção.
Preconizamos, pelas razões apontadas, que não se estabeleça conteúdo obrigatório para as convenções e acordos coletivos, mas que, com propósitos educativos, se faça apenas uma enumeração das cláusulas que possam adequadamente conter. Nessa enumeração,

tade das partes[220] e aquelas expressamente enumeradas nos incisos do art. 613, cuja omissão[221] gera nulidade[222] da convenção ou acordo coletivo de trabalho quando não especificadas no instrumento resultante do processo negocial, *in verbis*:

> "Art. 613. As Convenções e os Acordos deverão conter obrigatoriamente:
>
> I — designação dos Sindicatos convenentes ou dos Sindicatos e empresas acordantes;
>
> II — prazo de vigência;
>
> III — categorias ou classes de trabalhadores abrangidas pelos respectivos dispositivos;
>
> IV — condições ajustadas para reger as relações individuais de trabalho durante sua vigência;
>
> V — normas para a conciliação das divergências surgidas entre os convenentes por motivos da aplicação de seus dispositivos;
>
> VI — disposições sobre o processo de sua prorrogação e de revisão total ou parcial de seus dispositivos;
>
> VII — direitos e deveres dos empregados e empresas;
>
> VIII — penalidades para os Sindicatos convenentes, os empregados e as empresas em caso de violação de seus dispositivos."

Ao relacionar taxativamente as cláusulas obrigatórias, o legislador nacional estabeleceu o *minimum*[223] de conteúdo indispensável à plena eficácia do instrumento normativo a ser celebrado entre as partes contratantes e, de outro lado, permitindo a mais ampla liberda-

---

exemplificativa, há sem dúvida de incluir-se a cláusula compromissória. Somos da opinião de que sua utilização mais extensiva muito poderá contribuir para acelerar a solução dos conflitos trabalhistas." Octavio Bueno Magano, *Convenção coletiva do trabalho*, p. 116.
(220) Mozart Victor Russomano, *Comentários à consolidação das leis do trabalho*, p. 125.
(221) *Ibidem.*
(222) "O art. 613 da CLT estabelece as cláusulas que as convenções e acordos deverão conter obrigatoriamente

....
A existência de cláusulas obrigatórias já foi criticada, por dificultar a celebração de contratos coletivos. Mas na realidade não se dá entendimento restrito ao dispositivo, e a ausência de algumas das 'cláusulas obrigatórias' não implica em nulidade do pactuado." Carlos Moreira De Luca, *op. cit.*, p. 143.
(223) Mozart Victor Russomano, *Comentários à consolidação das leis do trabalho*, p. 125.

de⁽²²⁴⁾ concernente à adoção das mais variadas cláusulas num campo quase ilimitado⁽²²⁵⁾ para o conteúdo de uma convenção coletiva de trabalho, destarte, podendo ultrapassar os limites naturais das relações dentro de uma empresa, *verbi gratia*, cláusulas convencionais sobre previdência complementar, infortunística, instituição de caixas profissionais de assistência etc., sem contudo, desbordar dos lindes legais advenientes das regras⁽²²⁶⁾ contidas nos arts. 9º e 444 da CLT (disposições contrárias às regras de proteção ao trabalho), afora as disposições contrarias à ordem pública, à moral (Código Civil) e à liberdade sindical.

Segadas Vianna esclarece que, com a finalidade de sintetizar o conteúdo das convenções coletivas, o Bureau Internacional do Trabalho ofereceu um quadro dos contratos coletivos, *in verbis*:

"Todas as leis sobre convenções coletivas contêm duas séries de regulamentações, que diferem por sua natureza, alcance e fim. a) uma regulamentação dos direitos e obrigações das partes na convenção coletiva, sejam sindicatos profissionais, comitês paritários, organizações corporativas ou grupos de trabalhadores partícipes das instâncias de conciliação; b) uma regulamentação das condições de trabalho em favor das pessoas representadas pelas partes nas convenções coletivas."⁽²²⁷⁾

Interessante observar que o legislador nacional⁽²²⁸⁾ além de expressamente fixar as cláusulas obrigatórias, também decidiu impor

---

(224) "A doutrina brasileira reconhece que é muito amplo o conteúdo passível da convenção coletiva.

Geralmente registra-se a tendência expansionista do conteúdo das convenções coletivas. É citada a posição dos autores italianos, para os quais tal conteúdo alcança todo o interesse coletivo, que alguma vezes coincide com os interesses gerais da sociedade; como quando são pactuadas medidas que digam com o desenvolvimento econômico de certa região, ou o combate à inflação." Carlos Moreira De Luca, *op. cit.*, p. 146.
(225) Segadas Vianna, *op. cit.*, p. 155-156.
(226) Orlando Gomes; Elson Gottschalk, *op. cit.*, p. 585.
(227) Arnaldo Süssekind; Délio Maranhão; Segadas Vianna, *op. cit.*, p. 1.061.
(228) "Curiosamente, até mesmo ao enumerar as cláusulas facultativas o legislador não deixou seu vezo de regular tudo, especificando 'forma e modo de funcionamento e as atribuições das comissões', vezo fruto de um protecionismo, no caso, injustificável." Paulo Eduardo Vieira de Oliveira, *op. cit.*, p. 67.

parâmetros no tocante a cláusulas facultativas, conforme se infere da relação dada ao art. 621 da CLT, in verbis:

"Art. 621. As Convenções e os acordos poderão incluir entre suas cláusulas disposição sobre a constituição e funcionamento de comissões mistas de consulta e celebração, no plano da empresa e sobre participação nos lucros. Estas disposições mencionarão a forma de constituição, o modo de funcionamento e as atribuições das comissões, assim como o plano de participação, quando for o caso."

Carlos Moreira De Luca[229] registra que "A disposição do art. 621 da CLT, facultando a criação de comissões mistas de consulta e colaboração, e participação nos lucros, por via de contratação coletiva, atende a previsão constitucional quanto à participação nos lucros[230] (art. 7º, XI)", deste modo, concluindo que "O sentido do dispositivo consolidado examinado é de mera propaganda daquelas comissões, o que não gerou, até agora, resultados visíveis".[231]

Por fim, *Octavio Bueno Magano*[232] critica severamente o fato do legislador nacional ter estabelecido a inserção de cláusulas obrigatórias nas convenções coletivas de trabalho pois, em última análise, inibe a sua prática. Ademais, acrescenta que referentemente ao capítulo das convenções coletivas a inspiração legislativa originou-se no direito francês que também adota critério semelhante[233] numa "tentativa de educar os interessados, quanto ao conteúdo adequado à convenção coletiva de trabalho"[234].

---

(229) *Op. cit.*, p. 143.
(230) *Vide* Lei n. 10.101, de 19.12.2000, que dispõe sobre a Participação dos trabalhadores nos lucros ou resultados da empresa.
(231) Carlos Moreira De Luca, *op. cit.*, p. 143-144.
(232) Octavio Bueno Magano, *Convenção coletiva do trabalho*, p. 115.
(233) A mesma crítica se verifica no direito francês, conforme nos relata Magano ao resumir a posição de Paul Durand: "Duvida-se que tal método seja sábio. A experiência dos últimos anos tem demonstrado que o acordo entre as organizações sindicais se realiza com tanto maior dificuldade quanto mais numerosas apareçam as cláusulas a serem nele inseridas." *Ibidem.*
(234) *Ibidem.*

6. A Integração das Cláusulas Normativas ao Contrato Individual de Trabalho

A doutrina nacional diante da omissão do texto consolidado tem-se posicionado majoritariamente em defesa da incorporação definitiva das cláusulas normativas aos contratos individuais de trabalho com espeque nos mais variados argumentos jurídicos, *verbi gratia*, direito adquirido, inalterabilidade das condições contratuais por força dos arts. 444 e 468 da CLT, entre outros fundamentos. De outro lado, a corrente minoritária também fundamenta a sua opção pela tese da não incorporação em argumentos não menos significativos no campo jurídico como o respeito ao limite temporal estabelecido nos convênios coletivos, a distinção[235] necessária que há de se fazer entre direito individual e direito coletivo do trabalho, mormente no tocante aos fundamentos que lastreiam a concessão de vantagens, destacando-se dentro desta corrente, os autores que admitem o princípio da vantagem individual adquirida como exceção à incorporação definitiva das cláusulas normativas.

Interessante ainda registrar que, a corrente minoritária ganhou força no campo da jurisprudência, na medida em que houve um redirecionamento por parte das Cortes Trabalhistas nacionais, cumprindo destacar que, nos últimos anos, vem se acentuando uma mudança interpretativa quanto à ultratividade dos efeitos das normas convencionais, a iniciar pelo TST que, ao fixar limites temporais às suas decisões normativas por intermédio do Enunciado n. 277, em 1983, deixou cristalino a opção pela não incorporação das cláusulas normativas, talvez, já antevendo as profundas mudanças no âmbito trabalhista que adviriam por força dos trabalhos desenvolvidos pela Assem-

---

(235) "O direito coletivo do trabalho se distingue das demais partes do Direito do Trabalho porque tutela o interesse coletivo das entidades profissionais. Enquanto o direito individual do trabalho tem em vista o interesse individual do trabalhador e o direito tutelar do trabalho bem como a previdência social e a assistência social resguardam o interesse geral do Estado, o direito coletivo do trabalho, repita-se, tutela o interesse coletivo das entidades profissionais." Octavio Bueno Magano, "Fundamentos do direito coletivo do trabalho", p. 421.

bléia Constituinte, destarte, resultando na promulgação da Constituição Federal em 5 de outubro de 1988 e, principalmente, em função das profundas modificações provocadas pela economia mundial com profundos reflexos no desenvolvimento nacional e, mais especificamente, no âmbito das relações coletivas de trabalho.

É dentro deste contexto que irá se observar a disputa[236] entre os poderes executivo, legislativo e judiciário no tocante ao dilema de preservar vantagens normativas ou permitir uma maior flexibilização de modo a gerar empregos, quando não, tentar preservá-los diante de uma maior dinamicidade tecnológica em detrimento da mão-de-obra não especializada.

Em assim sendo, decidiu-se por trazer a posição doutrinária de juristas de escol com o objetivo precípuo de se extrair os fundamentos jurídicos que norteiam o posicionamento em defesa da incorporação e da não incorporação das cláusulas normativas aos contratos laborais.

6.1. Tese da Incorporação

6.1.1. Amauri Mascaro Nascimento

Analisando a questão da incorporação ou não das cláusulas normativas, *Amauri Mascaro Nascimento* defende o seguinte posicionamento:

"A minha opinião é que as cláusulas de natureza obrigacional não se incorporam nos contratos individuais de trabalho porque

---

(236) Num sentido amplo, interessante verificar historicamente as dificuldades enfrentadas pelos interlocutores sociais na busca de um equilíbrio na relação capital e trabalho. Por analogia, parece-nos pertinente as palavras do ínclito professor Evaristo de Moraes no seu livro *Apontamentos de direito operário*, p. 15:
"Diante dessa triste situação do operariado, sujeito à bruteza do salário mínimo, fôrça (*sic*) é convir que o direito tem de se modificar, e que a função do Estado ou dos governos, ou dos podêres (*sic*) públicos (como queiram dizer) tem de se transformar; não basta a tutela nem a expectação; é necessário intervir por meios legislativos, no sentido de ser efetivamente melhorada a posição econômica do homem assalariado; é preciso regular as condições do trabalho, dando satisfação às necessidades humanas do trabalhador.
Isso nem é utopia de românticos idealistas, nem surto de propaganda socialista. O que se pede nasce da observação calma dos fatos, idênticos em países de vária cultura e de vária raça, de um e de outro hemisfério. *Não são socialistas que reclamam leis regulamentadoras do trabalho assalariado; são juristas que pregam as doutrinas novas; são parlamentares que as traduzem em projetos e em leis...*" (Grifo no original).

não têm essa finalidade e, dentre as cláusulas normativas, há que se distinguir, em razão do prazo estabelecido e da natureza da cláusula, aquelas que sobrevivem e as que desaparecem. *Um adicional por tempo de serviço é, por sua natureza, algo que se insere nos contratos individuais de trabalho, se as partes não estipularam condições ou limitações à sua vigência.* Um adicional de horas extraordinárias é obrigação que, tendo em vista a sua natureza, vigora pelo prazo em que a convenção coletiva perdurou. *Desse modo, a resposta depende da verificação, em cada caso concreto, da cláusula em questão.*"[237] (G.N.)

6.1.2. José Augusto Rodrigues Pinto

Na sua obra *"Direito sindical e coletivo do trabalho"*, *José Rodrigues Pinto* ao discorrer sobre os instrumentos básicos da negociação coletiva assevera categoricamente:

*"No tocante ao alcance temporal, filiamo-nos, francamente, à teoria da incorporação, se*gundo a qual as cláusulas de Convenção Coletiva se integram aos contratos individuais por ela alcançados, enquanto vigerem, a despeito da expiração do prazo de vigência do instrumento normativo. Assim nos parece correto porquanto, embora provindas de uma norma genérica, essas condições, em verdade, se incorporarão ao patrimônio individual contratual do empregado constituído por sua relação de emprego."[238] (G.N.)

6.1.3. José Martins Catharino

Estudando o tema da incorporação das normas convencionadas, *José Martins Catharino* fundamenta o seu posicionamento em prol da absorção de referidas normas pelos contratos individuais de trabalho, ao estabelecer que:

"As normas convencionadas ou acordadas, extintas, 'revogadas' ou 'denunciadas', para o futuro, já incorporadas aos contratos de

---

(237) *Compêndio de direito sindical*, p. 316.
(238) *Direito sindical e coletivo do trabalho*, p. 219.

emprego, continuam vigendo, residual e contratualmente, na esfera individual e subjetiva. Assim como a norma criada não tem aplicação retroativa (CF, art. 153, § 3º), e sim imediata ou não, a norma de destruição está na mesma situação temporal: *não pode prejudicar 'o direito adquirido' e 'o ato jurídico perfeito'*. Sendo o contrato de emprego pressuposto de aplicação das normas convencionadas ou acordadas, enquanto permanecer, também estas perduram, máxime se mais favoráveis aos trabalhadores. É o que resulta não apenas da garantia constitucional indicada, mas também, *dos arts. 444, 468, 619 e 622, todos da CLT.*"[239] (G.N.)

6.1.4. Octavio Bueno Magano

Com a peculiar sagacidade de que se revestem os seus argumentos, *Octavio Bueno Magano* assim se posiciona:

"*Não prorrogada a convenção*, novos contratos individuais, que se façam, não terão que pautar-se (*sic*) pela convenção finda.

Esta continuará, contudo, regendo os contratos individuais em curso, já que suas cláusulas passaram a integrá-los. A supressão das últimas não seria possível *à luz do art. 468 da CLT*, que veda qualquer alteração contratual, em prejuízo do empregado. As cláusulas que perdurarão serão as já integradas nos contratos individuais. Nessa conformidade, se a convenção finda previa, por exemplo, férias de 30 dias e o empregado já fruira desse benefício, não poderia perdê-lo, com a extinção da convenção. Mas, se a previsão da convenção fosse a de complementação de aposentadoria aos empregados que, em sua vigência, viessem a perfazer 30 anos de serviço, claro que aquele que só o perfizesse após a extinção da convenção nada poderia exigir, com base nela."[240] (G.N.)

6.1.5. Orlando Teixeira da Costa

O saudoso jurista paraense ao analisar a sobrevigência das normas coletivas após a expiração do prazo convencional, conclui que:

---

(239) *Tratado elementar de direito sindical*, p. 235-236.
(240) *Convenção coletiva do trabalho*, p. 95.

"Em nosso País, a contratação laboral é, em princípio, livre, mas não pode contrariar as disposições de convenções coletivas de trabalho (art. 444 da CLT). Se contrariar, haverá a nulidade da cláusula contratual, prevalecendo a norma convencional obstaculizada (art. 619 da CLT). Finalmente, *o contrato de trabalho só pode ser alterado consensualmente e*, ainda assim, desde que não resultem, direta ou indiretamente, prejuízos ao empregado *(art. 468 da CLT)*. Ora, como as cláusulas normativas passam a integrar, ainda que momentaneamente, pela teoria da autonomia privada coletiva, os contratos individuais de trabalho, em termos de legislação ordinária brasileira, esta integração resulta, necessariamente, em inalterabilidade, sob pena de nulidade.

A incorporação definitiva das cláusulas normativas aos contratos individuais consolidou-se, ainda mais, com o texto constitucional de 1988, pelo qual existe a imposição de respeito às 'disposições convencionais', a par das 'legais mínimas de proteção ao trabalho', sempre que a Justiça do Trabalho, no uso da sua competência normativa, 'estabelecer normas e condições' *(art. 114, § 2º, da Constituição)*.

....

Como se vê, a matéria oferece uma rica diversificação e exige, por isso, um tratamento cuidadoso. Não há dúvida, porém, que ante o sistema constitucional e legal vigente no Brasil, as normas coletivas, em princípio, incorporam-se aos contratos individuais de trabalho, sobrevivendo ao término da eficácia dos instrumentos coletivos que as instituíram."[241] (G.N.)

6.1.6. Roberto Pessoa

Ao escrever sobre "*a ultra-atividade das normas coletivas*", *Roberto Pessoa* enfrenta o tema defendendo a tese da incorporação com respaldo no texto constitucional, conforme se extrai do seu posicionamento:

"Desse modo, afigura-se lícito concluir que a revogação pela Medida Provisória n. 1.053/95, dos §§ 1º e 2º, do art. 1º da Lei n.

---

(241) *Op. cit.*, p. 167 e 170.

8.542/92 não afetou, de modo algum, o direito dos empregados à ultra-atividade das cláusulas dos acordos coletivos, que até então tinham sido firmados, porque o direito deles estava amparado no art. 26 da Lei n. 8.880/94, que não foi derrogado.

....

Retornando ao centro dos debates sobre a revogação ou não de dispositivos da legislação ordinária reguladores do direito à incorporação, e, portanto, gravitar no terreno do *ad argumentandum*, ou seja, ainda que a Medida Provisória precitada de n. 1.053, não tenha expressamente revogado o art. 26 da Lei n. 8.880/94, pois a ela não se referiu no seu texto, e sim, ao art. 1º da Lei n. 8.542/92, mas de modo implícito tenha acarretado tal conseqüência jurídica, *é na legislação constitucional que reside a consagração do princípio da ultra-atividade a espancar, ao nosso sentir e de uma vez por todas, as dúvidas sobre sua aplicação.*

Dispondo o *§ 2º do art. 114 da Carta Magna* sobre os limites do Poder Normativo da Justiça do Trabalho, estabeleceu o legislador constituinte que, no seu exercício, o Judiciário deverá observar as condições convencionais e legais mínimas de proteção ao trabalho preexistentes. *Em decorrência deste dispositivo, creio que a Constituição proclamou o princípio da ultra-atividade das cláusulas normativas inseridas nos respectivos instrumentos, em especial aqueles oriundos da autocomposição* e, conseqüentemente, 'qualquer legislação infraconstitucional que vier a ser editada dispondo em contrário padecerá do vício de inconstitucionalidade'.

....

Por esses estudos e pesquisa, *chegamos ao entendimento de ter sido erigido e consagrado, em nível constitucional, o princípio da ultra-atividade das cláusulas de conteúdo normativo instituídas através dos respectivos instrumentos*, com a sua conseqüente incorporação, e assim entendemos que qualquer legislação infraconstitucional dispondo em sentido contrário padecerá, por certo, do vício da inconstitucionalidade."[242] (G.N.)

---

(242) "A ultra-atividade das normas coletivas", p. 479-481.

6.1.7. Ronald Amorim e Souza

Também ardoroso defensor da sobrevigência das cláusulas normativas, *Ronald Amorim e Souza* consolida a sua convicção mediante os seguintes argumentos:

> "O conteúdo das convenções deve inserir-se nos contratos individuais de trabalho de modo permanente e definitivo, em moldes a assegurar a certeza da perenidade dos seus direitos e só passíveis de remoção, em respeito à teoria da imprevisão, quando se alterarem substancialmente as circunstâncias que gizaram o atendimento à vindicação na mesa de negociação. Com isto se irão reduzindo os repetidos embates, as constantes disputas emergentes da reiteração de negociações que retornam às mesmas cláusulas assistenciais e sociais já acolhidas e praticadas. Quando outra oportunidade se oferecer, será para discutir cláusulas de conteúdo econômico ou salarial e quando estas não se mostrarem possíveis, serão discutidas outras que visem a preservar o emprego ou estabilizar os postos de trabalho."[243] (G.N.)

6.1.8. Segadas Vianna

Dissertando vivamente a respeito do assunto, assim se posiciona *Segadas Vianna*:

> "O texto é claro e impõe a prevalência do pacto coletivo sôbre os contratos individuais, mesmo já existentes. E, conseqüentemente, alteradas pelo contrato maior, as condições anteriores não podem voltar a vigir, terminados os efeitos da convenção, nos têrmos do art. 468 da CLT.
>
> ....
>
> Nosso ponto de vista é que os convênios coletivos derrogam as condições dos contratos individuais em tudo o que representa vantagem para o trabalhador; que ao empregado e à emprêsa é lícito pactuar condições individuais desde que sejam mais favo-

---

(243) *Op. cit.*, p. 394.

ráveis àquele; *que terminada a vigência das convenções coletivas permanecem em vigor as alterações havidas nos contratos individuais e que tenham melhorado as condições, também individuais, de relação de trabalho.*

O princípio consta, aliás, do art. 619 que estabelece taxativamente a prevalência das disposições das convenções e acôrdos coletivos sôbre o contrato individual de trabalho e, também, no art. 620, que as condições estabelecidas em convenções, quando mais favoráveis, substituem as estipuladas em acôrdo."[244] (*sic*) (G.N.)

6.2. Tese da Não Incorporação

6.2.1. Eduardo Gabriel Saad

Ocupando-se do tema em artigo escrito para a Revista LTr, *Eduardo Gabriel Saad* com a peculiar contundência de sua pena, defende a temporalidade das cláusulas normativas, buscando demonstrar a necessidade de uma maior reflexão para com as injunções econômicas dos tempos atuais, ao asseverar que:

"Convenção coletiva perpétua

O título dado a esta nota serve para designar a linha de pensamento de alguns juristas — já ultrapassada na doutrina e na jurisprudência — de que as disposições de um pacto coletivo — convenção ou acordo — aderiam, perpetuamente, ao contrato individual de trabalho.

Em razão desse entendimento, mesmo após o término do prazo de vigência do pacto coletivo, suas disposições sobreviviam no texto do contrato de trabalho.

....

Inquestionavelmente, o que, hoje, uma empresa pode conceder a seus empregados por intermédio da avença coletiva, posteriormente talvez não esteja em condições de renovar o que pactuara.

---

[244] *Op. cit.*, p. 161.

Mesmo o mais bisonho dos observadores da vida das empresa (sic) sabe que elas estão sujeitas a toda sorte de fatores que escapam ao controle de seus administradores ou à sua capacidade de previsão. Este incontestável fato explica e justifica a conveniência de dar-se boa dose de plasticidade tanto às normas legais trabalhistas como ao convencionado por assalariados e empregadores.

Os defensores da perenidade das normas coletivamente acordadas não se dão conta de que sua posição leva a uma estranha conclusão: os pactos coletivos só podem ser renovados para melhorar o que se ajustara anteriormente e nunca para adequar as pretensões dos trabalhadores às reais condições economo-financeiras (*sic*) da empresa no momento da celebração do pacto coletivo.

A bem da verdade, a jurisprudência dos Tribunais do Trabalho, nos últimos tempos, tem-se orientado pelo princípio da temporalidade das prescrições do acordo e da convenção coletiva de trabalho."[245] (G.N.)

6.2.2. Gino Giugni

Gino Giugni, ilustre jurista italiano, sustenta *"não se poder entender que as normas da convenção coletiva, penetrando no contrato individual, gerem um direito adquirido*[246] *à conservação do tratamento por parte dos indivíduos, mesmo no confronto com a autonomia coletiva... . Em outros termos, a cláusula do contrato individual, conformada segundo a norma coletiva, segue naturalmente a sorte desta última, ficando permanentemente exposta ao efeito integrativo da parte dela: é por isso inevitável que uma modificação surgida na esfera da autonomia coletiva se reflita nos conteúdos dos contratos anteriormente disciplinados por ela."*[247] (G.N.)

---

(245) "Convenção coletiva perpétua", p. 138-139.
(246) Grifado no original.
(247) *Diritto sindicale*, Bari, Ed. Caccucci, 1980, p. 173, *apud* Arnaldo Süssekind, *Direito constitucional do trabalho*, p. 420-421.

6.2.3. Jean-Claude Javillier

Jean-Claude Javillier, jurista francês, assim se manifesta a respeito do tema: "(...) não há — diferentemente de certas legislações estrangeiras — incorporação das normas da convenção coletiva no contrato de trabalho. E não há, portanto, juridicamente, manutenção das vantagens adquiridas pela convenção coletiva de trabalho, em caso de nova convenção. *O assalariado não pode beneficiar-se das normas da antiga convenção, que lhe seriam mais favoráveis, sem que exista uma cláusula de manutenção das vantagens adquiridas.* Na ausência dessa cláusula, as disposições de antiga convenção não são aplicáveis."[248] (G.N.)

6.2.4. Pedro Paulo Teixeira Manus

Na sua última obra intitulada *"Negociação coletiva e contrato individual de trabalho"*, *Pedro Paulo Teixeira Manus* dissertando sobre o tema afirma que:

"A questão que ora buscamos responder diz respeito à incorporação ou não de cláusula normativa em definitivo, passando a ser direito adquirido do empregado ainda que não seja a referida cláusula renovada na nova norma coletiva.

....

A doutrina entende que as cláusulas obrigacionais só têm aplicação durante a vigência da norma coletiva, pois os sindicatos convenentes ou o sindicato e a empresa acordantes estipulam normas que os obrigue pelo prazo ali fixado. Ademais, nada obsta que as partes ajustem expressamente que as cláusulas normativas sejam incorporadas aos contratos individuais de trabalho, hipótese em que não haverá discussão a respeito, pois manifestada a vontade das partes de que assim ocorra.

A questão que se coloca diz respeito ao silêncio da convenção coletiva quanto à eventual incorporação de cláusula normativa

---

(248) *Manuel de droit du travail*, Paris, LGDJ, 2ª ed., 1988, p. 386, *apud* Arnaldo Süssekind, *Direito constitucional do trabalho*, p. 421.

ao contrato individual de trabalho. Nesse caso, se tivermos nova norma coletiva, que reitere as cláusulas anteriores, o que ocorre com freqüência, igualmente não se cogitará do problema, pois no instante imediato à cessação da vigência da norma anterior, entrará em vigor a nova norma, cujo conteúdo repete o da norma substituída.

No silêncio das partes a respeito da incorporação das cláusulas normativas ao contrato individual, entende *Amauri Mascaro Nascimento* que referidas cláusulas terminam com a vigência da norma coletiva. Assim, afirma que a ultra-atividade das cláusulas normativas condiciona-se ao estipulado pelas partes ou pela lei.

E como a lei não determina a incorporação, no silêncio das partes cessa a vigência de tais cláusulas com o término do prazo da norma coletiva." [249] (G.N.)

6.2.5. Renato Rua de Almeida

Expondo o seu ponto de vista em artigo ímpar sobre conceito, eficácia e incorporação das cláusulas normativas das convenções coletivas de trabalho nos contratos individuais de trabalho, *Renato Rua de Almeida* enfrenta o tema de forma objetiva e clara ao escrever que:

"(...) Ora, pelas razões acima, é de se afirmar que as cláusulas normativas, em princípio, não se incorporam definitivamente nos contratos individuais de trabalho.

Nesse sentido, a própria Constituição de 1988, que é o fundamento de validade maior do direito positivo em relação à convenção coletiva de trabalho (art. 7º, XXVI), prevê a relatividade de seu conteúdo, ao autorizar alteração *in pejus* (art. 7º, VI).

Ademais, *a convenção coletiva de trabalho e o contrato individual de trabalho são fontes de natureza jurídica diferente.* A convenção coletiva de trabalho é um acordo normativo (Recomendação n. 91 da OIT), compreendido dentro de um processo amplo de negociação coletiva (Convenção n. 154 da OIT), sempre

---

[249] *Negociação coletiva e contrato individual de trabalho*, p. 120-121.

aberto às adaptações circunstanciais pela autonomia privada coletiva. Já o contrato individual de trabalho é um negócio jurídico exclusivamente bilateral, de interesses individuais, constituindo obrigações garantidas por lei, que só deixam de existir em caso de extinção contratual.

Daí porque *não se pode invocar o princípio legal da* imodificabilidade das condições contratuais de trabalho, *previsto pelo art. 468 da CLT*, próprio do contrato individual de trabalho, para analisar a natureza jurídica da convenção coletiva de trabalho."[250] (G.N.)

6.2.6. *Sérgio Pinto Martins*

Sérgio Pinto Martins, juiz do trabalho, ao analisar o tema da ultra-atividade das cláusulas normativas, discorre fundamentadamente sobre a defesa da não incorporação e respeito à temporalidade das disposições inseridas em normas coletivas findas, ao afirmar categoricamente:

"O art. 468 da CLT não serve como argumento sobre a inalterabilidade das disposições previstas na norma coletiva finda, pois tal artigo está no capítulo da CLT que versa sobre Direito Individual do Trabalho e não no concernente ao Direito Coletivo do Trabalho. Este não possui mandamento semelhante ao art. 468 da CLT. *A aplicação analógica do Enunciado n. 51 do TST também não é válida para a hipótese vertente,* visto que o regulamento, ao contrário da norma coletiva, normalmente não tem prazo de validade. *Não se poderia falar em direito* adquirido em face da vigência temporária da norma coletiva. Alinhamos um último argumento, o de que as propostas para a celebração das normas coletivas são feitas em assembléia sindical (art. 612 da CLT), na qual os interessados devem comparecer para a discussão de seus interesses. Lá não comparecendo, não terão como debatê-los, nada impedindo que em outra convenção coletiva sejam declaradas novas e melhores condições de trabalho ao empregado.

---

(250) "Das cláusulas normativas das convenções coletivas de trabalho: conceito, eficácia e incorporação nos contratos individuais de trabalho", p. 1.603.

Não se pode dizer também que há direito adquirido à manutenção da condição do contrato de trabalho, pois o inciso XXXV do art. 5º da Lei Maior estabelece que 'a lei não prejudicará o direito adquirido'. Não é a convenção ou o acordo coletivo que não prejudicarão o direito adquirido, mas a lei. *Ademais, em função do prazo determinado de vigência da norma coletiva, não se pode falar em incorporação de suas cláusulas no contrato de trabalho.*"[251] (G.N.)

6.2.7. Wilson de Souza Campos Batalha

Na sua obra doutrinária "Sindicatos sindicalismo", *Wilson de Souza Campos Batalha* objetivamente demonstra o seu entendimento a respeito do tema com os seguintes argumentos:

"Aspecto de relevante importância é o vinculado à teoria da incorporação das convenções coletivas aos contratos individuais do trabalho. Pela teoria da incorporação, as cláusulas das convenções coletivas passariam a integrar os contratos individuais, gerando direitos adquiridos para os trabalhadores. Entretanto, assinala-se o caráter temporário das convenções coletivas, com vigência temporal limitada, de maneira a impossibilitar sua incorporação aos contratos individuais."[252] (G.N.)

6.3. O Princípio da Vantagem Individual Adquirida

Por pertinente, impõe-se esclarecer que, dentre os defensores da tese de não incorporação das cláusulas normativas aos contratos individuais de trabalho, *Renato Rua de Almeida* nos informa da existência de uma exceção à referida tese, qual seja, a "vantagem individualmente adquirida"[253] que tem origem[254] no direito francês.

---

(251) *Op. cit.*, p. 731-732.
(252) *Sindicatos sindicalismo*, p. 160.
(253) "Das cláusulas normativas das convenções coletivas de trabalho: conceito, eficácia e incorporação nos contratos individuais de trabalho", p. 1.604.
(254) *"Essa exceção foi consagrada no direito francês pela Lei Auroux, de 13 de novembro de 1982 (Código do Trabalho, art. L, 132-8, alínea 6)". Ibidem.*

De acordo, ainda, com *Renato Rua de Almeida*[255], o empregado para se beneficiar de uma vantagem oriunda de cláusula normativa com a conseqüente incorporação ao seu contrato de trabalho, necessariamente deverá dela beneficiar-se ou ter implementado as condições exigidas para tal, além do "caráter continuado e não casual ou ocasional"[256] de que deverá se revestir o benefício normativo, "bem como não depender de evento futuro e incerto"[257].

Esta exceção ao princípio da não incorporação definitiva das cláusulas normativas aos contratos individuais de trabalho tem o seu melhor exemplo no estabelecimento de cláusula normativa, estabelecendo "a hipótese da ocorrência de acidente do trabalho, com seqüelas e redução da capacidade laborativa, bem como a de moléstias profissionais que gerem o mesmo efeito, sendo que em ambas as hipóteses existem previsões, nos textos normativos de algumas categorias, de estabilidade, uma vez preenchidas as condições"[258], como assinalado por *Ari Possidonio Beltran*.

Exemplificando a adoção do *princípio da vantagem individual adquirida*[259] nos julgamentos proferidos pelo TST, *Renato Rua de Almeida* faz menção expressa a uma ementa da Seção Especializada em Dissídios Individuais do referido tribunal, vazada nos seguintes termos, *in verbis*:

"As cláusulas que conferem estabilidade a empregado por doença profissional são permanentes, não estando restritas ao prazo de vigência da Convenção Coletiva. É necessário, porém, que a causa da doença tenha se originado na vigência da norma" (TST-E-RR 49759/92.4 — Ac. SDI 4652/94, 8-11-94, Rel. Min. Ney Doyle) *In: Revista LTr*, 59-04/523.[260]

---

(255) *Ibidem*.
(256) *Ibidem*.
(257) *Ibidem*.
(258) *Dilemas do trabalho e do emprego na atualidade*, p. 89.
(259) "(...) não se pode invocar direitos adquiridos individuais sobre os direitos temporariamente adquiridos pela categoria, tanto pela norma de proteção contra as alterações prejudiciais (art. 468 da CLT), que tem índole individual, quanto pelas afirmações de *status quo* ante, ressalvadas apenas as *vantagens individuais*, que vêm a ser direitos personalíssimos extraídos das normas coletivas, como as garantias de emprego" (Grifos no original). Geovany Cardoso Jeveaux, "A eficácia dos instrumentos coletivos no contrato individual do trabalho", p. 1.079.
(260) "Das cláusulas normativas das convenções coletivas de trabalho: conceito, eficácia e incorporação nos contratos individuais de trabalho", p. 1.604.

À primeira vista, a decisão vai de encontro ao disposto no Enunciado n. 277 do próprio TST, *in verbis*:

"As condições de trabalho alcançadas por força de sentença normativa vigoram no prazo assinado, não integrando, da forma definitiva os contratos."

Entretanto, uma análise mais acurada irá revelar não haver contrariedade com o entendimento já sumulado, mas, a absorção de uma exceção ao princípio da não incorporação das cláusulas normativas aos contratos de trabalho depois de expirado o prazo de vigência.

Pedro Paulo Manus comentando a referida ementa, assim se manifesta:

"Vemos, pois, admitida expressamente, pela Seção de Dissídios Individuais do TST, uma exceção ao princípio estabelecido pelo próprio Tribunal, no Enunciado n. 277, transcrito, de que as vantagens introduzidas por norma coletiva cessam com a expiração do prazo da norma coletiva."[261]

Ademais, como lembra *Ari Possidonio Beltran*[262] o TST por meio de sua Seção Especializada em Dissídios Individuais (SDI-1) editou orientação jurisprudencial referente ao tema sob o n. 41 que, ora se transcreve, *in verbis*:

"Estabilidade, Instrumento normativo. Vigência, Eficácia. Preenchidos todos os pressupostos para a aquisição de estabilidade decorrente de acidente ou doença profissional, ainda durante a vigência do instrumento normativo, goza o empregado de estabilidade mesmo após o término da vigência deste."

Constata-se uma preocupação da mais alta Corte trabalhista nacional em adequar o seu posicionamento jurisprudencial às naturais nuances interpretativas movidas pelas constantes inquietações econômico-sociais, destarte, valendo-se, diante da ausência de expressa previsão legal, do direito comparado "... um método importante de integração do direito, conforme, aliás, previsto pelo art. 8º da CLT"[263].

---

(261) *Op. cit.*, p. 122.
(262) *Op. cit.*, p. 89.
(263) Renato Rua de Almeida, "Das cláusulas normativas das convenções coletivas de trabalho: conceito, eficácia e incorporação nos contratos individuais de trabalho", p. 1.604.

Neste diapasão, cumpre destacar decisão proferida em reclamação correicional movida no TST contra indeferimento de liminar em mandado de segurança, no qual a requerente buscava cassar decisão de 1ª instância que havia determinado a reintegração de empregado portador de doença profissional, dispensado sem justa causa dois meses após ter sido reintegrado por força de decisão judicial que havia reconhecido o direito do reclamante ser reintegrado aos quadros funcionais da empresa, uma vez que preenchia todos os requisitos da cláusula coletiva para a garantia de emprego.

À época, o então *Ministro Francisco Fausto Paula de Medeiros*, Vice-presidente do TST no exercício da Corregedoria-geral, indeferiu liminarmente o pedido de expedição da medida correicional nos seguintes termos, *in verbis*:

"PROC. N. TST-RC-2227/2002 — 000-00-00-0

REQUERENTE: INTERNATIONAL ENGINES SOUTH AMERICA LTDA.

ADVOGADO: DR. RUDOLF ERBERT

REQUERIDO: NELSON NAZAR, JUIZ DO TRT DA 2ª REGIÃO

DESPACHO

....

Logo, a questão colocada para exame mediante a presente correicional restringe-se à possibilidade de a empresa, sob alegação de perda da vigência da norma coletiva, vir a rescindir contrato de trabalho de empregado, cuja reintegração havia sido imposta por decisão judicial, em face de estabilidade normativa pelo reconhecimento de doença profissional.

A Colenda Subseção I Especializada em Dissídios Individuais do Tribunal Superior do Trabalho já firmou entendimento no sentido de que as cláusulas que conferem estabilidade a empregado afetado por doença profissional vigoram enquanto verificada a enfermidade, não estando restritas ao prazo de vigência da Convenção Coletiva. Nestes termos a Orientação Jurisprudencial n. 41/SDI, *in verbis*:

'*ESTABILIDADE. INSTRUMENTO NORMATIVO. VIGÊNCIA. EFICÁCIA. PREENCHIDOS TODOS OS PRESSUPOSTOS PARA A AQUISIÇÃO DE ESTABILIDADE DECORRENTE DE ACIDENTE OU DOENÇA PROFISSIONAL, AINDA DURANTE A VIGÊNCIA DO INSTRUMENTO NORMATIVO, GOZA O EMPREGADO DE ESTABILIDADE MESMO APÓS O TÉRMINO DA VIGÊNCIA DESTE*'.

Nessas circunstâncias, entendo, a princípio, não caracterizados os requisitos justificadores do deferimento da liminar pleiteada.

Ante o exposto, indefiro o pedido de expedição da medida correicional, liminarmente.

....

Intime-se à (sic) requerente.

Publique-se.

Brasília, 5 de fevereiro de 2002.

Ministro Francisco Fausto Paula de Medeiros

Vice-Presidente do Tribunal Superior do Trabalho, no Exercício da Corregedoria-Geral"[264] (Grifado no original).

Veja-se ainda a decisão da 3ª Turma do TST que, em recurso de revista, fez prevalecer o *princípio da vantagem individual adquirida* ao reconhecer o direito do reclamante à estabilidade no emprego, uma vez que havia preenchido os requisitos constantes da norma coletiva elaborada entre empresa e sindicato, inobstante não tivesse sido mantida no novo acordo coletivo, conforme se extrai da ementa abaixo:

"GARANTIA DE EMPREGO INSTITUÍDA POR NORMA COLETIVA — PREVISÃO DE PROJEÇÃO DE EFICÁCIA NO BOJO DA PRÓPRIA NORMA — REVOGAÇÃO POSTERIOR EM NOVO CONTRATO COLETIVO DE TRABALHO — ATENÇÃO À VONTADE DAS PARTES ACORDANTES.

1. Considerou o Regional que a garantia de emprego concedida em Acordo Coletivo de Trabalho estava limitada à vigência do respectivo instrumento. E, em sendo assim, com o surgimento de um novo pacto, declarando extinta a cláusula que garantia o emprego, poderia o empregador exercer livremente o seu direito potestativo de rescisão. Acrescentou que as disposições coletivas não se inserem em definitivo ao contrato de trabalho do empregado. É certo que, tendo os Acordos e Convenções Coletivas de Trabalho prazo de vigência predeterminado, consoante disposição contida nos artigos 613, II, e 614, § 3º, da CLT, via de regra as cláusulas nele estabelecidas vigoram enquanto vigente o instrumento normativo que as criou. Ocorre, todavia, que a hipótese dos autos cuida de cláusula sucessivamente renovada pela emprega-

---

(264) *Diário da Justiça n. 33*, Seção 1, 20.2.2002, p. 370.

dora e pelos Sindicatos, que estabeleceu expressamente o direito à garantia de emprego permanente: '4.49 — Garantia de Emprego — Fica convencionado pelas partes que os empregados da FEPASA que contêm ou venham a contar com 4 (quatro) ou mais anos de serviços a ela prestados, computados estes nos termos da lei, gozarão de uma garantia de emprego, em caráter permanente, pelo que não poderão sofrer despedida arbitrária'. O Reclamante havia cumprido o requisito temporal para a obtenção da garantia permanente, quando um novo Acordo Coletivo de Trabalho foi celebrado declarando extinto aquele benefício, reconhecido como existente até 31.12.94, pelos Contratos Coletivos de Trabalho" (sic) anteriores. A natureza de permanência da garantia instituída na norma coletiva mostra que se trata de disposição distinta das habitualmente inseridas em instrumentos normativos, as quais, sem conterem um caráter de continuidade, findam ao término da vigência dos pactos que as fizeram nascer no mundo jurídico. Respeita-se o novo Acordo Coletivo de Trabalho que as partes celebraram, o qual extinguia cláusula que conferia garantia de emprego permanente, precisamente em respeito à vontade dos celebrantes e ao espaço jurídico ocupado pelas negociações coletivas. Mas essa norma nova somente valerá com relação aos empregados que possuíam mera expectativa de direito e aos trabalhadores contratados a partir do surgimento da norma coletiva.

2. Recurso de revista conhecido e provido.

TST RR-569.342/99.2 — Ac. 3ª T., 20.9.00, Rel. Min. Francisco Fausto Paula de Medeiros."[265]

No mesmo sentido, a ementa abaixo:

"ACORDO COLETIVO DE TRABALHO. CONCESSÃO DE ESTABILIDADE. INTEGRAÇÃO DA VANTAGEM AO CONTRATO INDIVIDUAL DE TRABALHO. CABIMENTO.

Acordos e convenções coletivas de trabalho reúnem cláusulas de diferentes estofos jurídicos (CLT, art. 613), justapondo itens normativos e itens contratuais. Na celebração de tais pactos, impõe-se o princípio da autonomia da vontade dos contratantes, embora com a restrição do art. 623 da CLT. Se há liberdade de contratar, nenhuma razão lógica — e, muito menos, jurídica — impedirá o ajuste de cláusula com efeitos definitivos nos contratos individuais de trabalho que alcance, sob pena de, no mínimo, afrontar-se o disposto no art. 7º, *caput*, da Carta Magna. A orientação jurisprudencial presente se encaminha para o reconhecimento da precariedade das avenças

---

(265) *Revista LTr n. 65-02*, p. 183-184.

coletivas, com eficácia restrita ao seu período de vigência. Tal posição, em se tornando regra, não repelirá exceções. Extraindo-se da redação da cláusula em exame e do comportamento ulterior das partes que não houve intenção de se estabelecer estabilidade provisória, concluir-se-á pela incorporação da vantagem ao pacto laboral, confirmando-se as decisões de primeiro e segundo graus que assim concluem. Recurso de revista desprovido.

Vistos, relatados e discutidos estes autos de Recurso de Revista n. TST-RR — 613.924/99.7, em que são Recorrentes MINISTÉRIO PÚBLICO DO TRABALHO DA 18ª REGIÃO e COMDATA — COMPANHIA DE PROCESSAMENTO DE DADOS DO MUNICÍPIO DE GOIÂNIA e Recorrido SÉRGIO AMARAL KAFURI." [266]

Diante do exposto, indiscutível se mostra a plena aceitação do princípio da vantagem individual adquirida pelos nossos Pretórios Trabalhistas, enquanto exceção à tese da não incorporação de vantagens normativas aos contratos individuais de trabalho, hoje consubstanciada no Enunciado n. 277 do TST.

6.3.1. A Influência do Princípio da Vantagem Individualmente Adquirida no Processo Negocial

Com a retomada do processo de redemocratização nos idos do Governo Geisel, renasce o sindicalismo autêntico capitaneado pelos metalúrgicos do ABC, o qual irá propiciar uma negociação coletiva mais autêntica, ainda que a custa de paralisações muitas vezes violentas, entretanto, sem sombra de dúvidas, contribuindo para o aperfeiçoamento e incremento do produto final: a convenção coletiva de trabalho, diante de um empresariado ainda acomodado à proteção do Estado.

Inegáveis os avanços obtidos no tocante às cláusulas sociais envolvendo os empregados, vítimas de doença profissional ou acidente do trabalho, com a concessão de complemento salarial ao benefício previdenciário e/ou garantia de emprego.

No início, observa-se que não havia uma preocupação dos interlocutores sociais, diga-se, principalmente das lideranças empresa-

---

(266) Acórdão n. 613924, RR, 2ª Turma, 1999, Diário da Justiça, 24.8.2001, p. 817. Ementa acessada através do site do TST: http://www..tst.gov.br.

riais, no tocante a qualquer tipo de limitação temporal específica, pois se valiam do prazo genérico[267] dado à convenção coletiva, normalmente de 1 (um) ano.

Com o passar dos anos, o impacto do processo de globalização da economia, fez com que as negociações coletivas se revestissem de um maior grau de dificuldade em decorrência da nova postura empresarial em restringir ao máximo os benefícios sociais, sendo certo que, uma das poucas cláusulas que deixaram de ser abolidas, tratava de doenças profissionais e acidentes do trabalho.

É dentro deste contexto que nascem as primeiras ações trabalhistas reivindicando garantia de emprego instituída em instrumento normativo, eventualmente com prazo de validade vencido e não renovado, em função da cláusula ter sido modificada ou extinta na nova convenção coletiva, oportunidade em que os tribunais trabalhistas manifestam-se pela não incorporação do benefício vindicado, com supedâneo no Enunciado n. 277 da mais alta Corte Trabalhista.

Posteriormente, por influência do direito francês, conforme já relatado, o TST irá absorver o princípio da vantagem individualmente adquirida, enquanto exceção ao princípio da não incorporação das cláusulas normativas aos contratos de trabalho.

Como conseqüência da mudança de orientação jurisprudencial da mais alta Corte trabalhista, constata-se ultimamente uma resistência do setor patronal em renovar a garantia de emprego para trabalhadores portadores de doença profissional ou vítimas de acidente do trabalho.

A título de exemplo, tem-se o Sindicato dos Metalúrgicos do ABC que, em 10 de dezembro de 2001, celebrou acordo coletivo de trabalho com empresas pertencentes ao setor de autopeças para manter as cláusulas sociais durante 2 (dois) anos, isto é, com vigência de 1º de novembro de 2001 e 31 de outubro de 2003, dando-se destaque àquelas garantidoras de emprego para portadores de doença profissional ou ocupacional ou vítimas de acidente do trabalho.

Para melhor compreensão, transcrevem-se as referidas cláusulas:

---

(267) A CLT fixa o prazo máximo de 2 anos para duração da convenção coletiva de trabalho (art. 614, § 2º, da CLT).

"65) Garantia de emprego ao empregado portador de doença profissional ou ocupacional

A) O empregado portador de doença profissional ou ocupacional, atestada pelo INSS, e que a mesma tenha sido adquirida na atual empresa, e que tenha sofrido redução parcial de sua capacidade laboral, terá garantido emprego ou salário, sem prejuízo do salário base antes percebido, desde que atendidas as seguintes condições, cumulativamente:

A.1 — que apresente redução da capacidade laboral;

A.2 — que tenha se tornado incapaz de exercer a função que vinha exercendo ou equivalente;

A.3 — que apresente condições de exercer qualquer outra função compatível com sua capacidade laboral após o advento da doença.

B) As condições supra da doença profissional ou ocupacional garantidoras do benefício deverão ser atestadas pelo INSS.

C) Está abrangido pela garantia desta cláusula, o já portador de doença profissional ou ocupacional adquirida na atual empresa, que atende as condições acima com contrato em vigor na data de vigência deste acordo Coletivo de Trabalho.

D) O empregado contemplado com a garantia prevista nesta cláusula, se obriga a participar de processo de readaptação e requalificação para nova função existente na empresa. Tal processo, quando necessário, será preferencialmente aquele orientado pelo Centro de Reabilitação Profissional do INSS ou instituição credenciada por aquele Instituto;

E) A não colaboração pelo empregado no processo de readaptação ou requalificação profissional, estará excluindo-o automaticamente da garantia desta cláusula;

F) O empregado contemplado com a garantia prevista nesta cláusula, não poderá servir de paradigma para reivindicações salariais, nem ter seu contrato de trabalho rescindido pelo empregador, a não ser em razão de:

1) prática de falta grave;

2) mútuo acordo entre as partes, com assistência do sindicato representativo da categoria profissional;

3) quando tiver adquirido direito ao benefício da aposentadoria.

G) Ao empregado vítima de acidente do trabalho aplica-se a cláusula de garantias de empregado ao empregado portador de seqüela de acidente do trabalho." (G.N.)

"66) Alternativa de requalificação profissional ao empregado portador de doença profissional ou ocupacional

A) Com intuito de propiciar aos trabalhadores portadores de doença profissional ou ocupacional, a empresa poderá promover requalificação profissional que os reabilite em nova função e promova sua reinserção no mercado de trabalho.

B) O empregado portador de doença profissional ou ocupacional detentor de garantia de emprego ou salário prevista na cláusula 65 poderá ser integrado a programa de requalificação profissional e posterior efetivação em novo cargo igual, equivalente ou superior ao exercido, mediante termo de compromisso firmado entre o trabalhador e a empresa com assistência do Sindicato profissional.

C) Concluído o período de requalificação / readaptação, que não poderá ser superior a 08 (oito) meses, o trabalhador será efetivado no novo cargo, com o competente registro em CTPS, exercitando-o com o objetivo de propiciar, ao trabalhador, a efetiva experiência e motivação nesta nova função, permitindo seu reaproveitamento na empresa e gerando condições de inserção no mercado de trabalho.

D) Para os empregados detentores das garantias previstas na cláusula 65 já reabilitados e em atividade na empresa, as partes mediante termo firmado entre o trabalhador e a empresa, com assistência do sindicato profissional confirmação essa situação.

E) O prazo para consecução dos resultados previstos na alínea 'c' ou 'q' desta cláusula será de 40 (quarenta) meses após a efetiva requalificação.

Findo este período, com o empregado em nova função, deixará este de ser detentor das garantias previstas na cláusula 65 do presente acordo." (sic) (G.N.)

"67) Garantia de emprego ao empregado vítima de acidente no trabalho

A) Na vigência deste ACORDO COLETIVO DE TRABALHO, o empregado vítima de acidente no trabalho, e que em razão do acidente tenha sofrido redução parcial de sua capacidade laboral, terá garantido sua permanência na empresa, sem prejuízo do salário base antes percebido, desde que atendidas as seguintes condições, cumulativamente:

A.1 — que apresente redução da capacidade laboral;

A.2 — que tenha se tornado incapaz de exercer a função que vinha exercendo ou equivalente;

A.3 — que apresente condições de exercer qualquer outra função compatível com sua capacidade laboral após o acidente.

B) As condições supra do acidente do trabalho, garantidoras do benefício, deverão ser atestadas pelo INSS;

C) Está abrangido pela garantia desta cláusula, o já acidentado no trabalho, que atenda as condições acima, com contrato em vigor na data de vigência deste ACORDO COLETIVO DE TRABALHO.

D) O empregado contemplado com a garantia prevista nesta cláusula, não poderá servir de paradigma para reivindicações salariais, nem ter seu contrato de trabalho rescindido pelo empregador, a não ser em razão de prática de falta grave, mútuo acordo entre as partes, neste caso com a assistência do sindicato representativo da categoria profissional, ou quando tiver deferido o benefício da aposentadoria;

E) Está excluído da garantia supra o empregado vitimado em acidente de trajeto a que der causa. Excepciona-se desta hipótese, o acidente de trajeto ocorrido com transporte fornecido pela empresa;

F) O empregado contemplado com a garantia prevista nesta cláusula, se obriga a participar de processo de readaptação e requalificação para nova função existente na empresa. Tal processo quando necessário, será preferencialmente aquele orientado pelo Centro de Reabilitação Profissional do INSS ou instituição credenciada por aquele Instituto;

G) Quando a empresa oferecer oportunidade, condições e/ou recursos para a readaptação ou requalificação profissional do acidentado do trabalho, o empregado que, comprovadamente, não colaborar no processo de readaptação ou requalificação profissional, está excluído da garantia desta cláusula;

H) A garantia desta cláusula se aplica ao acidente de trabalho cuja ocorrência coincidir com a vigência do contrato de trabalho, além, das condições previstas na letra "A" acima.

Parágrafo único: Ao empregado portador de doença profissional e ou ocupacional aplicam-se as Cláusulas 65 e 66." (G.N.)

Na verdade, o Sindicato dos Metalúrgicos do ABC partiu para a celebração de acordos coletivos, pois o Sindicato Nacional da Indústria de Componentes para Veículos Automotores — Sindipeças não concordou com a manutenção das referidas cláusulas. Diante do impasse, a entidade patronal instaurou dissídio coletivo perante o TRT — 2ª Região e no julgamento houve a manutenção das referidas cláusulas.

Em assim sendo, a Federação das Indústrias do Estado de São Paulo protocolou pedido de efeito suspensivo, atinente à cláusula de garantia temporária de emprego ao portador de doença profissional, perante a Presidência do TST que assim se manifestou, *in verbis*:

"**PROC.TST-ES-17.593-2002-000-00-00-3**

(REQ. N. 1.688-2002-000-00-00-5 — apensado)

REQUERENTES: FEDERAÇÃO DAS INDÚSTRIAS DO ESTADO DE SÃO PAULO — FIESP E OUTRO

ADVOGADO: DR. EDUARDO JOSÉ MARÇAL

REQUERIDOS: FEDERAÇÃO DOS TRABALHADORES NAS INDÚSTRIAS METALÚRGICAS, MECÂNICAS E DE MATERIAL ELÉTRICO DE SÃO PAULO E OUTROS

DESPACHO

A Federação das Indústrias do Estado de São Paulo — FIESP e Outro requerem a concessão de efeito suspensivo ao recurso ordinário interposto à sentença normativa proferida pelo egrégio TRT da 2ª Região, nos autos do **Dissídio Coletivo n. 356/2001-9**.

São impugnadas: a *Cláusula 61* do acordo homologado nos autos e (*sic*) as Cláusulas 32 e 33 da Convenção Coletiva de Trabalho pretérita, a respeito das quais não se atingiu consenso, mas cuja manutenção se determinou, em julgamento.

....

O TEOR DESSAS CLÁUSULAS É O QUE A SEGUIR SE REPRODUZ:

1 — GARANTIA TEMPORÁRIA DE EMPREGO AO PORTADOR DE DOENÇA PROFISSIONAL

'Ao empregado que comprovadamente se tornar ou for portador de doença profissional, atestada e declarada por laudo pericial do INSS e que a mesma tenha sido adquirida na atual empresa, terá garantida sua permanência provisória no emprego desde que, após a alta médica do auxílio doença acidentário ATENDA OS REQUISITOS E CONDIÇÕES RELACIONADOS A SEGUIR:

A) tenha sofrido redução parcial de sua capacidade laboral, atendidos os seguintes requisitos, cumulativamente:

A1 — QUE APRESENTE REDUÇÃO DA CAPACIDADE LABORAL; E

A2 — que tenha se tornado incapaz de exercer a função que vinha exercendo ou equivalente; e

A3 — que apresente condições de exercer qualquer outra função compatível com sua capacidade laboral após o acidente.

B) As condições supra da doença profissional, garantidoras do benefício, deverão ser atestadas e declaradas pelo INSS. Divergindo qualquer das partes quanto ao resultado do laudo e (*sic*) facultado às partes, de comum acordo, indicarem um especialista ou instituição especializada para arbitrar a divergência, correndo as despesas por conta da empresa. Caso contrário podem as partes buscar a prestação jurisdicional, na Justiça do Trabalho.

C) Os empregados contemplados com as garantias previstas nesta cláusula, não poderão servir de paradigma para reivindicações salariais.

D) Os empregados contemplados com as garantias previstas nesta cláusula, se obrigam a participar de processo de readaptação e requalificação para nova função existente na empresa. Tal processo quando necessário, será preferencialmente aquele orientado pelo Centro de Reabilitação Profissional do INSS ou instituição credenciada por aquele instituto. O empregado que, comprovadamente não colaborar no processo de readaptação ou requalificação profissional, está excluído da garantia desta cláusula.

E) Se durante a vigência desta sentença normativa tiver tido a referida alta médica e retornar ao trabalho, terá garantida a permanência no emprego, podendo a empresa substituí-lo por uma indenização equivalente ao prazo restante, pelo período máximo e total de 33 (trinta e três) meses, contados a partir da alta médica, desde que o acordo tenha assistência do respectivo Sindicato Profissional. Neste período já está inclusa a garantia prevista em dispositivo da legislação pertinente vigente (Decreto n. 3.048/99, art. 346).

F) Se teve a alta médica em questão e retornou ao trabalho anteriormente a 1º de novembro de 1998 terá garantido a permanência no emprego até 31 de outubro de 2001, ou indenização equivalente ao prazo restante, na forma do item anterior.

G) *Se teve a alta médica referida e retornou ao trabalho, durante o período compreendido entre 01 de novembro de 1999 e 31 de outubro* de 2000, terá garantida a permanência no emprego até 31 de outubro de 2002, respeitado o período máximo de 33 (trinta e três) meses, a contar da alta médica ou indenização equivalente ao prazo restante na forma do item anterior.

H) Essa garantia cessará, se o trabalhador durante a mesma vier a obter o direito à aposentadoria, independentemente de comunicação à empresa ou formalização junto ao INSS.

I) O empregado contemplado com a garantia prevista nesta cláusula não poderá servir de paradigma para reivindicações salariais' (fls. 4/6).

2 — GARANTIA DE EMPREGO AO VITIMADO POR ACIDENTE NO TRABALHO

O Órgão julgador de origem manteve as cláusulas acima, a despeito de os empregadores não as haverem inserido no acordo homologado, sob a justificativa seguinte: **'Tratam-se de cláusulas que estiveram a viger por mais de 20 (vinte) anos, de natureza eminentemente social e que não podem ser suprimidas, sob pena de verdadeira subversão à ordem social, porquanto se eventualmente extirpados estes benefícios da norma coletiva, os portadores de doença profissional ou ocupacional ou vitimados por acidente de trabalho estarão efetivamente desprotegidos, fato inaceitável na atual conjuntura sócio-econômica do país, não bastasse ainda a fragilidade da Previdência Social para com os inativos'.**

Efetivamente, *a solução negociada, espontânea, é sempre a mais adequada*, seja qual for o tema objeto de conflito coletivo. *O reconhecimento disso, todavia, não autoriza concluir-se, em termos generalizantes e taxativos, pela existência de tema ou matéria afetos às relações coletivas de trabalho cuja regulamentação não se possa fazer senão mediante instrumento de produção autônoma. Tal raciocínio implica a negativa do poder normativo à Justiça do Trabalho* e, por conseguinte, a ignorância da previsão expressa no art. 114, § 2º, da Constituição Federal, compreendida essa regra em harmonia com a do art. 5º, inciso XXXV, da mesma Carta Política e com a dos artigos 10 e seguintes da Lei n. 10.192/2001. No texto da sentença normativa — enquanto esse instrumento for sucedâneo de todo processo de auto-regulamentação de interesses ou autocomposição de conflitos coletivos malogrados — é possível abarcar-se **toda e qualquer questão que haja emergido do processo negocial e conciliatório a ela antecedente.**

Se é verdade que não se pode, na atual sistemática, simplesmente compreender conquistas anteriores da categoria profissional como direito adquirido dos trabalhadores que a integram, isso não quer dizer que os Tribunais do Trabalho não possam adotar as mesmas cláusulas uma vez fixadas, em julgamento ou por acordo, em nova sentença normativa. Mormente quando, em face do conjunto probatório produzido, conclui-se que o patronato não demonstra a ocorrência de alterações significativas nas condições objetivas, factuais, que as haviam determinado.

Assim, caberá à SDC reavaliar o conteúdo dos documentos com os quais foi instruído o feito, a fim de confirmar ou não as conclusões a que se chegou na origem.

Por ora, o interesse público recomenda que se mantenha produzindo efeitos o comando normativo, o qual representa uma solução, ainda que não definitiva, para o conflito latente entre as partes, a fim de que não se prejudique a negociação em curso para as próximas datas-base.

Indefiro.

Oficie-se aos Requeridos e ao egrégio TRT da 2ª Região, encaminhando-lhes cópia deste despacho.

Publique-se.

Brasília, 13 de maio de 2002.

Francisco Fausto Paula de Medeiros

Ministro Presidente do Tribunal Superior do Trabalho."[268][269][270]

Concessa venia, a nosso ver, não andou bem o Regional da 2ª Região ao manter a cláusula estabilitária diante do impasse negocial e muito menos a Presidência do TST ao não conceder o efeito suspensivo, pois, ao contrário de todo o asseverado, constata-se o uso imoderado do poder normativo para onerar o setor empresarial, quando este, não havia concordado com a manutenção de referida cláusula durante o processo negocial para renovação da convenção coletiva de trabalho.

---

(268) *Diário da Justiça*, n. 98, 24 de maio de 2002, p. 305-306. Na íntegra, consultar apêndice.
(269) Destaques em negrito no original, p. 229.
(270) Grifos nossos (em itálico).

6.3.2. A Opinião dos Operadores do Direito Diante da Tese da (Não) Incorporação das Cláusulas Normativas nos Contratos Individuais de Trabalho

Como se verificou, o tema é deveras instigante, suscitando posicionamentos favoráveis e contrários no âmbito doutrinário, com predomínio do princípio da incorporação, enquanto no campo jurisprudencial o Tribunal Superior do Trabalho consagrou o entendimento da não incorporação das cláusulas normativas, já cristalizado no Enunciado n. 277.

Outrossim, com a finalidade de se pesquisar qual o entendimento dos operadores do direito, efetuou-se um levantamento das pesquisas realizadas nos Congressos de Direito Coletivo patrocinados pela LTr Editora, cuja importância e abrangência nacional é de todos conhecida, pelo menos, daqueles que labutam na área do direito do trabalho.

Constatou-se que no VI Congresso de Direito Coletivo do Trabalho[271] a seguinte questão foi formulada aos participantes:

"As cláusulas das convenções coletivas de trabalho incorporam-se, definitivamente, nos contratos individuais de trabalho, permanecendo em vigor ainda que não reproduzidas na nova norma coletiva?

Do total de votantes (330), obteve-se a seguinte resposta:

Sim: 26,96%   *Não:* 61,21%   *Em parte:* 11,51%   *Em branco:* 0,30%"

Observa-se que mais de 60% (sessenta por cento) responderam negativamente, privilegiando o respeito ao limite temporal dos instrumentos normativos e somente 26,96% optaram pela incorporação das cláusulas normativas.

Significativo ponderar que o sentimento daqueles que vivenciam o direito coletivo do trabalho caminha em sentido diametralmente oposto ao pensamento doutrinário dominante, via de conseqüência, demonstrando o acerto da mais alta Corte trabalhista ao sumular a matéria, como que a referendar o desejo dominante dos operadores do direito diante da omissão da lei.

---

(271) *Revista LTr,* São Paulo: LTr, v. 56, n. 01, 1992, p. 9.

Quando da realização do 11º Congresso Brasileiro de Direito Coletivo do Trabalho[272], novamente a questão foi formulada, exatamente nestes termos:

"Terminado o prazo de vigência de uma convenção ou acordo coletivo não renovados as disposições normativas previstas em suas cláusulas devem:

a) manter-se incorporando-se aos contratos individuais?

SIM 39,50%   NÃO 60,50%"

Interessante constatar que as respostas permaneceram relativamente nos mesmos patamares, pois 60,50% defenderam a não incorporação e 39,50% a integração definitiva das cláusulas normativas aos contratos laborais.

No Congresso seguinte[273], a Comissão organizadora voltou ao tema, porém, dando um enfoque diferenciado ao indagar:

"A incorporação das cláusulas de acordos e convenções coletivas nos contratos individuais de trabalho após a vigência das mesmas, estimula a negociação?"

Os participantes, na sua grande maioria, 53,60%, responderam que o processo negocial não é estimulado pela integração das cláusulas normativas depois de decorrido o lapso temporal de vigência da convenção coletiva. Em contrapartida, um percentual expressivo da ordem de 46,40% demonstrou a concordância dos votantes no sentido de haver um estímulo do processo negocial com a incorporação definitiva.

6.4. Considerações Finais

Diante de todo o exposto, verifica-se que a corrente doutrinária que propugna pela incorporação *ad aeternum* das cláusulas normativas nos contratos individuais de trabalho, encontra esteio para alicerçar os seus argumentos principalmente na inalterabilidade das cláusulas individuais decorrente de dispositivo ordinário-legal e na tese do

---

(272) *Revista LTr,* São Paulo: LTr, v. 60, n. 12, 1996, p. 1.598.
(273) *Revista LTr,* São Paulo: LTr, v. 61, n. 12, 1997, p. 1.594.

direito adquirido, que impõem a natural absorção das vantagens normativas. Robustecendo este argumento, alegam ainda respeito ao art. 114, § 2º, da Lei Fundamental o qual, de forma expressa, dispõe sobre o respeito às condições legais e convencionais mínimas de proteção ao trabalho na hipótese de julgamento decorrente da recusa à negociação coletiva.

Em sentido oposto, em grau minoritário, tem-se a tese da não incorporação que invoca, entre outros argumentos, a observância da distinção existente entre convenção coletiva de trabalho e acordo individual de trabalho referente à natureza jurídica, por si só, a invalidar a aplicação dos dispositivos celetistas justificadores da incorporação de vantagens normativas, além do respeito ao lapso de tempo fixado de comum acordo entre os convenientes.

Como se vê, ambas as correntes doutrinárias defendem com veemência os seus pontos de vista, os quais se encontram solidamente lastreados no campo jurídico. Deste modo, fazemos nossas as palavras de *Arion Sayão Romita* que após enfrentar exaustivamente este tema, assim concluiu:

"(...) Na verdade, a questão, no estado atual do direito brasileiro, não emigra do terreno opinativo. À míngua de dispositivo legal que regule os efeitos da extinção do convênio coletivo, qualquer solução é aceitável; pelo menos, encontra sempre quem a defenda com vigorosa argumentação, embora a ela sempre se possam opor não menos robustos contra-argumentos... ."[274]

Não obstante, a nosso sentir, *data maxima venia*, a razão encontra-se com aqueles que defendem a não incorporação das cláusulas normativas aos contratos individuais de trabalho, pois que refletem, antes de tudo, o desejo do legislador, e, aqui, invoca-se o princípio de não competir ao intérprete distinguir onde o legislador não o fez.

Ora, não se deve olvidar que, em essência, o convênio coletivo é fruto de um modelo autocompositivo, portanto, gerado pelo salutar processo negocial que se estabelece entre os interlocutores sociais na busca de um equilíbrio que compatibilize os desejos e anseios de ambos durante um determinado período, normalmente fixado em 1 (um) ano e que não poderá ser superior ao limite legal de 2 (anos).

---

(274) *Os direitos sociais na Constituição e outros estudos*, p. 331.

Ainda que possa parecer óbvio, o princípio da boa-fé a revestir a atuação dos interlocutores sociais no decorrer da negociação coletiva constitui-se em pedra fundamental para o seu sucesso, destarte, não se mostrando razoável que findo o prazo de vigência da norma coletiva, uma das partes, *in casu*, a representação empresarial, venha a ser surpreendida pela incorporação definitiva de vantagens que *a priori* concordou em conceder a prazo certo.

Concessa venia, para dizer o menos, a tese da incorporação afronta o princípio da lealdade negocial, macula a boa-fé que indiscutivelmente deve enredar o espírito da negociação, uma vez que parte da falsa premissa de que o trabalhador por ser hipossuficiente em relação ao capital nas relações individuais, também o é nas relações coletivas.

Por primeiro, registra-se que este argumento é vicioso, pelo menos a partir do renascimento do sindicalismo autêntico nos idos da década de 80, fruto da redemocratização política deste País, pois as lideranças sindicais têm-se revelado competentes e preparadas para negociar, ao contrário dos empresários que, muitas vezes, pecam pela falta de consistência argumentativa.

Segundo, a doutrina mais moderna alicerçada na orientação emanada da Organização Internacional do Trabalho enfatiza à exaustão o reconhecimento da negociação coletiva transparente e fidedigna entre os atores sociais.

Como terceiro argumento, salienta-se que, em se tratando de negociação coletiva, a hipossuficiência individual do trabalhador inexiste na medida em que a sua força concentra-se no sindicato, seu legítimo representante, e que poderá, a depender da estratégia e das conveniências de momento, empreender uma negociação forte, inclusive valendo-se da greve como última medida de pressão, na busca do atendimento de suas reivindicações.

Finalmente, não há se confundir eventual dificuldade negocial do sindicato obreiro ou mesmo a passividade, a inércia do trabalhador em se envolver com estas questões, com a tão propalada hipossuficiência de modo a autorizar a defesa exacerbada da incorporação das cláusulas normativas que, antes de ajudar, prejudica e muito a própria classe trabalhadora, eis que afugenta, inibe iniciativas mais liberais pelo simples e óbvio motivo de que ninguém irá se responsabilizar por algo para o qual não manifestou o seu aceite.

Permissa venia, urge a mudança de conceitos, a revisão do "paternalismo" a lastrear posições doutrinárias e jurisprudenciais como se o trabalhador brasileiro fosse uma criança inocente, despreparada, diante de um empresariado astucioso, ganancioso, sem preocupação com o social. Ora, nada mais irreal, bisonho, diante de uma realidade social dinâmica que exige a participação de todos na construção e concretização do conceito de cidadania, de liberdade de expressão, de engajamento político em prol de uma verdadeira democracia e conseqüentemente de um sindicalismo vigoroso e atuante.

Há que se dar um basta à inércia política do trabalhador brasileiro que, na sua grande maioria, reluta em ter uma participação mais ativa, pois, ainda, não descobriu a importância de exercer o seu papel de cidadão e *maxima permissa venia* dificilmente logrará êxito, a persistir o discurso dos arautos da fragilidade do movimento sindical brasileiro, como se não pudesse caminhar sem a nociva tutela estatal e doutrinária.

7. Direito Internacional

No âmbito do direito internacional é inegável a preocupação[275] da Organização Internacional do Trabalho (OIT) com a questão das convenções coletivas de trabalho.

Paulo Eduardo de Oliveira esclarece que "Não foi mera coincidência histórica que no ano de 1948 tenham surgido a Declaração Universal dos Direitos do Homem, aprovada pela Assembléia Geral das Nações Unidas e a Convenção n. 87 da OIT sobre Liberdade Sindical; em 1949, tenha sido adotada a Convenção n. 98 sobre aplicação dos princípios do direito de sindicalização e de negociação coletiva, e, em 1950, a Convenção Européia dos Direitos do Homem"[276].

Segundo o autor[277], trata-se de uma iniciativa concreta de desenvolver os direitos do homem no âmbito do direito do trabalho, tendo como fato gerador a Declaração Universal dos Direitos do Homem.

Cumpre destacar, conforme assinala *Segadas Vianna*[278], que já no ano de 1949, a 32ª Conferência Internacional do Trabalho aprovou a Convenção n. 98 dispondo sobre o direito de sindicalização[279] e da negociação coletiva, a qual foi aprovada pelo Brasil com a edição do Decreto Legislativo n. 49, de 27.8.52, do Congresso Nacional, entrando em vigência nacional no dia 18 de novembro de 1953.

Dos 16 artigos que compõem a citada convenção, dá-se destaque ao art. 4º que incentiva a adoção de medidas apropriadas às condições de cada país com o objetivo de fomentar e promover o pleno desenvolvimento do processo de negociação entre os interlocutores sociais por meio das convenções coletivas de trabalho.

Tal a preocupação da OIT com o desenvolvimento do processo negocial entre os representantes das classes empresarial e profissio-

---
(275) Georgenor de Sousa Franco Filho, *op. cit.*, p. 98.
(276) *Op. cit.*, p. 33.
(277) *Ibidem*, p. 34.
(278) *Op. cit.*, p. 146.
(279) Arnaldo Süssekind, *Convenções da OIT*, p. 204-205.

nal que na 34ª Conferência⁽²⁸⁰⁾ realizada no ano de 1951, adotou a Recomendação n. 91 sobre procedimento, definição, efeitos, extensão, interpretação e controle atinente às convenções coletivas de trabalho.

A priori, merece ênfase especial a cláusula 2.1 que define o que seja um contrato coletivo, in verbis:

> "2.1) Para os efeitos da presente Recomendação, a expressão 'contrato coletivo' compreende todo acôrdo escrito relativo às condições de trabalho e de emprêgo, celebrado entre um empregador, um grupo de empregadores ou uma ou várias organizações de empregadores, por um lado, e, por outro, uma ou várias organizações representativas de trabalhadores ou, em sua falta, representantes dos trabalhadores interessados, devidamente eleitos e autorizados por êstes últimos de acôrdo com a legislação nacional." (sic)

Como se pode inferir⁽²⁸¹⁾, a OIT admite a celebração de pacto coletivo quando inexistir sindicato que represente os trabalhadores.

A expressão "contrato coletivo" eqüivale a nossa convenção coletiva ou acordo coletivo de trabalho, conforme definição legal preconizada pelo art. 611 da CLT.

Não se olvida que a Recomendação n. 163, de 19.6.1981 incentiva a negociação coletiva em todos os níveis.

Tem-se, ainda, a Convenção n. 154 aprovada pelo Brasil por meio do Decreto Legislativo n. 22 de 12 de maio de 1992 (DOU 13.5.92) e promulgada pelo Decreto n. 1.256 de 29.9.94, aproximadamente 14 meses da data em que passou a vigorar internacionalmente (desde 11.8.93)⁽²⁸²⁾, atendo-se à negociação coletiva e às convenções coletivas, buscando dar-lhes um contorno genérico⁽²⁸³⁾. A rigor, o texto "propõe que a negociação seja possibilitada a todos os empregadores e a todas as categorias de trabalhadores dos ramos de atividade".⁽²⁸⁴⁾

Manoel Mendes de Freitas ao discorrer sobre as normas da OIT enfatiza que concernente à liberdade sindical, a Convenção n. 87 de

---
(280) Ibidem, p. 146-147.
(281) Eduardo Gabriel Saad, Constituição e direito do trabalho, p. 150.
(282) Hugo Gueiros Bernardes, "Contrato coletivo de trabalho", p. 37.
(283) Liliana Caldeira, "Contrato coletivo de trabalho", p. 1.324.
(284) Zéu Palmeira Sobrinho, "O contrato coletivo de trabalho", p. 623.

1948, não ratificada pelo Brasil, estabelece os cânones que a caracterizam: "direito de constituição de sindicato; direito de elaboração de seus estatutos e regulamentos administrativos; proibição de intervenção estatal; não sujeição à dissolução ou à suspensão administrativa".[285]

Amauri Mascaro Nascimento esclarece que o Comitê de Liberdade Sindical, órgão integrante da estrutura da Organização Internacional do Trabalho, que tem por função apreciar queixas de sindicatos atinentes à eventual violação da liberdade sindical no país, "(...) considera o direito de negociar elemento essencial da liberdade sindical, imprescindível o comportamento da boa-fé pelas partes negociantes, meio de inspiração da mútua confiança, necessário para o êxito da negociação"[286].

Ademais, segundo o insigne Mestre, o Comitê de Liberdade Sindical estabeleceu poucos princípios sobre o procedimento das negociações, destacando-se o Informe n. 614, *in verbis*:

> "Nenhuma disposição do art. 4º, da Convenção n. 98[287], obriga um governo a impor, coercitivamente, um sistema de negociações coletivas a uma organização determinada, intervenção governamental que, claramente, alteraria o caráter de tais condições."[288]

Deflui do texto acima transcrito, a preocupação em revestir o processo de negociação coletiva com o manto da espontaneidade, do caráter voluntário, daí a preocupação do Comitê em evitar qualquer interpretação dúbia, deste modo, expedindo o Informe n. 615, *in verbis*:

> "Quando um governo, em virtude da sua legislação, reconhece o direito dos sindicatos de regulamentar as relações de trabalho, não está obrigado a fazer obrigatórias as negociações coletivas."[289]

---

(285) "Convenção e acordo coletivos", p. 310.
(286) "O debate sobre negociação coletiva", p. 1.115.
(287) Convenção n. 98 — "Direito de Sindicalização e de Negociação Coletiva".
"Art. 4º — Deverão ser tomadas, se necessário for, medidas apropriadas às condições nacionais, para fomentar e promover o pleno desenvolvimento e utilização dos meios de negociação voluntária entre empregadores ou organizações de empregadores e organizações de trabalhadores com o objetivo de regular, por meio de convenções, os termos e condições de emprego."
(288) *Ibidem*, p. 1.116.
(289) *Ibidem*.

Portanto, indispensável que a boa-fé esteja presente entre os interlocutores sociais, pois é o princípio básico a reger o processo negocial, bem como os trabalhadores tenham o direito de livremente escolher as representações sindicais que atuarão em nome deles na negociação coletiva, nas palavras de *Amauri Mascaro Nascimento*[290].

Inegável o empenho e dedicação que têm pautado a atuação da Organização Internacional de Trabalho quanto ao tema sob estudo, eis que a autocomposição entre os atores sociais na busca do equilíbrio necessário à relação capital e trabalho por meio da celebração de convenções coletivas tem-se revelado extremamente eficaz, enquanto alternativa à solução de eventuais conflitos coletivos em detrimento de meios heterocompositivos, pois que constituem "um instrumento de paz social, evitando a discórdia das classes e prevenindo soluções violentas para os conflitos laborais"[291].

---

(290) *Ibidem.*
(291) Mozart Victor Russomano, *Comentários à consolidação das leis do trabalho,* p. 119.

8. Direito Estrangeiro

Como sói acontecer em trabalhos científicos, necessário se faz uma imersão pelas legislações alienígenas com a finalidade de se estabelecer um quadro comparativo quanto ao instituto jurídico da convenção coletiva de trabalho.

Decidiu-se, desta feita, cingir-se a pesquisa doutrinária a cinco países que têm afinidade jurídica com o direito brasileiro, muitas vezes influenciando-o, a saber: Argentina, Espanha, Portugal, Itália, Alemanha e França.

8.1. Argentina

Arion Sayão Romita[292] em excelente estudo sobre o tema em foco, informa que as convenções coletivas de trabalho estão regulamentadas pela Lei n. 14.250 de 1953, dando-se destaque ao art. 2º, e, que atribui às partes convenentes a obrigação de fixar a duração do convênio. Após o término do prazo e não renovado o acordo, a sobrevigência das cláusulas dependerá de sua natureza. Se forem cláusulas obrigacionais "*caducam ipso facto* como ocorre com qualquer contrato"[293]. Entretanto, se normativas subsistem.

Interessante observar que o art. 5º da Lei n. 14.250 dispõe que uma vez expirado o prazo de vigência da convenção "manter-se-ão inalteradas as condições de trabalho por ela estipuladas até que entre em vigor nova convenção".[294] Ademais, as partes são livres para avençar o que melhor lhes for conveniente, inclusive podendo retroagir os efeitos do novo pacto coletivo.

Outro aspecto interessante está no fato da nova convenção coletiva suprimir condições de trabalho contidas na anterior. O tema já

---

(292) *Os direitos sociais na constituição e outros estudos*, p. 281.
(293) *Ibidem*.
(294) *Ibidem*.

propiciou aceso debate tanto doutrinário como jurisprudencial, mas a Suprema Corte já firmou entendimento de que "as cláusulas da nova convenção coletiva deixam sem efeito as vantagens previstas na convenção anterior e que as vantagens outorgadas por uma convenção coletiva podem ser diminuídas ou suprimidas por outra posterior, sem que, neste caso, os beneficiários da anterior possam invocar um direito adquirido.[295]

8.2. Espanha

A convenção coletiva[296] é regulamentada pelo Decreto-lei n. 17[297] de 4.3.77 e pelo Estatuto dos Trabalhadores (Lei n. 8, de 1980).

Ronald Amorim e Souza [298] esclarece que a celebração de convenção coletiva ocorre em nível de empresa, sendo que o sindicato profissional para ter representatividade deverá envolver no mínimo dez por cento (10%) dos trabalhadores da empresa. O mecanismo de representação é extremamente peculiar e complexo, eis que o processo negocial[299] ocorre com o Comitê de Empresa. A representatividade é controlada por um órgão denominado Smac (Serviço de Mediação, Arbitragem e Conciliação).

No âmbito empresarial[300], a negociação coletiva, por força do Decreto-lei n. 17, de 4.3.77, art. 27, aplica-se a: "uma empresa, isoladamente, qualquer que seja o número de seus trabalhadores, tanto desenvolva sua atividade em uma mesma província ou em várias; um centro de trabalho (dentro de uma empresa), quando suas próprias características o fizerem necessário; um grupo de empresas definidas por suas características especiais (sejam de âmbito nacional, interprovincial, comarcal ou local); todas as empresas regidas por uma Regulamentação ou Ordenança".

---

(295) *Ibidem*, p. 282.
(296) A respeito da convenção coletiva no direito espanhol consultar estudo aprofundado de Flávio Antonello Benites Filho, *Direito sindical espanhol — a transição do franquismo à democracia*, 1997.
(297) Anita Natal, *op. cit.*, p. 231.
(298) *Op. cit.*, p. 391.
(299) Sérgio Pinto Martins, *op. cit.*, p. 698.
(300) Anita Natal, *op. cit.*, p. 1.231-1.232.

Quanto à duração[301] dos convênios coletivos compete às partes convenentes fixar o prazo de vigência, por força do disposto no art. 86.1 do Estatuto dos Trabalhadores, sendo certo que se prorrogarão de ano em ano ante a ausência de denúncia expressa de qualquer das partes, sobre a hipótese de acordo em contrário (art. 86.2). Uma vez denunciado o convênio, as cláusulas obrigacionais perdem vigência, mantendo-se em vigor as cláusulas normativas até o momento em que for pactuado um novo convênio em substituição ao anterior (art. 86.3). As partes poderão atribuir efeito retroativo ao novo convênio coletivo para evitar o "*vácuo normativo*"[302] entre o término de vigência do convênio e a celebração do novo, conforme assinala *Arion Sayão Romita*.

Por fim, importante ressaltar que o pactuado entre os interlocutores sociais obrigá-los-á ao cumprimento durante a sua vigência, eis que dotados de força normativa[303] por força de lei.

8.3. Portugal

Atualmente[304] vige o Decreto-lei n. 519-C1/79 de dezembro de 1979, que estabelece o regime jurídico aplicável às relações coletivas de trabalho. O art. 11, 5ª alínea, estabelece que a convenção coletiva vigora até que um novo instrumento venha a substituí-la.

Entretanto, as condições de trabalho somente poderão ser modificadas pelo novo texto normativo, se e somente se, contiver cláusula estipulando "expressamente o caráter globalmente mais favorável" (art. 15, 1ª alínea).

Ademais, *Arion Sayão Romita*[305] com supedâneo nos estudos desenvolvidos pelo jurista português *Monteiro Fernandes*, esclarece que o direito português optou pela "consagração do mecanismo da recepção automática também para cláusulas convencionais coletivas de conteúdo menos favorável do que o dos contratos individuais".

---

(301) Arion Sayão Romita, *Os direitos sociais na constituição e outros estudos*, p. 287.
(302) "Extinção de convênios coletivos: efeitos sobre os contratos de trabalho", p. 537.
(303) Sérgio Pinto Martins, *op. cit.*, p. 698.
(304) Arion Sayão Romita, "Extinção de convênios coletivos: efeitos sobre os contratos de trabalho", p. 541.
(305) *Os direitos sociais na Constituição e outros estudos*, p. 299.

8.4. França

Henrique Stodieck[306], professor da Faculdade de Direito da Universidade Federal de Santa Catarina, em detalhado estudo sobre o tema convenção coletiva de trabalho no direito francês, identifica a existência de seis fases no decorrer do processo evolutivo fático-legal dos convênios coletivos, a saber: "A primeira, em que não havia ainda lei alguma que regulasse a matéria, é a denominada de jurisprudencial, visto que cabia aos Tribunais a apreciação e interpretação dos fatos; é anterior a 1919. A segunda fase diz respeito à vigência e aplicação da lei de 1919, que vigorou até 1936, quando se iniciou a terceira fase. A quarta começou com a Carta do Trabalho, do govêrno (sic) de Vichy e surgiu em 1941. O quinto período corresponde à lei de 1946, que vigorou até a promulgação da lei de fevereiro de 1950, que iniciou a sexta fase".[307]

A lei de 1950[308], que regulamentava as convenções coletivas de trabalho, dispunha no art. 31, c, do livro I, do Código do Trabalho, que a celebração da convenção coletiva poderia ser por prazo determinado ou indeterminado. Na primeira hipótese, o prazo não poderia ultrapassar cinco anos e, na segunda, a vigência se esgotaria por intermédio da denúncia de qualquer dos interlocutores sociais.

Quanto à extinção da convenção coletiva e os seus efeitos sobre os contratos individuais do trabalho, *Arion Sayão Romita*[309] informa que expirado o prazo do instrumento normativo anteriormente desaparecem as normas que até então regiam os contratos individuais de trabalho. Entretanto, questão de alta relevância estava em saber se mesmo extinta por força do término de sua vigência, os efeitos da convenção coletiva permaneceriam incólumes concernente às relações de trabalho já formadas à época de sua vigência e que, naturalmente, absorviam os impactos de sua aplicação.

"Esta questão preocupou a doutrina suscitando opiniões divergentes, dividiu a jurisprudência e provocou, na prática, a adoção da cláusula de *conservação das vantagens adquiridas* (*maitien des avan-

---

(306) *Op. cit.*, p. 7-16.
(307) *Ibidem*, p. 7-8.
(308) Arion Sayão Romita, *op. cit.*, p. 287.
(309) *Ibidem*.

tages acquis), que passou a figurar costumeiramente nas convenções coletivas"[310], com a seguinte redação: "A presente convenção não acarretará, em caso algum, restrição às vantagens adquiridas anteriormente à data de sua celebração".[311] Em outros casos, objetivando evitar eventual solução de continuidade, as partes inseriam cláusula com os seguintes termos: "a convenção celebrada por prazo determinado permanecerá em vigor em virtude de recondução tácita"[312] ou "a convenção por tempo indeterminado permanecerá em vigor até a vigência de uma nova convenção"[313].

Outro aspecto crucial, ainda, segundo *Arion Sayão Romita*[314], refere-se ao efeito normativo da convenção coletiva sobre os contratos individuais de trabalho em função da substituição de cláusula menos favorável ao trabalhador por cláusulas da nova convenção coletiva.

O equacionamento do problema gerou divergências doutrinárias e jurisprudenciais, sendo que para alguns dever-se-ia aplicar a *teoria da incorporação* "a qual assegura a sobrevivência do regime adotado pela convenção extinta"[315], para outros, impunha-se a aplicação da *teoria da adjunção* "a qual cessa com o término da convenção"[316].

A primeira teoria foi de pronto rechaçada pela jurisprudência diante de sua incompatibilidade com a natureza da própria convenção coletiva. Já a teoria da adjunção foi melhor absorvida pelos tribunais, ainda que gerasse problemas de ordem prática.

Dentro deste contexto, é promulgada uma nova lei, datada de 13 de julho de 1971, a qual atribui nova redação ao artigo Lei n. 132-7 do Código do Trabalho, destarte, ficando estabelecido que a convenção coletiva produzirá efeitos durante um ano após a sua vigência ou até que entre em vigor uma nova convenção em substituição a anterior.

---

(310) *Ibidem*, p. 287-288.
(311) *Ibidem*, p. 288.
(312) *Ibidem*.
(313) *Ibidem*.
(314) *Ibidem*.
(315) *Ibidem*.
(316) *Ibidem*.

Portanto, no direito francês a solução do problema está na síntese[317] de J. M. Verdier traduzida por Arion Sayão Romita e que ora se transcreve:

"(...) a extinção da convenção coletiva tem como efeito a cessação das vantagens previstas pela convenção mesmo — segundo a jurisprudência — para os contratos de trabalho em curso, uma vez que se rejeita a teoria da incorporação da convenção coletiva aos contratos individuais de trabalho. Os temperamentos são os seguintes, 1º) cláusula de prorrogação até a entrada em vigor de uma nova convenção coletiva; 2º) cláusula de manutenção das vantagens adquiridas, em virtude da qual a nova convenção não pode reduzir as vantagens anteriores, (sic) 3º) segundo a lei de 13 de julho de 1971, cuja finalidade é eliminar a incerteza sobre a conservação ou cessação da convenção coletiva, esta continua a viger até sua substituição por outra e, na falta desta, durante um ano pelo menos, em caso de denúncia. Persistem as dúvidas sobre a noção de *vantagem adquirida*: a partir de que momento deve ser considerada *adquirida* a vantagem?

Quanto à comparação das duas convenções sucessivas, a jurisprudência entende que ela deve ser efetuada não globalmente, porém vantagem por vantagem." (Grifos no original)

Com a finalidade de encontrar um ponto de equilíbrio diante dos atritos gerados pelo término de vigência da convenção coletiva, em 13 de novembro de 1982 é promulgada a Lei n. 82.957 que vem tratar especificamente da negociação coletiva e da solução dos conflitos coletivos de trabalho, via de conseqüência dando nova redação ao capítulo do Código do Trabalho sobre "Natureza e validade da convenção coletiva de trabalho."[318]

Especificamente quanto às conseqüências da denúncia, a convenção coletiva por tempo indeterminado poderá ser denunciada por qualquer das partes signatárias, mediante a observância de aviso prévio previamente estipulado. Na eventual ausência de estipulação, a

---

(317) Ibidem, p. 289.
(318) Arion Sayão Romita, "Extinção de convênios coletivos: efeitos sobre os contratos de trabalho", p. 538.

lei estabelece o prazo de três meses. Os efeitos da convenção perduram até que entre em vigor uma nova convenção ou, na sua falta, "durante o prazo de um ano a contar da expiração do prazo do aviso prévio, ressalvada cláusula que estabeleça vigência superior (Lei n. 85-10, de 3 de janeiro de 1985, art. 26)".[319]

Considerando-se ainda a hipótese da convenção denunciada não ser substituída por uma nova dentro do prazo estabelecido, "os empregados conservam as vantagens individuais que tiverem adquirido por aplicação da referida convenção (art. L. 132-8, alínea 6ª)".[320]

Por fim, *Arion Sayão Romita* enfatiza que a lei de 1982 não inovou quanto à não manutenção de cláusulas mais favoráveis ao trabalhador na celebração de nova convenção coletiva.

Portanto, referidas cláusulas "não se incorporam aos contratos individuais, ressalvada cláusula expressa em contrário. As disposições da convenção precedente, ainda que mais vantajosas para os trabalhadores, deixam de ser aplicáveis. Elas só podem ser invocadas validamente pelos empregados quando a nova convenção contiver uma cláusula que estabeleça expressamente a conservação das vantagens individuais adquiridas".[321]

8.5. República Federal da Alemanha

O direito positivo[322][323] alemão por meio de sua Carta Constitucional[324][325] não estabelece uma regra clara e objetiva referente à

---

(319) Arion Sayão Romita, *Os direitos sociais na Constituição e outros estudos*, p. 290.
(320) *Ibidem*.
(321) *Ibidem*, p. 291.
(322) "Na República Federal da Alemanha, o Sindicato é um complemento do Comitê da empresa e uma razão histórica, a idéia de comunidade de trabalho que se desenvolveu desde a Constituição de Weimar, determinou o fortalecimento da representação não sindical provocando uma certa debilidade do Sindicato." Amauri Mascaro Nascimento, "Novos problemas de direito do trabalho", p. 413.
(323) Henrique Stodieck, *op. cit.*, p. 9 e ss.
(324) Sérgio Pinto Martins, *op. cit.*, p. 698.
(325) *"Pela Carta alemã, a proibição das convenções ou a sua substituição por um sistema oficial salarial seriam inconstitucionais."* Anita Natal, *op. cit.*, p. 1.231.

negociação de contratos coletivos, tão-somente menciona o direito de formar coalizões[326], sendo que "prevalecem as convenções por ramos de atividades".[327]

Wilson de Souza Campos Batalha esclarece que após o nazismo, "a Lei Fundamental do regime de Bonn, em seu art. 93, assegurou a liberdade de sindicalização para todas as profissões. Todos os trabalhadores da indústria, do comércio, da agricultura, do serviço público, ou trabalhadores domésticos podem unir-se em associações livremente constituídas para a defesa de seus direitos e reivindicação de melhores condições de trabalho e de salários"[328].

O processo negocial é viável em todos os níveis[329], porém, incentiva-se a contratação nacional por ramo de atividade, categoria ou em âmbito regional. Os contratos coletivos têm vigência média de três anos e um prazo mínimo de duração correspondente a dezoito meses.[330]

A convenção coletiva poderá ser estendida àqueles que não participaram da negociação, "desde que qualquer dos parceiros sociais assim o requeira e seja determinado, em nível nacional, pelo Ministro do Trabalho[331] ou, em nível estadual, pela correspondente autoridade do Estado-membro."[332]

Ademais, atualmente[333] há uma tendência de negociação por empresa, no qual o interlocutor que representa os trabalhadores é o Comitê de Empresa.

---

(326) "Estabelece o preceito do art. 93, que é associação profissional (coalizão) toda a união livre, jurídico-privada, de trabalhadores ou empregadores, independentes ou por cima da empresa, para a defesa dos interesses coletivos de uns e outros, em especial por meio da celebração de convênios coletivos e, em último caso, por meio de dissídios trabalhistas (*Hueck-Nipperdey,* p. 264). Os sindicatos são organismos de natureza privada, livres em sua Constituição e em seu funcionamento. Não dependem de reconhecimento estatal nem estão sujeitos à vigilância ou controle do Estado." Wilson de Souza Campos Batalha, *op. cit.*, p. 34.
(327) Ronald Amorim e Souza, *op. cit.*, p. 391.
(328) *Op. cit.*, p. 34.
(329) Sérgio Pinto Martins, *op. cit.*, p. 698.
(330) *Ibidem.*
(331) Segadas Vianna, *op. cit.*, p. 145.
(332) Ronald Amorim e Souza, *op. cit.*, p. 391.
(333) *Ibidem.*

Quanto ao término⁽³³⁴⁾ do prazo de vigência da convenção coletiva, constatou-se três formas diferentes: "1ª) pelo decurso do prazo estipulado; 2ª) por denúncia ordinária, prevista pela própria convenção; 3ª) por denúncia extraordinária, baseada em grave violação de ajuste por uma das partes ou em mudança importante da situação de fato."⁽³³⁵⁾

Arion Sayão Romita⁽³³⁶⁾ ressalta com supedâneo nos autores alemães que, em qualquer hipótese, a discussão sempre envolveu os efeitos ulteriores da convenção sobre os contratos individuais de trabalho.

Afirma que o art. 4º, alínea 5ª da Lei de Convenções Coletivas de Trabalho de 1949 (com a redação de 1969), equacionou o problema prevendo uma eficácia posterior das cláusulas normativas até que outro instrumento coletivo venha a substituí-las. Contudo, o efeito ultrativo da convenção alcança somente os contratos individuais em curso na data de extinção do convênio coletivo, excetuados aqueles celebrados após o término da convenção.

Ademais, a vigência ulterior cessa com a celebração de um novo ajuste coletivo, deste modo, as normas convencionais podem ser modificadas por um acordo de empresa ou até por acordo individual, eis que referidas normas perdem o seu caráter imperativo e se transformam em uma espécie de direito dispositivo.

Assinala, finalmente, *Arion Sayão Romita*⁽³³⁷⁾ que "É por força da característica dispositiva assumida pelas normas da convenção extin-

---

(334) "A grande virtude da lei alemã de 1949, completada em 1952, que regulou o convênio coletivo, consistiu na ampliação das atribuições de caráter normativo dos convenentes.
Diz o seu § 1º, item 1:'O convênio coletivo regula os direitos e deveres das partes podendo conter cláusulas normativas que regulem a conclusão e a extinção das relações de trabalho, como também as questões relativas ao estabelecimento e a sua Constituição interna'.
Podem celebrar convênios coletivos 'os sindicatos, os empresários individuais e também as associações de empresários' (§ 2º, item 1).
Outra inovação de grande importância consiste em assegurar sua força obrigatória 'enquanto não se extinga o convênio' (§ 3º, item 3).
Expirado o prazo de vigência do convênio coletivo, suas normas continuam em vigor 'enquanto não sejam substituídas por outro acordo' (§ 4º, item 5).
A renúncia a direitos adquiridos pelo convênio coletivo só é lícita 'quando resultar de transação efetuada pelas partes convenentes' (§ 4º, item 4)." Roberto Barretto Prado, *Curso de direito sindical*, p. 217.
(335) Arion Sayão Romita, *Os direitos sociais na constituição e outros estudos*, p. 299.
(336) *Ibidem*.
(337) *Ibidem*, p. 300.

ta que a jurisprudência do Tribunal Federal do Trabalho decide por sua aplicação apenas aos contratos individuais em curso na data do término da vigência, excluindo essa aplicação aos contratos celebrados posteriormente".

Outro aspecto importante é saber se os direitos adquiridos individualmente podem ser modificados ou derrogados por uma nova convenção coletiva. Ainda de acordo com a lição do ilustre professor, lastreado nos ensinamentos de *Kaskel* e *Dersch*, a resposta é negativa, pois se tratam de "benefícios subtraídos à influencia coletivista"[338].

8.6. Itália

O direito italiano prevê os contratos coletivos corporativos[339] e os contratos coletivos de direito comum. Os primeiros são característicos do regime fascista e a sua importância entrou em declínio após a queda do fascismo, na medida em que o governo militar aliado iniciou a redemocratização sindical[340] no país, prevalecendo a segunda modalidade de contrato coletivo.

A Constituição da República Italiana, de 27.12.1947, em seu art. 39, *in verbis*:

> "Art. 39. A organização sindical é livre. Aos sindicatos não pode ser imposto outra obrigação senão o seu registro junto aos órgãos locais ou centrais, segundo dispuser a lei. Constitui condição para o registro que os estatutos dos sindicatos estabelecem um ordenamento interno com base democrática. Os sindicatos registrados têm personalidade jurídica. Podem, representados interinamente em proporção aos seus

---

(338) Arion Sayão Romita, *Os direitos sociais na constituição e outros estudos*, p. 301.
(339) Para uma visão aprofundada do assunto, consultar Carlos Moreira De Luca, *op. cit.*, p. 17.
Esclarece o autor que um dos objetivos do movimento fascista foi o de controlar os sindicatos, daí o advento da Lei n. 563, de 3.4.1926, cujo autor Alfredo Rocco, Ministro da Justiça, assim justificou o seu modelo ao encaminhar o projeto de lei, *in verbis:*"reconhecimento jurídico dos sindicatos sob o mais rigoroso controle do estado; eficácia dos contratos coletivos; magistratura do trabalho exercitando a jurisdição nos conflitos coletivos; proibição de auto-defesa (*sic*) (greve ou *'lock-out'*), sujeitos a sanção penal os que a praticassem".
(340) Carlos Moreira De Luca, *op. cit.*, p. 20.
"Os contratos coletivos corporativos foram perdendo importância na medida em que, com o passar do tempo, foram sendo substituídos pelos novos contratos coletivos."

inscritos, estabelecer contratos coletivos de trabalho com eficácia obrigatória para todos os integrantes das categorias à quais o contrato se referir."[341]

Depreende-se do texto constitucional[342] a importância que o legislador atribuiu à liberdade sindical e ao pluralismo sindical, deste modo, estimulando o sistema de contrato coletivo que, entretanto, foi "se desenvolvendo independentemente de qualquer procedimento legislativo...".[343]

Carlos Moreira De Luca[344] em sua excelente monografia a respeito do estudo comparativo da Convenção Coletiva do Trabalho na Itália e no Brasil, afirma que "atualmente o contrato coletivo chamado de direito comum[345] é o único que tem relevância prática"[346] eis que "(...) O contrato coletivo corporativo mal sobrevive ao sistema jurídico no qual se inseria"[347].

Zéu Palmeira Sobrinho[348], professor da Faculdade de Direito da Universidade Federal da Paraíba, esclarece que a contratação coletiva na Itália ocorre em níveis diversos, dando-se destaque à contratação coletiva por categoria em nível nacional, facultada a participação do Ministério do Trabalho e Emprego como mediador. As centrais sindicais têm papel de destaque no processo negocial, principalmente a Confederação dos Trabalhadores Italianos, a Confederação Italiana dos Sindicatos de Trabalhadores e a União Italiana dos Trabalhadores, conforme assinala *Sérgio Pinto Martins*[349], observando que o conteúdo do contrato coletivo costuma ser amplo, incluindo questões de cunho salarial, organização do local de trabalho, segurança, novas tecnologias, e que as questões mais amplas são negociadas pelas centrais interconfederais.

---

(341) Wilson de Souza Campos Batalha, *op. cit.*, p. 33.
(342) *Ibidem*.
(343) Sérgio Pinto Martins, *op. cit.*, p. 696.
(344) *Op. cit.*
(345) "Como advertência prévia, cabe lembrar que a ausência de uma disciplina legislativa específica o colocou sob o império das normas de direito comum referentes aos contratos (daí a qualificação), como acontecia em relação ao contrato coletivo pré-corporativo." *Ibidem*, p. 23.
(346) *Ibidem*, p. 22.
(347) *Ibidem*.
(348) *Op. cit.*, p. 625.
(349) *Op. cit.*, p. 697.

A vigência⁽³⁵⁰⁾⁽³⁵¹⁾ do contrato coletivo de trabalho era de 3 anos e mais recentemente o contrato nacional de categoria passou a ter duração de 4 anos no tocante às cláusulas de conteúdo normativo e de 2 anos concernente àquelas de fundo econômico.

Arion Sayão Romita[352] observa que quanto aos modernos contratos coletivos de direito privado (pós-corporativos) discute-se em doutrina e jurisprudência se a eles se aplicaria o art. 2.077 do Código Civil o qual dispõe "que as cláusulas desconformes dos contratos individuais, preexistentes ou sucessivos ao contrato coletivo, são substituídas pelas do contrato coletivo, salvo se contiverem especiais condições mais favoráveis aos trabalhadores (2ª alínea)"[353].

Carlos Moreira De Luca[354] afirma que "A jurisprudência[355], à míngua de uma disciplina legislativa adequada, valeu-se do disposto no art. 2.077 CC, que estabelece tal prevalência. Entretanto, em doutrina é geralmente reconhecida a inaplicabilidade de tal regra aos contratos coletivos de direito comum, pois que o dispositivo citado compõe o ordenamento corporativo hoje superado". E mais à frente conclui, *in verbis*:

---

(350) Zéu Palmeira Sobrinho, *op. cit.*, p. 625.
(351) Sérgio Pinto Martins, *op. cit.*, p. 697.
(352) "Extinção de convênios coletivos: efeitos sobre os contratos de trabalho", p. 539.
(353) *Ibidem.*
(354) *Op. cit.*, p. 67.
(355) Arion Sayão Romita, *op. cit.*, p. 540, adota posicionamento contrário com respaldo nos autores italianos:
"Enfrentando o tema das relações entre contratos coletivos que se sucedem no tempo, Ghezzi e Romagnolli só admitem a intangibilidade dos direitos adquiridos pelo trabalhador quando derivados de disposições imperativas de lei ou do contrato individual: ela não alcança as condições previstas pela contratação coletiva, pois o princípio de indisponibilidade em prejuízo do trabalhador das disposições inderrogáveis contidas no contrato coletivo aplica-se exclusivamente aos contratos individuais, mas não aos sucessivos contratos coletivos. Segundo esses autores, a jurisprudência tem entendido que, na sucessão de diversas regulamentações coletivas, a nova — mesmo que suas cláusulas não sejam mais favoráveis ao trabalhador — substitui por inteiro a precedente.
Como se pode verificar, a questão não logrou obter solução harmônica no direito italiano, embora se possa registrar a tendência jurisprudencial a endossar a tese da viabilidade de modificações *in peius* nas cláusulas dos contratos individuais em curso pela ulterior contratação coletiva. Para tal situação certamente muito contribui a inexistência de uma legislação sindical que viesse regular o art. 39 da Constituição, fato ao qual se acrescenta a circunstância histórica de se entender incompatível com a organização democrática o ordenamento jurídico do regime corporativo."

"A Lei n. 533, de 11.8.73, que promoveu a reforma do processo do trabalho, introduziu inovações que foram geralmente vistas pela doutrina como o reconhecimento legislativo (embora indireto) de inderrogabilidade das normas coletivas. Fundamentam tal entendimento especialmente as disposição (*sic*) da lei mencionada que se referem a 'normas inderrogáveis de contratos coletivos' (assim o art. 6º da lei, que deu nova redação ao art. 2.113 CC, pela qual é vedada renúncia e transação de direitos derivados de disposição inderrogáveis da lei ou de contratos coletivos)."[356]

---

(356) *Ibidem*, p. 68.

9. A Lei n. 8.542/92 e o Impacto no Âmbito das Relações Trabalhistas

No final do ano de 1992, mais precisamente, em 23 de dezembro, o Congresso Nacional aprovou a Lei n. 8.542 com a finalidade precípua de buscar uma alternativa de reajuste salarial que contemplasse a recuperação dos salários dos trabalhadores diante de uma inflação da ordem de 25% ao mês[357].

Registra-se que, pela segunda vez[358], uma lei de forma expressa dispôs sobre a integração das cláusulas de acordos, convenções ou contratos coletivos de trabalho nos contratos individuais de trabalho, conforme se extrai do art. 1º, § 1º, *in verbis*:

"Art. 1º A política nacional de salários, respeitado o princípio da irredutibilidade, tem por fundamento a livre negociação coletiva e reger-se-á pelas normas estabelecidas nesta Lei.

§ 1º As cláusulas dos acordos, convenções ou contratos coletivos de trabalho integram os contratos individuais de trabalho e somente poderão ser reduzidas ou suprimidas por posterior acordo, convenção ou contrato coletivo de trabalho."

A partir deste momento, a doutrina de forma preponderante entendeu que o legislador nacional optou pela incorporação, aos contratos individuais de trabalho, das cláusulas negociadas em instrumentos coletivos de trabalho diante da omissão[359] da CLT.

---

(357) Ives Gandra da Silva Martins Filho, *Manual esquemático de direito e processo do trabalho*, p. 54-55.
(358) "Posteriormente, a lei passou a dizer sobre a incorporação das regras dos acordos e das convenções coletivas nos contratos de trabalho. O parágrafo único do art. 1º da Lei n. 7.788, 3.7.89, estabeleceu pela primeira vez que 'as vantagens asseguradas aos trabalhadores nas convenções ou acordos coletivos só poderão ser reduzidos ou suprimidos por convenções ou nos acordos coletivos posteriores'. Essa regra, porém, nada falava sobre o contrato coletivo, mas apenas da incorporação das regras das convenções ou dos acordos coletivos nos contratos de trabalho. Tal norma foi revogada expressamente pelo art. 14 da Lei n. 8.030, de 12.4.90, que era chamado Plano Collor." Sérgio Pinto Martins, *op. cit.*, p. 713.
(359) "A CLT é omissa, nada dispondo sobre a projeção dos efeitos da convenção coletiva não revogada após o prazo final da sua vigência, questão que, pela sua relevância, merece

Sérgio Pinto Martins[360] enfatiza que insignificante se mostra o fato do dispositivo supra constar de uma lei de política salarial[361], "pois as leis podem tratar de vários temas ao mesmo tempo, e não de um único"[362].

Edésio Passos[363] e José Pinto em minucioso art. sobre a Lei n. 8.542/92 resumem de forma sucinta as conseqüências advenientes, cumprindo destacar as conclusões referentes ao art. 1º, § 1º, in verbis:

> "a) as cláusulas estabelecidas mediante acordo, convenção ou contrato coletivo de trabalho passam a integrar os contratos individuais de trabalho e não podem mais ser reduzidas ou suprimidas unilateralmente, por vontade do empregador, sem a efetivação de novo instrumento normativo com a participação do sindicato dos trabalhadores;

---

um tratamento claro e objetivo." Amauri Mascaro Nascimento, O debate sobre negociação coletiva, p. 1.122.
(360) Op. cit., p. 733.
(361) Em sentido contrário João Régis Teixeira Júnior, Convenção coletiva de trabalho, p. 92-93:
"É preciso verificar que referida lei não trata, especificamente, sobre acordos e convenções coletivas de trabalho, mas, sim, dos seguintes temas, constantes de sua ementa: Política Nacional de Salário, fixa o valor do Salário Mínimo a partir de janeiro de 1993, valor de depósitos para fins de recursos trabalhistas, e regras para o reajuste de benefícios da previdência social.
Como interpretar, então, o referido parágrafo primeiro?
Aprioristicamente, poder-se-ia entender que a norma estabelece que 'as cláusulas dos acordos, convenções ou contratos coletivos de trabalho integram os contratos individuais de trabalho...'.
Ora, o 'integrar' disposto na lei é relativo; isto porque muito embora essas cláusulas 'gerem reflexos imediatos' nos contratos individuais de trabalho, é certo que aos mesmos não se incorpora 'definitivamente'. A própria norma referida assim o determina quando impõe que 'somente poderão ser reduzidas ou suprimidas por posterior acordo, convenção ou contrato coletivo de trabalho'.
Não restam dúvidas, portanto, quanto à possibilidade da reforma in pejus dos instrumentos normativos, quer pela diminuição, ou simples supressão de vantagens anteriormente existentes.
....
Acredita-se que referido parágrafo tem limitadíssima aplicação, em decorrência do contexto no qual inserido, aplicando-se exclusivamente às cláusulas que versem sobre política salarial, mas demonstra incontestável tendência legislativa em transformar profundamente a questão do período de validade dos instrumentos normativos." (Grifado no original)
(362) Ibidem.
(363) Edésio Passos; José Pinto, "Comentários a (sic) nova lei de política salarial", p. 206-207.

b) as cláusulas estabelecidas em acordo, convenção ou contratos coletivos de trabalho tornam-se direito adquirido[364] do trabalhador em consonância com o disposto no art. 5º, inciso XXXVI da CF. O art. 468 da CLT, da mesma forma, impede a alteração unilateral do contrato de trabalho e garante o direito adquirido decorrente de cláusula contratual;

c) outro fator importante é que as cláusulas firmadas em acordos, convenções e contratos coletivos somente poderão ser reduzidas ou suprimidas por posterior acordo, convenção ou contrato coletivo, excluída portanto a hipótese da sentença normativa e laudo arbitral.

d) sentença normativa e laudo arbitral não poderão alterar, no processo de dissídio coletivo, cláusulas anteriormente estabelecidas mediante acordo, convenção ou contrato coletivo de trabalho. Estas cláusulas deverão ser preservadas, podendo os Tribunais do Trabalho fixar novas disposições sem prejuízo das anteriormente pactuadas pelas partes.

e) o § 2º do art. 114 da Constituição Federal prevê que a Justiça do Trabalho poderá estabelecer normas e condições, respeitadas as disposições convencionais e legais mínimas de proteção ao trabalho. A Lei n. 8.542, de 23 de dezembro de 1992 é uma destas disposições legais mínimas. A lei salarial positiva o princípio onde o pacto contratual coletivo passa a vincular-se ao contrato individual e a ele fica jungido de forma permanente, só podendo ser desfeito por transação entre as partes, excluída portanto a competência da Justiça do Trabalho para alterar, no sentido de reduzir ou suprimir, direitos já integrados aos contratos individuais do trabalho por força do art. 5º, inciso XXXVI da CF e supletivamente pelo art. 468 da CLT." (Grifamos)

Arion Sayão Romita interpretando o alcance do art. 1º, § 1º, conclui, em sentido diverso, ao asseverar que "(...) Segue-se, por interpretação lógica, que só as cláusulas de natureza salarial seriam incor-

---

(364) Em sentido contrário Geovany Cardoso Jeveaux, op. cit., p. 1.077: "Tecnicamente, quando se fala em direito adquirido, cumpre sempre lembrar os dois enfoques possíveis da matéria, a saber: o subjetivo, teorizado por Gabba, conforme o qual em direito é adquirido quando sua prescrição aquisitiva ocorre, sem o seu necessário exercício; e o objetivo, teorizado por Roubier, conforme o qual apenas no exercício de um direito pode ele ser definitivamente adquirido.
Na seara que ora se examina, o que não foi efetivamente exercido no campo individual, pela inserção de normas coletivas, não prevalece sobre disposições coletivas posteriores, se elas lhe são contrárias. Logo, o direito coletivo brasileiro não acolhe a teoria subjetiva. Entretanto, a jurisprudência tem admitido, ao lado do direito francês, a figura da vantagem individual adquirida, que vem a ser um direito subjetivo diretamente ligado a um empregado específico, cuja individualidade supere a feição coletiva da norma." (Grifo no original)

poradas aos contratos individuais"[365], destarte, sendo acompanhado por *João Régis Teixeira Júnior*[366].

Por oportuno, registra-se a lição de *Renato Rua de Almeida*[367] quanto ao alcance do art. 1º, § 1º da Lei n. 8.542/92, *in verbis*:

"Por outro lado, não se pode dizer que o § 1º do art. 1º da Lei n. 8.542, de 23 de dezembro de 1992 (...) tenha, de forma geral, garantido a incorporação definitiva das cláusulas normativas nos contratos individuais de trabalho.

Em primeiro lugar, porque a Lei n. 8.542 é uma lei especial sobre a política salarial e não regula outras condições de trabalho.[368]

Em segundo lugar, ainda que em relação aos salários, ela sofreu restrições da legislação salarial posterior, em especial da Lei n. 8.880, de 27 de maio de 1994, que dispôs sobre o Programa de Estabilização Econômica e Sistema Monetário Nacional (Plano Real)."

Como se observa, o eminente jurista também entende que a referida lei não garantiu a incorporação das cláusulas normativas nos contratos individuais de trabalho, pois "(...) a melhor interpretação desse dispositivo legal sempre foi em consonância com a temporalidade das convenções coletivas de trabalho, que, se denunciadas, através do processo de revisão ou revogação, as cláusulas normativas perderão sua eficácia, não se incorporando nos contratos individuais de trabalho"[369].

José Alberto Couto Maciel ao elaborar estudo sobre o tema "*O contrato coletivo e o poder normativo*"[370] expõe contundentemente a

---

(365) "A questão da incorporação das cláusulas normativas da convenção ou acordo coletivo de trabalho aos contratos individuais", p. 171.
(366) *Op. cit.*, p. 92.
(367) "Das cláusulas normativas das convenções coletivas de trabalho: conceito, eficácia e incorporação nos contratos individuais de trabalho", p. 1.603-1.604.
(368) "Uma observação doutrinária pode ser feita sem entrar no julgamento do mérito e conveniência da opção política do legislador: a norma do § 1º da Lei n. 8.542 vem isolada de um contexto mais apropriado em que a matéria seria tratada globalmente." Paulo Eduardo Vieira de Oliveira, *op. cit.*, p. 127.
(369) Renato Reis de Almeida, "Das cláusulas normativas das convenções coletivas de trabalho: conceito, eficácia e incorporação nos contratos individuais de trabalho", p. 1.604.
(370) "O contrato coletivo e o poder normativo", p. 1.185-1.190.

sua opinião quanto ao disposto no art. 1º, § 1º, da Lei n. 8.542/92 ao asseverar que:

"(...) expressa uma regra que é um verdadeiro absurdo jurídico e que atenta contra a própria negociação coletiva."[371]

E mais à frente conclui:

"Parece-me que nenhum empregador, que tenha algum conhecimento de direito do trabalho, concederá no acordo, convenção ou contrato coletivo (este último para mim não existente), qualquer benefício ao empregado, sabendo que este se integrará ao contrato individual, contrariando todos os princípios que regem os acordos e convenções coletivas que se baseiam na transitoriedade das normas, frente à evolução constante dos direitos trabalhistas, tão céleres que não os alcançam a própria legislação."[372]

Geovany Cardoso Jeveaux ao escrever sobre *A eficácia dos instrumentos coletivos no contrato individual do trabalho*[373], interpreta o art. 1º, § 1º, da Lei n. 8.542/92 em consonância com o art. 611 da CLT[374] para afirmar que:

"Ambas as normas aludem ao regime de inserção automática, com a diferença que a primeira tem a virtude de ser mais completa, ao introduzir expressamente o princípio da paridade de formas. Aliás, precisamente por causa dessa literalidade surgiram interpretações equivocadas que conduziram à prescrição do dispositivo, diante do receio da perenidade das normas convencionais inserida nos contratos de trabalho. Convém ressaltar que o receio não era apenas aparente, mas real, porque o equívoco na interpretação trouxe em muito casos a intransigência nas negociações coletivas posteriores, com o conseqüente crescimento dos dissídios coletivos, onde nem sempre pre-

---

(371) *Ibidem*, p. 1.186.
(372) *Ibidem*.
(373) P. 1.068-1.080.
(374) "Art. 611. Convenção Coletiva de Trabalho é o acordo de caráter normativo, pelo qual dois ou mais Sindicatos representativos de categorias econômicas e profissionais estipulam condições de trabalho aplicáveis, no âmbito das respectivas representações, às relações individuais de trabalho."

domina o razoável. Além disso, a sobrevida indefinida dessas cláusulas favoreceu as argüições de direitos adquiridos, indistintamente, por duas vias, pela invocação do art. 468 da CLT, que inadmite as alterações contratuais que sejam desfavoráveis ao empregado, numa evidente invasão indevida de norma individual sobre norma coletiva; e pela afirmação de que a habitualidade cria um *status* jurídico tácito impossível de modificação."[375] (Grifado no original)

Diante do exposto, *Geovany Cardoso Jeveaux* encerra sua análise afirmando que "(...) a dicção do § 1º do art. 1º da Lei n. 8.542/92 apenas complementava o regime da inserção automática já admitido no art. 611 da CLT"[376].

Impõe-se registrar que a dicção mais coerente se encontra com os autores que defendem a não incorporação das cláusulas normativas aos contratos individuais de trabalho, mormente, recordando-se o conceito de negociação coletiva dado por *Amauri Mascaro Nascimento*, qual seja:

"A negociação coletiva é conceituada como o processo de autocomposição de interesses entre trabalhadores e empregadores, visando fixar condições de trabalho bem como regular as relações entre as partes estipulantes, possibilitando, assim, o ajuste não só de cláusulas normativas destinadas a estabelecer direitos e deveres entre as partes que figuram no contrato individual de trabalho como, também, de cláusulas obrigacionais que vincularão as entidades e sujeitos estipulantes."[377]

Desta feita, não é razoável que uma das partes venha a ser prejudicada no processo negocial pelo implemento obrigatório de vantagem extravagante estipulada por prazo determinado, sob pena de malferir o princípio da boa-fé e mormente a iniciativa de concessões extralegais que variam no espaço e no tempo por força das leis de mercado, sem se olvidar que "(...) em sede de direito coletivo do trabalho prevalece o holismo[378] sobre o individualismo e, portanto, é da

---

(375) *Ibidem*, p. 1.077.
(376) *Ibidem*.
(377) "Contrato coletivo como alteração do modelo de relações de trabalho", p. 196.
(378) "O holismo é conseqüência da idéia organicista, que antecede a Aristóteles, para o qual '...o Estado se coloca antes da família e antes de cada indivíduo, pois que o todo deve,

natureza dos instrumentos coletivos a sua prevalência sobre os contratos individuais de trabalho"[379].

9.1. A Revogação do art. 1º, §§ 1º e 2º da Lei n. 8.542/92

Com o advento do Plano Real, o Governo Federal ao baixar medidas provisórias com a finalidade de complementá-lo, expressamente revogou o art. 1º, §§ 1º e 2º, da Lei n. 8.542/92.

Arion Sayão Romita analisando a "questão da incorporação das cláusulas normativas da convenção ou acordo coletivo de trabalho aos contratos individuais" esclarece o mecanismo das medidas provisórias ao asseverar que:

"(...) A primeira a dispor neste sentido foi a Medida Provisória n. 1.053, de 30.6.1995, art. 17. Esta medida provisória foi sucessivamente reeditada, tomando números diversos, aos quais se segue sempre o número de ordem que ela assume no tempo. Assim, por exemplo: MP n. 1.620-38, de 10.6.1998. A partir da 39ª edição, e até a 44ª, o número da MP se fixou em 1.675 e assim temos: MP n. 1.676.39, de 29.6.1998; MP n. 1.675-40, de 29.7.1998; MP n. 1.675-41, de 27.8.1998; MP n. 1.675-42, de 25.9.1998; MP n. 1.675-43, de 26.10.1998; MP n. 1.675-44, de 25.11.1998. Surpreendentemente, a de janeiro de 1999 já tomou outro número e, na 46ª edição, temos a MP n. 1.750-46, de 13.1.1999. A série ao que tudo indica, prosseguirá por algum tempo, até que o Congresso Nacional decida aprovar a medida provisória, rejeitá-la ou aprovar projeto de lei de conversão que disponha sobre o objeto da norma em apreço".[380]

Em verdade, a última medida provisória reeditada sobre o assunto, recebeu o n. 2.074-73/2001, pois foi convertida na Lei n.

---

forçosamente, ser colocado antes da parte. Erguei o todo; dele não ficará mais nem pé nem mão, a não ser no nome, como se poderá dizer, por exemplo, uma mão separada do corpo não mais será mão senão no nome", em "A Política", Tecnoprint, cap. I, § 11, p. 14-15, *apud* Geovany Cardoso Jeveaux, *op. cit.*, p. 1.068.
(379) *Ibidem*, p. 1.079.
(380) Arion Sayão Romita, "A questão da incorporação das cláusulas normativas da convenção ou acordo coletivo de trabalho aos contratos individuais", p. 171.

10.192[381], de 14.2.2001, destarte, revogando o referido dispositivo legal e encerrando a celeuma doutrinária[382][383][384] e jurisprudencial[385] que grassou à época.

Por derradeiro, cumpre registrar dois fatos ocorridos no ano de 1999 que, a nosso ver, antes de se revelarem situações jurídicas insólitas, demonstram o quão apaixonante é o tema sobre a incorporação ou não de cláusulas normativas ao contrato individual de trabalho, única razão a levar o *juiz Gualdo Amauri Formica*, jurista de boa cepa, relator de processo de dissídio coletivo, no TRT 2ª Região, a deferir liminar em ação cautelar incidental nos autos de dissídio coletivo antes de seu julgamento, para que os suscitantes cumprissem convenção coletiva já finda, sob pena do pagamento de multa diária em favor dos trabalhadores, correspondente a 0,5% dos valores que deixarem de ser pagos, eis que a atitude patronal violava o disposto no § 1º, do art. 1º, da Lei n. 8.542/92.

O ato jurisdicional foi objeto de medida correicional, à época deferida pelo Ministro Corregedor-Geral da Justiça do Trabalho, conforme consta do despacho publicado no Diário da Justiça[386] de 8 de setembro de 1999.

Ulteriormente, em outro dissídio coletivo envolvendo a categoria patronal econômica de papel e papelão, o nobre juiz funcionando mais uma vez como relator decidiu de maneira igual, convencido de que a Lei n. 8.542/92 estava sendo violada em seu art. 1º, §§ 1º e 2º, desta vez, impondo multa de 1% ao dia.

Mais uma vez o ato foi cassado via medida correicional[387].

---

(381) "Art. 18 — Revogam-se os §§ 1º e 2º do art. 947 do Código Civil, os §§ 1º e 2º do art. 1º da Lei n. 8.542, de 23 de dezembro de 1992, e o art. 14 da Lei n. 8.177, de 1º de março de 1991."
(382) Renato Rua de Almeida, "Das cláusulas normativas das convenções coletivas de trabalho: conceito, eficácia e incorporação nos contratos individuais de trabalho", p. 1.602-1.605.
(383) Geovany Cardoso Jeveaux, *op. cit.*, p. 1.077-1.079.
(384) João Régis Teixeira Júnior, *op. cit.*, p. 91 e ss.
(385) Ver ementa jurisprudencial relacionada no Apêndice, p. 209-212.
(386) Ver despacho na íntegra constante do Apêndice, p. 225-226.
(387) Ver despacho na íntegra constante do Apêndice, p. 226-228.

9.2. Ação Direta de Inconstitucionalidade n. 1849-0-DF

A Confederação Nacional dos Trabalhadores em Transportes Marítimos, Aéreos e Fluviais propôs ação direta de inconstitucionalidade perante o Supremo Tribunal Federal objetivando fulminar o art. 19 da Medida Provisória n. 1.620-38, de 10 de junho de 1998 que havia revogado os §§ 1º e 2º, do art. 1º, da Lei n. 8.542/92[388], de 23 de dezembro de 1992.

O Ministro *Marco Aurélio de Farias Mello*, designado relator, em despacho monocrático, concedeu a liminar pleiteada nos seguintes termos:

> "Com o preceito não se harmoniza o empréstimo de prazo indeterminado ao instrumento isto à mercê de reedições sucessivas a cada período de vinte e nove dias. Nota-se, ainda, que o disposto na Lei n. 8.542/92, mais precisamente no art. 1º, §§ 1º e 2º, dela constantes, mostrou-se em plena harmonia com o Diploma Máximo. Ora, a revogação ocorrida tem, a esta altura, o sabor de afastar do cenário jurídico-constitucional a regulamentação de normas constitucionais pelo poder competente. Assim, entendo que, na espécie, conta-se com os pressupostos indispensáveis à concessão da liminar.
>
> 3 — Defiro a liminar pleiteada, *ad referendum* do Plenário, suspendendo a eficácia do art. 19 da Medida Provisória n. 1.620, de 10 de junho de 1998, no que implicou a revogação dos §§ 1º e 2º do art. 1º da Lei n. 8.542/92."[389]

Posteriormente, o STF, por maioria de votos, vencido o Ministro *Marco Aurélio de Farias Mello*, que deferia a liminar por aparente

---

(388) "Art. 1º A política nacional de salários, respeitado o princípio de irredutibilidade, tem por fundamento a livre negociação coletiva e reger-se-á pelas normas estabelecidas nesta lei. § 1º — As cláusulas dos acordos, convenções ou contratos coletivos de trabalho integram os contratos individuais de trabalho e somente poderão ser reduzidas ou suprimidas por posterior acordo, convenção ou contrato coletivo de trabalho. § 2º — As condições de trabalho, bem como as cláusulas salariais, inclusive os aumentos reais, ganhos de produtividade do trabalho e pisos salariais proporcionais à extensão e à complexidade do trabalho, serão fixados em contrato, convenção ou acordo coletivo de trabalho, laudo arbitral ou sentença normativa, observadas, dentre outros fatores, a produtividade e a lucratividade do setor ou da empresa."
(389) Repertório IOB de Jurisprudência, 2ª quinzena de setembro de 1998, caderno 2, p. 383.

inconstitucionalidade formal do dispositivo impugnado, tendo em vista a falta de urgência necessária à edição da Medida Provisória (CF, art. 62, *caput*), indeferiu a medida cautelar sob o argumento de não se vislumbrar *a priori* relevância na alegação de ofensa aos direitos dos trabalhadores insculpidos na Carta Constitucional, porquanto, as normas legais que estendam a eficácia de preceitos da Lei Maior não adquirem estatura constitucional[390].

Em conclusão, não havendo mais dispositivo jurídico definindo se as cláusulas constantes em acordos e convenções coletivas de trabalho devem ou não ser inseridas nos contratos individuais de trabalho e considerando-se que a CLT é omissa a respeito da matéria, correto o pensamento de *Amauri Mascaro Nascimento* ao asseverar que:

"(...) a matéria exige uma definição legal pela via da reforma da CLT, principalmente sabendo-se que, nos sistemas jurídicos de autonomia coletiva dos particulares, aplica-se o princípio cronológico da sucessividade, caso em que o acordo ou a convenção coletiva posterior revoga o anterior, da mesma forma que, quanto às leis, aplicável é o princípio do *tempus regit actus*." [391] (Grifado no original)

---

(390) Informativo STF n. 167, Brasília, 18 a 22 de outubro de 1999.
(391) Consultar a respeito da matéria Amauri Mascaro Nascimento, "O debate sobre negociação coletiva", p. 1.122.

10. Enunciado n. 277 do TST

No início da década de 80, segundo nos informa o ínclito jurista *Arnaldo Süssekind*,(392) o Tribunal Superior do Trabalho (TST) influenciado pelo pensamento do jurista *Gino Giugni*(393), expoente da tese da autonomia privada coletiva, para quem "(...) a cláusula do contrato individual, conformada segundo a norma coletiva, segue naturalmente a sorte desta última, ficando permanentemente exposta ao efeito integrativo da parte dela: ...", alterou a diretriz até então adotada no tocante à incorporação das vantagens advenientes da celebração de convênios coletivos após a sua extinção para decidir diametralmente em sentido oposto, conforme se infere da ementa(394) abaixo transcrita:

> "Acordos, convenções e sentenças normativas vigem por período determinado. Os direitos lançados nos instrumentos respectivos *passam a integrar o patrimônio do empregado sujeitos (sic) a termos,* consubstanciado na data limite fixada para a respectiva vigência. Entendimento em contrário implica violência ao que contratado ou sentenciado, caindo por terra a base dos preceitos alusivos a (sic) vigência determinada de acordos, convenções coletivas e sentenças normativas" (Ac. da 1ª T. do TST no RR-864/83, rel. Min. Marco Aurélio de Mello, DJ de 3.8.84). (Grifos no original)

Ulteriormente, o TST cristalizou esse entendimento pela Resolução n. 10/88 publicada no Diário da Justiça de 13.3.88, ao editar o Enunciado n. 277(395) cujo teor ora se transcreve, *in verbis*:

> "As condições de trabalho alcançadas por força de sentença normativa vigoram no prazo assinado, não integrando, de forma definitiva, os contratos."

---

(392) Arnaldo Süssekind, *Direito constitucional do trabalho*, p. 421.
(393) *Diritto sindicale*, Bari, Caccucci, 1980, p. 173, *apud* Arnaldo Süssekind, *Direito constitucional do trabalho*, p. 421.
(394) *Ibidem*.
(395) Ver sobre o assunto Antonio Carlos M. Rodrigues, "Vantagens salariais coletivas — vigência", p. 1.190-1.195.

Extrai-se do entendimento sumulado pelo Egrégio TST que os benefícios concedidos em dissídio coletivo vigorarão somente pelo prazo da sentença normativa[396], eis que ao término de sua vigência deixam de produzir qualquer efeito sobre os contratos individuais de trabalho.

Carlos Moreira De Luca assinala que, o teor do enunciado supra, representa "uma virada de 180 graus em relação ao entendimento predominante dos nossos Tribunais Trabalhistas"[397], o mesmo podendo se asseverar quanto aos doutrinadores que de forma majoritária sempre defenderam a tese da incorporação das cláusulas normativas aos contratos individuais[398][399] mormente por força do contido no art. 468 da CLT[400].

Daí a diatribe de *Délio Maranhão*[401] ao criticar o Enunciado n. 277 com fulcro nos arts. 444 e 468[402] do Estatuto Obreiro e principal-

---

(396) "Art. 868. Em caso de dissídio coletivo que tenha por motivo novas condições de trabalho e no qual figure como parte apenas uma fração de empregados de uma empresa, poderá o Tribunal competente, na própria decisão, estender tais condições de trabalho, se julgar justo e conveniente, aos demais empregados da empresa que forem da mesma profissão dos dissidentes.
Parágrafo único. O Tribunal fixará a data em que a decisão deve entrar em execução, bem como o prazo de sua vigência, o qual não poderá ser superior a 4 (quatro) anos."
(397) *Op. cit.*, p. 153.
(398) Em sentido contrário Francisco Antonio de Oliveira, *Comentários aos Enunciados do TST*, p. 659."Em se cuidando de convenção ou acordo coletivo, nada impede que as partes convenentes avencem que determinada cláusula se amalgamará ao contrato de trabalho da categoria. Ter-se-ia aí a aplicação da cláusula *pacta sunt servanda*. Todavia, a regra é de que extinguindo-se *(sic)* a convenção ou o acordo coletivo, as suas cláusulas também perdem a eficácia normativa e se extinguem."
(399) Confira estudo exaustivo sobre o tema de Arion Sayão Romita, "Extinção de convênios coletivos: efeitos sobre os contratos de trabalho", p. 533-558.
(400) "Art. 468. Nos contratos individuais de trabalho só é lícita a alteração das respectivas condições por mútuo consentimento, e ainda assim desde que não resultem, direta ou indiretamente, prejuízos ao empregado, sob pena de nulidade da cláusula infringente desta garantia."
(401) "A propósito do Enunciado n. 277 do egrégio TST", p. 775.
(402) Em sentido contrário Renato Rua de Almeida, "Das cláusulas normativas das convenções coletivas de trabalho: conceito, eficácia e incorporação nos contratos individuais de trabalho", p. 1.603."Ademais, a convenção coletiva de trabalho e o contrato individual de trabalho são fontes de natureza jurídica diferente. A convenção coletiva de trabalho é um acordo normativo (Recomendação n. 91 da OIT), compreendido dentro de um processo amplo de negociação coletiva (Convenção n. 154 da OIT), sempre aberto às adaptações circunstanciais pela autonomia privada coletiva. Já o contrato individual de trabalho é um negócio jurídico exclusivamente bilateral, de interesses individuais, constituindo obrigações garantidas por lei, que só deixam de existir em caso de extinção contratual.

mente por entender que o conteúdo do enunciado é contraditório tendo em vista o teor do Enunciado n. 51 que expressamente dispõe, *in verbis*:

> "As cláusulas regulamentares que revogam ou alteram vantagens deferidas anteriormente só atingirão os trabalhadores admitidos após a revogação do regulamento."

Para logo, em seguida, concluir:

> "8. *Data venia*, o princípio é um só, seja a vantagem resultante de regulamento, seja de acordo ou convenção coletivos (*sic*), seja de sentença normativa, cabendo salientar que esses últimos, sendo instrumentos coletivos, têm, necessariamente, por definição, eficácia *normativa*. Não seria positivamente lógico que essa eficácia fosse menor do que a do regulamento, ato, originariamente, unilateral.
>
> 9. Ainda com a devida vênia, cumpre observar que nenhum dos artigos da CLT absolutamente nenhum, citados como 'referências' para justificar o Enunciado n. 277, nenhum deles, tem a mais remota relação com o próprio enunciado. Ninguém contesta que a lei estabelece prazos de vigência dos instrumentos coletivos. Apenas, não é esta a questão e sim se, cessada a vigência do instrumento, cessam também as vantagens que, por seu intermédio foram atribuídas aos trabalhadores, não integrando, assim tais vantagens, definitivamente os respectivos contratos individuais de trabalho.
>
> 10. Ora, preceitos legais sobre o assunto existem, mas para dizer, justamente, o contrário."[403]

Finalizando, afirma *Délio Maranhão*[404] que "a eficácia normativa, tanto da convenção coletiva como da sentença proferida em dissídio coletivo, é, efetivamente, temporária[405]. Apenas não se justifica,

---

Daí porque não se pode invocar o princípio legal da imodificabilidade das condições contratuais de trabalho, previsto pelo art. 468 da CLT, próprio do contrato individual de trabalho, para analisar a natureza jurídica da convenção coletiva de trabalho".
(403) Délio Maranhão, "A propósito do Enunciado n. 277 do egrégio TST", 1988, p. 775.
(404) "Dos instrumentos trabalhistas normativos e do limite de sua eficácia no tempo", p. 394-395.
(405) "Assim, tanto quanto nos contratos individuais de trabalho, os instrumentos normativos que os regulam podem instituir normas cujos efeitos se incorporam definitivamente ao patrimônio jurídico do empregado e normas de vigência temporária, a exemplo do que su-

juridicamente[406], que se conclua daí que, vencido o prazo de vigência, cessem as vantagens adquiridas pelos trabalhadores quando aqueles instrumentos normativos se encontravam em pleno vigor".

De outro lado, lembra *Amauri Mascaro Nascimento*[407] que "A Consolidação das Leis do Trabalho foi omissa, nada dispondo sobre a projeção dos efeitos da convenção coletiva não renovada após o prazo final da sua vigência. Incluiu dentre o conteúdo obrigatório desses instrumentos (art. 613, II) o prazo de vigência, o limite máximo do mesmo (art. 614, § 3º), que é 2 anos, a possibilidade de prorrogação (art. 615) e a nulidade de disposições do contrato individual de trabalho que contrariem as normas das convenções e acordos coletivos (art. 619)".

Ademais, não se pode deixar de registrar que o princípio insculpido no Enunciado n. 277 também vale para os acordos e convenções coletivas de trabalho,[408] pois que a sentença normativa "não é senão o equivalente jurisdicional daquele"[409].

No mesmo sentido, ainda, *Amauri Mascaro Nascimento* para quem o Enunciado, em questão, define um critério aplicável às sentenças normativas. "Há um paralelismo de situações entre estas e as

---

cede com a própria lei, que, embora geralmente estabelecida em caráter permanente, até que outra a modifique ou revogue, pode ser destinada a ter vigência temporária (art. 2º da LICC) com praxo *(sic)* prefixado ou até o preenchimento de uma condição previsível."
Umberto Grillo, "Eficácia no tempo das condições estipuladas nos acordos ou convenções coletivas e sentenças normativas", p. 402.
(406) Ver Raymundo Antônio Carneiro Pinto, *Enunciados do TST comentados*, p. 179, que assim se posiciona:
"(...) Sempre foi aceito sem maiores discussões, no âmbito trabalhista, o princípio de que o empregado, uma vez beneficiado com uma determinada vantagem — seja por força de acordo ou convenção coletivos, sentença normativa ou norma interna da empresa —, terá essa medida incorporada ao contrato de trabalho, não podendo ser retirada, sob pena de violação do art. 468 da CLT. Certamente com base em tal princípio, o TST editou o Enunc. n. 51.
(...) Entretanto, achamos que a interpretação supra se fez de forma muito genérica e não encontra respaldo na lei."
(407) *Compêndio de direito sindical*, p. 358.
(408) "Dado que a sentença normativa não é senão um sucedâneo da convenção ou acordo coletivo malogrados, o alcance do Enunciado de Súmula do TST envolve, também, as convenções e os acordos coletivos pelo princípio que encerra." Umberto Grillo, *op. cit.*, p. 401.
(409) Carlos Moreira De Luca, *op. cit.*, p. 153.

convenções e os acordos coletivos, embora diferentes os seus pressupostos e natureza"[410][411].

Octavio Bueno Magano suscita questão atual e interessante quanto à validade dos termos do Enunciado n. 277 diante do que dispõe o art. 114, § 2º, da Carta Magna, in verbis:

"Art. 114. ....

§ 2º Recusando-se qualquer das partes à negociação ou à arbitragem, é facultado aos respectivos sindicatos ajuizar dissídio coletivo, podendo a Justiça do Trabalho estabelecer normas e condições respeitadas as disposições convencionais e legais mínimas de proteção ao tra-balho."

Diante da vontade do legislador amalgamada na redação supra, Octavio Bueno Magano entende superado[412][413] o Enunciado n. 277 uma vez que a "Justiça do Trabalho, ao julgar dissídios coletivos, não pode estipular condições inferiores às constantes de título normativo anterior, seja este judicial ou convencional"[414].

Nesta mesma linha de pensamento tem-se o posicionamento do não menos festejado Arnaldo Süssekind[415] que, ao analisar o disposto no art. 1º, § 1º, da Lei n. 8.542 de 1992, em confronto com a Carta Magna, especificamente o art. 114, § 2º, "... respeitadas as disposições convencionais e legais mínimas de proteção ao trabalho" conclui, in verbis:

"Ora, o processo de dissídio coletivo só pode ser instaurado quando houver fracassado a negociação coletiva para a prorrogação ou revisão da convenção ou do acordo coletivo. Por conseguinte, em regra quase absoluta, não haverá 'disposições convencionais' em vigor no momento da sentença normativa que julgar o dissídio. O que significa, por lógica dedução, que a Carta Magna mandou respeitar as normas da convenção ou do acordo coletivo que sobrevivem, no plano das relações individuais

---

(410) Amauri Mascaro Nascimento, Compêndio de direito sindical, p. 359.
(411) Ver a respeito Délio Maranhão. "Dos instrumentos trabalhistas normativos e do limite de sua eficácia no tempo", p. 394.
(412) Roberto Pessoa, op. cit., p. 479-480.
(413) Edésio Passos; José Pinto, op. cit., p. 206-207.
(414) Octavio Bueno Magano, Direito coletivo do trabalho, p. 152.
(415) Direito constitucional do trabalho, p. 422-423.

de trabalho, porque, até que suas cláusulas normativas sejam revogadas ou alteradas por novo acordo ou convenção, elas integram os contratos individuais do trabalho dos respectivos destinatários."[416]

Em sentido contrário, *Sérgio Pinto Martins* para quem as condições legais mínimas[417] previstas no § 2º do art. 114 da Carta Magna "são as previstas na Constituição e na legislação ordinária, como, por exemplo, adicional de horas extras de 50%, aviso prévio de 30 dias etc."[418], pois que "em função do prazo determinado de vigência da norma coletiva, não se pode falar em incorporação de suas cláusulas no contrato de trabalho"[419], ressalvado o interregno compreendido entre 24 de dezembro de 1992 (início de vigência da Lei n. 8.542/92) e 30 de julho de 1995[420] (data de sua revogação com a edição da Medida Provisória n. 1.079 posteriormente convertida em lei), pois a partir desta data aplicável o Enunciado n. 277 do TST[421].

Adotando posição intermediária, destaca-se o entendimento de *Umberto Grillo* que ao analisar o disposto no Enunciado n. 277 do TST em consonância com a eficácia das condições estipuladas em instrumentos normativos conclui que a resposta "(...) não pode ser única e incondicional"[422] pois "(...) não podendo ter eficácia perene, por expressa previsão legal, os instrumentos normativos, quanto aos efeitos, eqüivalem às leis temporárias e aos atos jurídicos com termo final, em que decorrido o prazo prefixado extingue-se o direito estabe-

---

(416) *Ibidem*, p. 423.
(417) "A manutenção tem por base o 2º parágrafo do art. 114 da Carta Magna, que fala em observância às condições convencionais e legais mínimas de proteção ao trabalho.
Entendemos que as condições legais mínimas seriam as previstas na própria lei substantiva, como, por exemplo, o adicional de 50% sobre as horas extras, a estabilidade do dirigente sindical, enfim, todos os direitos trabalhistas assegurados no Capítulo II da nova Constituição e também nas leis adjetivas (CLT e leis esparsas)." Eurico Cruz Neto, "Manutenção de cláusulas preexistentes — direito adquirido (§ 1º da Lei n. 8.542 de 23.12.92 e art. 18 da Medida Provisória n. 1.079 de 28.7.95)", p. 1.468.
(418) Sérgio Pinto Martins, *op. cit.*, p. 732.
(419) *Ibidem*.
(420) *Ibidem*, p. 733.
(421) Eurico Cruz Neto, *op. cit.*, p. 1.469.
(422) *Op. cit.*, p. 402.

lecido"[423]. Entretanto, ressalta referido autor[424] que, as cláusulas normativas podem ser classificadas em três grupos:

a) Cláusulas de natureza jurídica ou declaratórias versam sobre um direito preexistente, interpretando-o com efeito normativo, têm vigência definitiva e não perdem sua eficácia após expirado o prazo de vigência do instrumento normativo.

b) Cláusulas de natureza econômica implicam em correção ou aumento real de salário gerando efeitos permanentes, porém, vigorando somente no prazo do instrumento normativo pois "(...) o efeito pecuniário da cláusula já aplicada se incorpora ao patrimônio jurídico do empregado. Se não renovada em outro instrumento normativo, contudo, não continuará a produzir novos efeitos, restando limitada apenas aos que já produziu"[425].

c) Cláusulas de natureza funcional estipulam condições de trabalho e "são sempre destinadas a ter vigência temporária"[426].

Uma vez dissecada a classificação, impõe-se a identificação a que grupo pertence a cláusula normativa de modo a se concluir quanto à sua eficácia temporal, sendo certo que para o autor somente as cláusulas de natureza funcional seriam atingidas pelo disposto no Enunciado n. 277.

Interessante observar que, decorridos mais de quatorze anos de vigência do Enunciado, constata-se que o Tribunal Superior do Trabalho por meio de sua Seção Especializada em Dissídios Individuais continua perfilhando o mesmo entendimento que gerou a sua cristalização, conforme se infere das recentes ementas jurisprudenciais a seguir transcritas, *in verbis*:

"Cláusula de norma coletiva — vigência. Como regra geral, as cláusulas constantes de normas coletivas, sejam de origem autônoma (acordos ou convenções coletivas) ou heterônoma (sentenças normativas) vigoram sempre pelo prazo estabelecido, não integrando de forma definitiva os contratos individuais de trabalho. Embargos providos no particular" (TST-EEDRR 162918 — Ac SBDI-I, DJ 3.4.1998, p. 216, *Rel.*

---

(423) *Ibidem*.
(424) *Ibidem*.
(425) *Ibidem*.
(426) *Ibidem*.

Ministro Rider Nogueira de Brito, Embargante: Companhia Paranaense de Energia — Copel, Embargada: Dirceu de Almeida Rosa)

"Sentença normativa. Vigência. Repercussão nos contratos de trabalho. As condições de trabalho alcançadas por força de sentença normativa vigoram no prazo assinado, não integrando, de forma definitiva, os contratos" (TST-ERR 189323 — Ac SBDI-I, DJ 23.4.1999, p. 95, *Rel.* Ministro Jose Luiz Vasconcellos, Embargante: Centrais Geradoras do Sul do Brasil S/A — Gerasul, Embargada: Oneide Pereira de Souza).

"ADICIONAL DE PRODUTIVIDADE PREVISTO EM SENTENÇA NORMATIVA — LIMITAÇÃO AO PERÍODO DE VIGÊNCIA DESTA.

Nos termos do Enunciado n. 277 desta Corte, 'as condições de trabalho alcançadas por força de sentença normativa vigoram no prazo assinado, não integrando, de forma definitiva, os contratos'. Assim, o pagamento do adicional de produtividade previsto em sentença normativa limita-se ao período de vigência da respectiva norma coletiva. Embargos conhecidos e providos" (TST-ERR 264166 — Ac SBDI-I, DJ 27.4.2001, p. 301, *Rel.* Ministro Vantuil Abdala, Embargante: Varig S/A — Viação Aérea Riograndense, Embargada: Ítalo Cezar Crivellaro).

"TÍQUETE-REFEIÇÃO PREVISTO EM NORMA COLETIVA — ENUNCIADO N. 277 DO TST.

As condições ajustadas em acordo coletivo regem as relações de trabalho tão-somente durante sua vigência, a teor do disposto no Enunciado n. 277 do TST, não integrando, de forma definitiva, o contrato de trabalho.

Embargos providos para excluir da condenação o valor correspondente ao tíquete-refeição" (TST-ERR 334697 — Ac SBDI-I, DJ 14.12.2001, *Rel.* Ministro Rider Nogueira de Brito, Embargante: Telecomunicações do Rio de Janeiro S/A, Embargada: Elenice Carvalho Toledo).

Diante deste quadro, com a devida vênia, entendemos acertado o entendimento do Tribunal Superior do Trabalho que veio preencher um vazio legislativo, cumprindo o seu ofício de sedimentar questão tormentosa no âmbito jurisprudencial, via de conseqüência, fornecendo um norte para os jurisdicionados principalmente no campo coletivo como que a incentivar e a valorizar a negociação coletiva, enquanto instrumento de busca do equilíbrio responsável e da paz entre os interlocutores sociais, numa sociedade altamente competitiva e sujeita às intempéries econômicas cada vez mais freqüentes, sem contudo, olvidar-se da sensibilidade social de que se deve revestir diante do contínuo processo de mudanças a que é submetida a relação capital e trabalho.

Como corolário dessa preocupação em prol dos jurisdicionados, *Pedro Paulo Teixeira Manus*[427] registra que a Seção de Dissídios Individuais do TST abriu uma exceção ao princípio insculpido no Enunciado n. 277 ao admitir a permanência de cláusula estabilitária após a extinção de convênio coletivo, desde que o trabalhador sofra acidente ou doença com redução de sua capacidade de trabalho, conforme se observa da ementa a seguir transcrita:

> "As cláusulas que conferem estabilidade a empregado por doença profissional são permanentes, não estando restritas ao prazo de vigência da Convenção Coletiva. É necessário, porém, que a causa da doença tenha se originado na vigência da norma" (TST-E-RR 49759/92.4 — Ac. SDI 4652/94, 8-11-94, Rel. Min. Ney Doyle). In: Revista LTr, 59-04/523.[428]

Não é demais lembrar que, a exceção citada já se cristalizou em precedente da Seção Especializada em Dissídios Individuais (Subseção I), a partir de 25 de novembro de 1996, com o número 41, *in verbis*:

> "Estabilidade. Instrumento normativo. Vigência. Eficácia.
>
> Preenchidos todos os pressupostos para a aquisição de estabilidade decorrente de acidente ou doença profissional, ainda durante a vigência do instrumento normativo, goza o empregado de estabilidade mesmo após o término da vigência deste."

Em conclusão, pode-se asseverar que a mais alta Corte trabalhista do país mantém a defesa da tese[429] da não incorporação definitiva das cláusulas normativas aos contratos individuais de trabalho

---

(427) *Negociação coletiva e contrato individual de trabalho*, p. 122.
(428) *Ibidem.*
(429) "Notem que não há incoerência quer entre o Enunciado de Súmula n. 277 e a Orientação Jurisprudencial n. 41, quer em relação à posição de Rua de Almeida ante a consideração da análise da situação no plano de regra geral e a de exceções ditadas pela interpretação teleológica e o mínimo de razoabilidade, porquanto acidentes e doenças que geram efeitos nefastos para a capacidade de trabalho do obreiro, acompanhando-o pelo resto da existência, evidentemente geram o correspondente direito 'individualmente adquirido pelo trabalhador', como antes explicitado." Ari Possidonio Beltran, *op. cit.*, p. 89.

consubstanciada no seu Enunciado n. 277, porém, admitindo a incorporação de cláusula normativa que se constitua em *vantagem individualmente adquirida*[430] *pelo empregado, a exemplo do direito francês*[431].

---

(430) "No entanto, há uma exceção ao princípio da não incorporação definitiva das cláusulas normativas nos contratos individuais de trabalho. Trata-se da hipótese que o direito francês convencionou chamar de vantagem individual adquirido (*sic*) por força da aplicação de cláusula normativa." Renato Rua de Almeida, "Das cláusulas normativas das convenções coletivas de trabalho: conceito, eficácia e incorporação nos contratos individuais de trabalho", p. 1.604.
(431) "Essa exceção foi consagrada no direito francês pela lei Auroux, de 13 de novembro de 1982 (Código do Trabalho, art. L. 132-8, alínea 6), que serve, inclusive, de elemento para o juiz brasileiro decidir, aplicando a incorporação definitiva da cláusula normativa no contrato individual de trabalho, diante da falta de disposição legal expressa, com efeito amplo, por ser o direito comparado um método importante de integração do direito, conforme, aliás, previsto pelo art. 8º da CLT." *Ibidem.*

11. A Jurisprudência Trabalhista e as Teses de Incorporação e Não Incorporação de Cláusulas Normativas aos Contratos Individuais de Trabalho

A propósito, selecionou-se um apanhado de ementas jurisprudenciais que espelham a divergência de entendimento a respeito do tema, porém, destacando-se uma tendência interpretativa mais liberal em consonância com a nova realidade de mercado, principalmente por parte do TST, in verbis:

"ACORDO COLETIVO DE TRABALHO — VIGÊNCIA — EFEITOS.

As normas de acordos ou convenções coletivas têm prazo de vigência predeterminado, não podendo tais normas serem impostas após esse prazo de vigência, nem mesmo sob afirmação de que tais normas passaram a integrar os contratos individuais. O que foi estabelecido a prazo certo não pode prosseguir após o escoamento do prazo.

Revista parcialmente conhecida e não provida" (Acórdão da 2ª T. do TST, Rel. Ministro Barata Silva, DJ 9.10.1987, p. 21.869).

Como se pode observar, a tese da não incorporação das cláusulas normativas nos contratos individuais de trabalho já grassava entre os ministros do TST, instância última para apreciação de questões trabalhistas, destarte, prenunciando o entendimento majoritário daquela Corte que resultaria na aprovação do Enunciado n. 277 para expressamente declarar o limite temporal das vantagens concedidas em sentença normativa o que, por analogia, foi aplicado aos acordos e convenções coletivas de trabalho.

"EFICÁCIA TEMPORAL DAS CLÁUSULAS AJUSTADAS EM CONVENÇÕES E ACORDOS COLETIVOS DE TRABALHO.

Convenções e acordos coletivos de trabalho contêm cláusulas de três naturezas: contratuais, normativas resolutivas e normativas. As cláusulas contratuais e normativas resolutivas extinguem-se ao término da vigência da norma, não se incorporando aos contratos individuais de trabalho. As cláusulas normativas não-resolutivas podem ser extintas pela norma posterior, desde que a elas se refira expressamente, pois o ajuste, na espécie, é a emanação de uma vontade coletiva, elevada no nível constitucional, inclusive com a prerrogativa de reduzir salários (artigo sétimo, inciso seis, da Constituição Federal). Entretanto, se a vantagem patrimonial já está incorporada ao contrato individual de trabalho e a nova norma a ela não se refere, não há como se interpretar que ela foi extinta, sobretudo em face do que dispõe o artigo cento e quatorze, parágrafo segundo, 'in fine', do texto constitucional, que consagra um princípio aplicável à espécie, de respeito às disposições convencionais e legais mínimas de proteção ao trabalho.

Recurso conhecido e a que se nega provimento" (Acórdão da Seção Especializada em Dissídios Individuais do TST, Rel. Ministro Indalécio Gomes Neto, DJ 15.12.1995, p. 44.278, embargos em recurso de revista).

Aqui, a Seção Especializada em Dissídios Coletivos do TST incorpora o princípio da vantagem individualmente adquirida ainda que, sob outro fundamento, qual seja, o disposto no art. 114, § 2º, da Carta Magna, pois se assim não se interpretar, a priori, estar-se-ia diante de uma decisão contrária ao próprio Enunciado n. 277 emanado daquela Corte.

Outrossim, na ementa abaixo, o TST exterioriza o entendimento consagrado no enunciado supra, porém, deixa registrado implicitamente a possibilidade excepcional de incorporação ao utilizar-se da expressão "como regra geral".

"CLÁUSULA DE NORMA COLETIVA — VIGÊNCIA.

Como regra geral, as cláusulas constantes de normas coletivas, sejam de origem autônoma (acordos ou convenções coletivas) ou heterônoma (sentenças normativas) vigoram sempre pelo prazo estabelecido, não integrando de forma definitiva os contratos individuais de trabalho.

Embargos providos no particular" (Acórdão SBDI-TST, Rel. Ministro Rider Nogueira de Brito, DJ 3.4.1998, p. 216).

Mais uma vez, o TST por meio de decisão turmária prestigia o princípio da não incorporação, conforme se extrai do teor da ementa abaixo colacionada:

"ADICIONAL DE TURNO — CLÁUSULA CONSTANTE DE NORMA COLETIVA — INTEGRAÇÃO.

As cláusulas constantes de normas coletivas, sejam de origem autônoma (acordos ou convenções coletivas) ou heterônoma (sentença normativa), vigoram sempre pelo prazo estabelecido, não integrando de forma definitiva os contratos individuais de trabalho. Expirado o prazo de validade do acordo coletivo, que não ultrapassará dois anos, conforme o parágrafo terceiro do artigo seiscentos e quatorze da CLT, as cláusulas que o compõem também perdem a validade e se extinguem.

Recurso de revista parcialmente conhecido e provido" (Acórdão TST, 2ª T., Rel. Ministro Moacyr Roberto Tesch Auersvald, DJ 12.2.1999, p. 152).

Inobstante a polêmica doutrinária e jurisprudencial provocada pelos §§ 1º e 2º, do art. 1º, da Lei n. 8.542/92, o TST, por intermédio de sua Seção Especializada em Dissídios Individuais, manteve o entendimento de não incorporação de vantagem normativa nos contratos de trabalho, deste modo, prestigiando o Enunciado n. 277 a respeito da matéria, senão vejamos:

"ACORDO COLETIVO — HOMOLOGAÇÃO — DISSÍDIO COLETIVO — CONDIÇÕES DE TRABALHO — INCORPORAÇÃO — CONTRATO INDIVIDUAL DO TRABALHO — LEI N. 8.542/92 — IMPOSSIBILIDADE — ENUNCIADO N. 277 DO TST — APLICABILIDADE.

Ao aludir a acordo coletivo, o art. 1º da Lei n. 8.542/92 refere-se, obviamente, ao pacto celebrado extrajudicialmente entre sindicato e uma ou mais empresas da correspondente categoria econômica, com vistas ao estabelecimento de condições de trabalho (CLT, art. 611, § 1º) e não ao acordo homologado nos autos de dissídio coletivo, que possui natureza jurídica diversa. Realmente, à luz do art. 764 da CLT, os dissídios coletivos submetidos ao crivo da Justiça do Trabalho estão sempre sujeitos à conciliação, sendo lícito às partes celebrar acordo que ponha termo ao processo. Nessa hipótese, dispõe o art. 831, parágrafo único, da CLT, que o termo lavrado vale como decisão irrecorrível e, portanto, somente desconstituível por meio de ação rescisória (Enunciado n. 259/TST). Nesse contexto, o acordo celebrado e homologado nos autos de dissídio coletivo possui, inequivocamente, a natureza de sentença normativa, atraindo, assim, a aplicação da orientação sumulada no Enunciado n. 277/TST, que veda a integração definitiva aos contratos individuais das condições de trabalho judicialmente alcançadas. Embargos providos" (Acórdão da Subseção I Especializada em Dissídios Individuais do TST, Rel. Ministro Milton de Moura França, DJ 28.4.2000, p. 277).

Como corolário do princípio da vantagem individualmente adquirida, criação do direito francês, como exceção à tese da não incorporação definitiva das cláusulas normativas nos contratos de trabalho, tem-se a decisão turmária, ora transcrita:

"ACORDO COLETIVO DE TRABALHO. CONCESSÃO DE ESTABILI-DADE. INTEGRAÇÃO DA VANTAGEM AO CONTRATO INDIVIDUAL DE TRABALHO. CABIMENTO.

Acordos e convenções coletivas de trabalho reúnem cláusulas de diferentes estofos jurídicos (CLT, art. 613), justapondo itens normativos e itens contratuais. Na celebração de tais pactos, impõe-se o princípio da autonomia da vontade dos contratantes, embora com a restrição do art. 623 da CLT. Se há liberdade de contratar, nenhuma razão lógica — e, muito menos, jurídica — impedirá o ajuste de cláusula com efeitos definitivos nos contratos individuais de trabalho que alcance, sob pena de, no mínimo, afrontar-se o disposto no art. 7°, *caput*, da Carta Magna. A orientação jurisprudencial presente se encaminha para o reconhecimento da precariedade das avenças coletivas, com eficácia restrita ao seu período de vigência. Tal posição, em se tornando regra, não repelirá exceções. Extraindo-se da redação da cláusula em exame e do comportamento ulterior das partes que não houve intenção de se estabelecer estabilidade provisória, concluir-se-á pela incorporação da vantagem ao pacto laboral, confirmando-se as decisões de primeiro e segundo graus que assim concluem.

Recurso de revista desprovido" (Acórdão da 2ª T. do TST, Redator Designado Juiz Convocado Alberto Luiz Bresciani Pereira, DJ 24.8.2001, p. 817).

Por fim, selecionaram-se duas decisões jurisprudenciais, uma da 2ª Região (São Paulo) e outra da 3ª Região (Minas Gerais), as quais caminham no sentido de se respeitar o limite temporal dos instrumentos normativos em consonância com a dinâmica do desenvolvimento econômico e social, *in verbis*:

"CONVENÇÃO OU ACORDO COLETIVO ULTRATIVIDADE DAS CLÁUSULAS NORMATIVAS DE CONVENÇÕES E ACORDOS COLETIVOS. INVIABILIDADE.

O prazo de eficácia das normas coletivas é o que nelas se tenha previsto. *Ex vi* do art. 613, II da CLT, as convenções coletivas devem indicar o seu período de eficácia, não superior a dois anos, podendo ser objeto de prorrogação, revisão, denúncia ou revogação total ou parcial (art. 615). Necessidade de se prestigiar a convenção coletiva nova, facilitando-a tendo por escopo a adaptação das normas às necessidades da produção, atenuando-se o desemprego" (TRT/SP

20000321073 RO — Ac. 3ª T. 20010354101 DOE 3.7.2001, Rel. MARCELO FREIRE GONÇALVES).

(Ementário de jurisprudência do Tribunal Regional do Trabalho da 2ª Região, boletim n. 36/2001).

"CONTRATO COLETIVO DE TRABALHO

O art. 1º, § 1º, da Lei n. 8.542/92 não pode ter outra interpretação senão a de garantir a eficácia e a prevalência das cláusulas ajustadas em acordos, convenções ou contratos coletivos de trabalho durante o seu período de vigência, permitindo ao final desta que, por outra negociação coletiva, possa ser alterada qualquer de suas cláusulas, pois a incidência destas é limitada no tempo, como acontece com a vida de qualquer norma jurídica. Afinal, a inalterabilidade perene das cláusulas coletivas acabaria por inviabilizar a evolução das relações entre o capital e o trabalho, sempre dinâmicas, as quais se sujeitam, permanentemente, aos efeitos do desenvolvimento social e econômico, do processo tecnológico e dos interesses da própria sociedade" (TRT 3ª Reg. DC 125/93 — Ac. SDC, 3.3.94, Rel. Juiz Tarcísio Alberto Giboski). (*in Revista LTr* 58 — 05/590).

As decisões judiciais citadas revelam que os nossos tribunais têm, de forma sistemática, atentado para a tese da não incorporação das vantagens advenientes de instrumentos normativos, destarte, acompanhando a tendência mundial, revelando uma compreensão do processo negocial que deve espelhar a vontade dos interlocutores sociais para um determinado período de vigência como livremente pactuado, sob pena de se inibir iniciativas futuras de concessão de benefícios aos trabalhadores, considerando-se as mudanças estruturais em nível global que afetam as relações trabalhistas e sindicais e, conseqüentemente, impõem o repensar racional e desapaixonado dos princípios protetivos que embasam o direito do trabalho.

12. A Flexibilização dos Direitos Trabalhistas nos Dias Atuais

À margem da discussão, no tocante à alteração do art. 618 da CLT, não se pode deixar de registrar que no dia-a-dia várias categorias profissionais premidas pela conjuntura econômica negociam a "flexibilização" de direitos trabalhistas que *a priori* seria vedado por lei.

A título de exemplo, tem-se o Sindicato dos Trabalhadores da Construção Civil de São Paulo[432] que no decorrer do ano de 2000 negociou o parcelamento do 13º salário em até seis parcelas para aproximadamente 7.500 trabalhadores, sendo que no ano de 2001 também adotou o mesmo procedimento.

A mesma medida também foi utilizada pelo Sindicato dos Trabalhadores nas Indústrias de Alimentação do Estado de São Paulo.

Cita-se, ainda, o Sindicato dos Trabalhadores nas Indústrias de Instrumentos Musicais e de Brinquedos do Estado de São Paulo que, em função da retração de mercado, conseguiu evitar cerca de 3.000 demissões no decorrer do ano de 2001 por meio da redução de salários, da diminuição da jornada laboral e da antecipação de férias.

De outro lado, tem-se o Sindicato dos Metalúrgicos de São Paulo que já celebrou vários acordos coletivos com a finalidade de reduzir o intervalo destinado ao almoço, sem contudo, atender aos requisitos da Portaria n. 3.116, de 3 de abril de 1989, do Ministério do Trabalho.

Ademais, esse mesmo sindicato profissional em parceria com o Sindicato Nacional da Indústria de Autopeças e outros dez sindicatos patronais negociou a flexibilização de vários direitos trabalhistas[433], a saber:

---

(432) Nova CLT já existe e vira prática comum, *Folha de São Paulo*, São Paulo, 25 de novembro de 2001, Folha Dinheiro 2, p. especial B1.
(433) *Diário de São Paulo*, São Paulo, 12 de março de 2002, p. B4.

"a) Redução de meia hora no horário de almoço nas empresas com restaurante no local de trabalho.

b) Prêmio de PLR a ser pago em 4 (quatro) vezes.

c) Cipa dos trabalhadores com poder de comissão de fábrica.

d) 13º salário — Pagamento de 60% a partir de fevereiro em até 10 vezes. Em dezembro, mínimo de 40%.

e) Licença-paternidade — trabalhador pode tirar dois dias e trabalhar outros três ganhando em dobro."

O resultado desta negociação foi a celebração de um convênio coletivo denominado convenção coletiva de trabalho de adesão, o qual será analisado detalhadamente no item 14.

Diante desta realidade, o então Ministro do Trabalho e Emprego *Francisco Dornelles*, em entrevista ao jornal *Folha de São Paulo*[434], registrou o seu posicionamento favorável à reforma do art. 618 da CLT[435] sob o argumento de que muitas vezes a legislação engessa a atuação das entidades sindicais, *in verbis*:

"A CLT diz que a hora noturna é de 52 minutos e 30 segundos. Os sindicatos não podem negociar uma hora de 60 minutos. Uma empresa acaba de contratar 300 trabalhadores no Nordeste e pediu oitos dias para assinar as carteiras. O sindicato concordou. Não pode. Tem que assinar em 48 horas. Isso num país onde 40% dos trabalhadores não têm carteira assinada. Uma montadora paulista negociou com o sindicato a partilha das férias em três períodos de dez dias. Proibido. Uma empresa de segurança firmou um acordo que permitia turnos de 12 por 36 horas. Coisa típica para o setor. Não pode. Em todos esses casos os dois sindicatos estavam de acordo. Quem objetou foi a fiscalização do governo, com base na CLT. Quando um acordo desses não pode ser feito, *o trabalhador, que o desejava, arrisca-se a ficar com 100% de suas garantias trabalhistas e 0% do emprego. Se tiver sorte, cai no setor informal, onde passa a ter 0% de garantias.*" (Grifamos)

---

(434) Entrevista concedida em 18 de novembro de 2001.
(435) Conf. Carlos Henrique Bezerra Leite," A quem interessa o modelo negociado sobre o legislado no Brasil?", p. 78-79

Observa-se que os sindicatos profissionais buscam de forma criativa contornar, em muitos casos, o rigor da lei[436], via de conseqüência evitando o mal maior — o desemprego — ou, então, permanecem inertes e contribuem conscientemente para avolumar a crise da falta de emprego.

Interessante observar que em sentido diametralmente oposto tem-se a posição do presidente da Central Única dos Trabalhadores, *João Antônio Felício*[437] que assim se manifesta, *in verbis*:

"O Projeto de Lei n. 5.483/01, enviado pelo Executivo federal ao Congresso, alterando o art. 618 da CLT, prevê que o negociado deve prevalecer sobre o legislado, inclusive no caso de sentenças normativas e convenções internacionais ratificadas pelo Brasil.

Se aprovado, poderá comprometer conquistas históricas dos trabalhadores asseguradas na Constituição, tal como a flexibilização do pagamento das férias, do adicional de um terço das férias, do FGTS e do gozo da licença maternidade, das férias, do descanso semanal remunerado (DSR), entre outras conquistas obtidas durante décadas de lutas pelos trabalhadores. Isso é inadmissível! (...)"

Márcio Túlio Viana[438] analisando a questão exprimiu seu pensamento nos seguintes termos:

"A nova realidade econômica exige, mais uma vez, que o Estado arregace as mangas, mas, não para legitimar o trabalho precário (como vem fazendo), nem apenas para libertar o sindicato das amarras legais (como está ensaiando), mas, para permitir, efetivamente, a ação coletiva.

....

É preciso — dentre outras medidas — garantir ao sindicato a liberdade de ação e de acesso no interior da empresa; tirar da

---

(436) Ver no mesmo sentido no artigo: Gerson Luis Moreira, "Apontamentos sobre negociação coletiva", p. 75-77.
(437) Artigo: "É boa a proposta de flexibilização da CLT?", *Folha de São Paulo*, São Paulo, novembro de 2001.
(438) "Convenção coletiva: realidade e mito". *In Repertório IOB de Jurisprudência*, n. 15-1999, caderno 2, 1ª quinzena de agosto de 1999.

Justiça do Trabalho o poder de pôr fim às greves; e disciplinar e punir, com rigor, os atos anti-sindicais. E é preciso ainda que, ao invés de legislar a torto e a direito por medidas provisórias, eternizando-as com sucessivas reedições, o governo leve a negociação para o centro do poder, discutindo com os sindicatos toda norma que se refira a relações de trabalho. É a solução da lei negociada, também praticada pelos europeus.

Mas, repensar a negociação é também repensar o sindicato. É preciso que ele abra as suas portas para os precários, os informais, os falsos autônomos e, de um modo geral, para todos os trabalhadores economicamente dependentes. É necessário que (ainda uma vez) ele corresponda à empresa: se ela se descentralizou, mantendo sua influência, que ele se desconcentre, sem perder a unidade de ação; se ambos agrupavam massas homogêneas, devem ambos (e não apenas ela) ter acesso aos grupos heterogêneos que o novo modelo criou.

Tudo isso, naturalmente, passa por reformas na lei — o que implica vontade política. E como não se pode esperar que um sindicato frágil imponha ao legislador transformações que o fortaleçam, é também preciso que todos nós, operadores do direito, participemos dessa luta."

Nesta mesma linha de pensamento, destaca-se *Antônio Álvares da Silva* que, em artigo publicado no jornal *Folha de São Paulo*, ponderou que:

"(...) Mas, para negociar, os sindicatos precisam de liberdade. E é isso o que falta no Brasil.

Quatro amarras ainda impedem essa liberdade. Todas ancoradas na Constituição. *A primeira é a unicidade.* Em cada base territorial superior ao município só pode haver um sindicato representante da categoria. Há um monopólio territorial absurdo, que não deixa escolha ao empregado e ao empregador. Se o sindicato é incapaz e ineficiente, pouco importa. Não há alternativas.

A segunda amarra é a contribuição sindical. Os sindicatos brasileiros vivem de esmola tributária do governo. Por isso mais parecem órgãos do Estado. Dos R$ 500 milhões arrecadados por esta contribuição, R$ 100 milhões vão para sindicatos sérios. O resto, para simulacros de associações profissionais, que existem exatamente para receber este dinheiro e não para servir a seus representados. Por isso, *Evaristo de Moraes Filho* já disse que temos sindicatos de cofres cheios e assembléias vazias. É preciso inverter a situação: esvaziar os cofres e encher as assembléias.

O terceiro bloqueio é o dissídio coletivo. *Os sindicatos que não são capazes de negociar recorrem aos juízes do trabalho para que negociem em seu nome.*

Entregam ao Estado aquilo que tinham a obrigação de fazer em próprio nome.

Se perdem, culpam a Justiça, esquecendo-se de que o erro está neles próprios. Entregam ao governo, pelo braço do Judiciário, a solução de seus problemas, quando deveriam resolvê-los pela negociação, pela representatividade e pelo poder de luta e de pressão.

Esse três defeitos congênitos viciam os sindicatos brasileiros pela raiz. Deforma-os a ponto de eles se tornarem irreconhecíveis perante o direito comparado e impedem que o país ratifique a Convenção n. 87, da OIT. Permanecemos num atraso lastimável e, o que é pior, todas essas limitações vieram do lobby dos próprios sindicatos, quando se discutia a Constituição de 1988."[439] (Grifamos)

Ronald Amorim Souza enfrentando o tema da desregulamentação do Direito do Trabalho reage visceralmente contra esta política que, a seu ver, somente contribuirá para o enfraquecimento dos sindicatos profissionais e conseqüentemente para a deterioração do processo negocial, ao afirmar categoricamente:

"*Em nome de uma política neoliberal se está intentando, no Brasil, a desregulamentação do Direito do Trabalho, como a encaminhá-lo para o desaparecimento.* Com efeito, sendo, como efeti-

---

(439) "A flexibilização da CLT a ser votada no Senado beneficia o trabalhador?", Folha de S. Paulo, São Paulo, 29.12.01.

vamente o é, débil o nosso sindicalismo e crescendo em nível impressionante as empresas presentes na economia nacional, com destaque para as transnacionais que, com treinamento amplamente adquirido nas celebrações que concertam nos inúmeros países em que atuam, podem encontrar terreno fácil e fértil a uma ação que *conduza ao decréscimo do nível ou da qualidade do Direito trabalhista até aqui alcançado pelos trabalhadores, em nome da competitividade no mercado internacional, pondo ênfase no aspecto da globalização que, embora pareça fenômeno de fin de siècle é, nos moldes da aldeia global dos nossos dias, o que as viagens de Marco Polo fizeram para a (sic) capitalismo mercantil de sua época.* A diferença é que, à época, ainda não brotara o Direito do Trabalho, inexistia a produção em escala industrial e as relações subordinadas de trabalho contínuo e pessoal eram desconhecidas."[440]

Como se vê, a questão envolvendo a flexibilização dos direitos trabalhistas atrai posições antagônicas, porém, não se pode deixar de lado os fatos gerados pelos próprios atores sociais, cuja a realidade acaba por se sobrepor ao direito, gerando mudanças legais e jurisprudenciais, conforme se demonstrará no item seguinte.

12.1. A Cláusula do Vale-Transporte nas Convenções Coletivas de Trabalho

No campo das relações coletivas de trabalho tem-se observado uma crescente flexibilização das normas legais de modo a adaptar-se as condições legais às condições fáticas, sendo que, a nosso ver, o melhor exemplo exsurge com a cláusula de vale-transporte inserida nos instrumentos normativos alcançados pela autocomposição entre sindicatos patronais e profissionais, permitindo que referido benefício seja pago em dinheiro ao empregado quando a legislação a respeito do assunto veda expressamente tal concessão.

A priori, não é outro o entendimento que deflui do art. 4º, da Lei n. 7.418, de 16.12.85, *in verbis:*

"Art. 4º A concessão do benefício ora instituído implica a aquisição pelo empregador dos vales-transporte necessários aos deslocamentos

---

(440) Ronald Amorim e Souza, *op. cit.,* p. 393.

do trabalhador no percurso residência-trabalho e vice-versa, nos serviços de transporte que melhor se adequar."

A título exemplificativo, transcreve-se as cláusulas constantes nas convenções coletivas de trabalho dos setores metalúrgico, rádio e televisão e químico, *in verbis*:

12.1.1. Setor Metalúrgico

"CONVENÇÃO COLETIVA DE TRABALHO — FORÇA SINDICAL 2001 celebrada entre o sindicato nacional da indústria de trefilação e laminação de metais ferrosos — sicetel e outros e federação dos trabalhadores nas indústrias metalúrgicas, mecânicas e de material elétrico do estado de São Paulo e outros.

....

42) VALE-TRANSPORTE

a) No atendimento às disposições da Lei n. 7.418, de 16.12.85, com redação dada pela Lei n. 7.619, de 30.9.87, regulamentada pelo Decreto n. 95.247 de 16.11.87, *as empresas* representadas pelos sindicatos patronais acordantes, *que concedem aos seus empregados o vale-transporte, poderão, a seu critério, creditar o valor correspondente através da folha de pagamento ou em dinheiro*, até o prazo previsto na cláusula 'Pagamento Mensal de Salários';

b) Na superveniência de aumento de tarifas após o pagamento, as empresas efetivarão a competente complementação através da próxima folha de pagamento;

c) A importância paga sob este título não tem caráter remuneratório ou salarial." (Grifamos)

(Vigência de 1º de novembro de 2001 a 31 de outubro de 2002).

12.1.2. Setor de Rádio e Televisão

"CONVENÇÃO COLETIVA DE TRABALHO celebrada entre o sindicato das empresas de rádio e televisão no estado de São Paulo — sertesp e o sindicato dos jornalistas profissionais no estado de São Paulo.

....

CLÁUSULA 21ª VALE-TRANSPORTE

No atendimento às disposições da Lei n. 7.418 de 16.12.85, com a redação dada pela Lei n. 7.619 de 30.9.87, regulamentada pelo Decreto n. 95.247 de 16.11.87, *as empresas* representadas pelo Sindicato Patronal acordante *poderão, a seu critério, creditar o valor correspondente através da folha de pagamento ou em dinheiro.* Na superveniência de aumentos de tarifas após o pagamento, as empresas efetivarão a competente complementação no prazo de até 5 (cinco) dias úteis. A importância paga sob esse título não tem caráter remuneratório ou salarial." (Grifamos)

(Vigência de 1º de dezembro de 1998 a 30 de novembro de 1999).

12.1.3. Setor Químico

"CONVENÇÃO COLETIVA DE TRABALHO celebrada entre o sindicato dos trabalhadores nas indústrias químicas, farmacêuticas, plásticas e similares de São Paulo e região e outros sindicatos dos trabalhadores e a federação das indústrias do estado de São Paulo e sindicatos da indústria a esta filiados.

....

57) VALE-TRANSPORTE

Atendidas as disposições da Lei n. 7.418 de 16.12.85, com redação dada pela Lei n. 7.619, de 30.9.87, *as empresas* abrangidas pela presente norma coletiva, que concedem aos seus empregados o vale-transporte nos limites definidos por Lei, *poderão, a seu critério, substituir a entrega do referido vale-transporte por antecipação em dinheiro, em folha de pagamento ou em crédito bancário,* devendo fazê-lo na mesma data do pagamento mensal, em valores equivalentes ao custo da passagem daquele mês.

As empresas deverão fazê-lo em períodos regulares, de modo que não criem intervalos entre os períodos de utilização." (Grifamos)

(Vigência de 1º de novembro de 2001 a 31 de outubro de 2002).

A título de registro, a inserção deste tipo de cláusula em convenção coletiva de trabalho teve início no setor metalúrgico por iniciativa do Sindicato dos Metalúrgicos de São Paulo em virtude dos constantes assaltos na retirada dos vales-transporte, sendo certo que o sucesso operacional da substituição de vale por dinheiro acabou se estendendo para outras categorias profissionais, destarte, tendo-se uma valorização do negociado sobre o legislado em consonância com as diretrizes estabelecidas pela atual Carta Magna que incentiva o processo de negociação entre os atores sociais, conforme se infere dos arts. 7º, XXVI e 8º, III, e VI.

12.2. A Portaria n. 865/95 do Ministério do Trabalho e Emprego

O próprio Ministério do Trabalho e Emprego[441] em sintonia com os novos tempos abrandou o rigor da fiscalização, para tanto, editando a Portaria n. 865/95 com o compromisso maior "de promover a negociação coletiva como forma de consolidar a modernização das relações do trabalho"[442].

Para tanto, dispõe expressamente o art. 4º da referida portaria, *in verbis*:

> "Art. 4º A incompatibilidade entre as cláusulas referentes às condições de trabalho pactuadas em Convenção ou Acordo Coletivo e a legislação ensejará apenas a comunicação do fato à chefia imediata, que o submeterá à consideração da autoridade regional."

Como se vê, o Auditor-Fiscal do Trabalho deixa de autuar a empresa por eventual confronto entre a cláusula normativa e a legislação para submeter a questão à apreciação da autoridade regional. Abandona-se o rigor formal até então praticado, em prol da valorização da negociação coletiva.

Nelson Mannrich analisando a Portaria n. 865/95, pondera que, *in verbis*:

> "A lei não pode invadir o espaço reservado à autonomia coletiva. Trata-se do chamado 'espaço vital' referido por Rodriguez-Piñero. Não se deve, tampouco, submetê-la à heteronomia. Por sua vez, a negociação coletiva não pode invadir o espaço reservado à ordem pública trabalhista e às estruturas institucionais, devendo respeitar os direitos mínimos consagrados ao trabalhador. De qualquer forma, não é da competência da inspeção do trabalho essa delimitação dos espaços, apenas o controle do cumprimento das convenções e acordos coletivos.

---

(441) Ver estudo minucioso de Nelson Mannrich, *Inspeção do trabalho*.
(442) Portaria n. 865, de 14.9.1995 do Ministério do Trabalho e Emprego.

Daí a mudança de postura da própria Administração Pública do Trabalho na hipótese da convenção contrariar a lei. *Se o acordo celebrado é garantido pelo Estado, eis que revestido de eficácia jurídica, é nulo qualquer ato que o contrarie. Em conseqüência, é inadmissível seu cumprimento ser equiparado a uma infração pelo fiscal do trabalho pelo fato de contrariar a lei.* Entretanto, se não cabe autuação, é dever do agente levar ao conhecimento de seus superiores a incompatibilidade verificada entre a norma coletiva e a lei. Isso porque, quando a Constituição reconheceu, entre os direitos do trabalhador, a convenção e o acordo coletivo, teve em vista a melhoria da condição social do empregado, de sorte que a norma coletiva deve adequar-se àquela finalidade constitucional."[443] (Grifamos)

Em verdade, constata-se a adoção de uma atitude pró-ativa por parte da autoridade ministerial diante de uma realidade social dinâmica a exigir acentuada modificação nos conceitos legais inerentes ao âmbito do Direito do Trabalho, cuja característica maior está na sua rigidez "ligada à idéia de que o trabalhador é hipossuficiente e carece de proteção do estado..."[444], uma vez que "(...) as relações capital/ trabalho não mais suportam a *camisa-de-força da legislação consolidada trabalhista vigente*"[445].

Outrossim, como salienta, ainda, *Nelson Mannrich*[446], a portaria constitui-se em verdadeiro desafio ao Estado que deverá "*assumir sua função promocional em detrimento do seu papel meramente policial e repressor*"[447] em prol de um maior reconhecimento da autonomia privada coletiva que, muitas vezes, contribui para o estabelecimento de cláusulas normativas *a priori* contrárias à legislação mas que, em essência, revelam, antes de tudo, uma sensibilidade para a realidade dos fatos que invariavelmente, alteram a moldura legal até então vigente.

---

(443) "As convenções e acordos coletivos em face da portaria GM-MTb n. 865 de 14.9.95", p. 1.348.
(444) Octavio Bueno Magano, "A flexibilização do direito do trabalho", p. 8.
(445) Francisco Osani de Lavor, *op. cit.*, p. 27.
(446) Nelson Mannrich, Ver estudo específico "As convenções e acordos coletivos em face da portaria GM-MTb n. 865 de 14.9.95", p. 1.348-1.351.
(447) Nelson Mannrich, *Ibidem*, p. 1.351.

Como exemplo, pode-se citar a celebração da convenção ou acordo coletivo para compensação de horas em local insalubre sem prévia autorização do Ministério do Trabalho e Emprego apesar do disposto no art. 60 da CLT[448], o pagamento de vale-transporte em dinheiro inobstante a lei[449] disponha em sentido contrário, o estabelecimento da hora noturna em 60 (sessenta) minutos quando o art. 73[450] da CLT prevê duração menor etc.

Corroborando a afirmativa de que os exemplos anteriores traduzem um aperfeiçoamento fático[451] das leis que regulamentam a matéria e, enfatiza-se, por iniciativa das próprias entidades profissionais e empresariais, tem-se os julgamentos do judiciário trabalhista a ratificar esse posicionamento, ainda que de forma não unânime, mas, demonstrando uma acentuada preocupação em conciliar os dispositivos legais com os fatos que a mudança de comportamento social ocasiona constantemente, conforme se pode extrair, *verbi gratia,* da ementa jurisprudencial, ora selecionada.

"É certo que a hora noturna foi considerada como de 60 minutos, em contrário do estabelecido no art. 73 da CLT — Todavia, na mesma cláusula restou estipulado o adicional noturno em valor superior ao legal, o que leva a concluir que tal postura decorreu de um equilíbrio alcançado entre as partes com relação às verbas em discussão. Na atual Carta Magna é clara a intenção dos Constituintes em ver dirimidas entre empregados e empregadores questões trabalhistas, através de acordos coletivos celebrados, onde ficaria evidenciada a ausência

---

(448) "Art. 60. Nas atividades insalubres, assim consideradas as constantes dos quadros mencionados no capítulo 'Da Segurança e da Medicina do Trabalho', ou que neles venham a ser incluídas por ato do Ministro do Trabalho, quaisquer prorrogações só poderão ser acordadas mediante licença prévia das autoridades competentes em matéria de higiene do trabalho, as quais, para esse efeito, procederão aos necessários exames locais e à verificação dos métodos e processos de trabalho, quer diretamente, quer por intermédio de autoridades sanitárias federais, estaduais e municipais, com quem entrarão em entendimento para tal fim."
(449) *Vide* Lei n. 7.418, de 16.12.85, com as alterações introduzidas pela Lei n. 7.619, de 30.9.87.
(450) "Art. 73. Em qualquer trabalho contínuo, cuja duração exceda de 6 (seis) horas, é obrigatória a concessão de um intervalo para repouso ou alimentação, o qual será, no mínimo, de 1 (uma) hora e, salvo acordo escrito ou contrato coletivo em contrário, não poderá exceder de 2 (duas) horas."
(451) Mônica Sette Lopes, *A convenção coletiva e sua força vinculante,* p. 201."O direito caracteriza-se por emanar da realidade social e a ela retornar, conformando-a e alterando-a, como elemento catalisador das demandas que ali frutificam e proliferam".

de prejuízo para ambos os acordantes. Dessa forma, há de se respeitado o princípio da flexibilização do trabalho" (TST — 4ª T. — RR — 225.398/95.8 — Rel. Min. Galba Velloso).[452]

Dentro deste contexto, importante destacar decisão proferida pela Seção Especializada em Dissídios Coletivos do TST ao julgar ação anulatória promovida pelo Ministério Público do Trabalho contra a Federação Nacional dos Bancos, a Confederação Nacional dos Trabalhadores em Instituições Financeiras e outras cento e trinta e uma entidades sindicais representativas das categorias econômica e profissional, com a finalidade de anular a cláusula vigésima (vale-transporte)[453] constante da convenção coletiva de trabalho para vigorar no período de 1º de setembro de 1996 a 31 de agosto de 1997, sob o argumento de violação à Lei n. 7.418/95 e Decreto n. 95.247/87.

Decidiu o egrégio TST[454] que, in verbis:

"— Ao vedar a antecipação em dinheiro do vale-transporte o decreto regulamentador extrapolou os limites da lei instituidora do benefício. *Válido o ajuste coletivo que prevê a antecipação em dinheiro do vale-transporte e a redução do percentual de participação do trabalhador*" (TST-AA-366.360/97.4 — Ac. SDC; 1º.6.98, Rel. Convoc. Juiz Fernando Eizo Ono). (Grifamos)

Interessante observar que o Juiz Relator *Fernando Eizo Ono*[455] ao fundamentar o seu voto pela não anulação da cláusula instituidora do pagamento de vale-transporte em dinheiro, deixou claro que afora entender que a lei não proíbe o pagamento em pecúnia e, por conseqüência, o decreto não poder vedar esse procedimento, não vislumbrava uma condição menos benéfica ao trabalhador, salientando que, em outras oportunidades, o TST já havia admitido ajustes nesse sentido citando, *verbi gratia*, a decisão proferida no RO-DC 318.060/96.5 (Ac. SDC 384/97).

Como já mencionado, esse procedimento do tribunal é reflexo natural de uma postura mais flexível em função da nova realidade negocial que impera por força de uma necessidade crescente dos interlocutores sociais em buscar saídas céleres que beneficiem ambas

---

(452) Irany Ferrari, "Vale-transporte em dinheiro — possibilidade de sua concessão por meio de instrumento normativo", p. 785-786.
(453) *Revista LTr* 62, n. 09/12.
(454) Acórdão na íntegra encontra-se no Apêndice, p. 219.
(455) *Revista LTr* 62, n. 09/12.

as partes, deste modo, fazendo prevalecer o negociado sobre o legislado.

Portanto, natural se mostra que o Ministério do Trabalho e Emprego continue a valorizar o *princípio da autonomia privada coletiva*[456] em consonância com a vontade dos senhores Constituintes insculpida na Carta de 88, ao alçarem a patamar constitucional o reconhecimento dos acordos e convenções coletivas de trabalho (CF, art. 7º, XXVI), conforme se verifica com a edição da Portaria n. 1, de 22 de março de 2002, pela Secretaria de Relações do Trabalho que, em sua ementa n. 9, assim dispõe, *in verbis*:

"CONVENÇÃO OU ACORDO COLETIVO DE TRABALHO. DEPÓSITO. O Ministério do Trabalho e Emprego não tem competência para negar validade a instrumento coletivo de trabalho que obedeceu aos requisitos formais previstos em lei, em face do caráter normativo conferido pelo art. 611 da Consolidação das Leis do Trabalho às convenções ou acordos coletivos de trabalho. Ao MTE cabe, tão somente (*sic*), o depósito do instrumento coletivo, para fins de registro e arquivo, sem qualquer análise de mérito."

12.2.1. Ato Declaratório n. 4 do Ministério do Trabalho e Emprego

A Secretaria de Inspeção do Trabalho pelo Departamento de Fiscalização do Trabalho revisou e consolidou os precedentes normativos que orientam a atuação dos Auditores Fiscais do Trabalho, com a publicação do Ato Declaratório n. 4, de 21 de fevereiro de 2002.

Do total de 50 (cinqüenta) precedentes administrativos, destacam-se os de ns. 3 e 47, ora transcritos para melhor compreensão, *in verbis*:

"*PRECEDENTE ADMINISTRATIVO N. 3*

FGTS. VALE-TRANSPORTE. FALTA DE RECOLHIMENTO DO PERCENTUAL DE 8% SOBRE PARTE DA REMUNERAÇÃO DEVIDA. O

---

(456) "A autonomia privada coletiva, no âmbito do direito coletivo, é o poder das entidades sindicais de auto-organização e auto-regulamentação dos conflitos coletivos do trabalho, produzindo normas que regulam as relações atinentes à vida sindical, às relações individuais e coletivas de trabalho entre trabalhadores e empregadores." Pedro Paulo Teixeira Manus, *Negociação coletiva e contrato individual de trabalho*, p. 102.

vale-transporte não terá natureza salarial, não se incorporará à remuneração para quaisquer efeitos e tampouco constituirá base de incidência do FGTS, desde que fornecido de acordo com o disposto no art. 2º, II da Lei n. 7418/85. O vale-transporte pago em dinheiro tem natureza salarial e repercussão no FGTS." (G.N.)

"PRECEDENTE ADMINISTRATIVO N. 47

CONVENÇÃO E ACORDO COLETIVOS. HIERARQUIA DE NORMAS AUTÔNOMAS. TEORIA CUMULATIVA.

Ao dispor que as condições estabelecidas em convenção coletiva, quando mais favoráveis, prevalecerão sobre as estipuladas em acordo, a CLT adotou a teoria cumulativa.

Não haverá, portanto, prevalência de toda a convenção sobre o acordo, mas serão aplicadas as cláusulas mais favoráveis, independentemente da sua fonte." (G.N.)

Concessa venia, uma primeira análise da ementa n. 9, que trata da incidência do FGTS sobre a concessão de vale-transporte em dinheiro, revela-se, em princípio, contraditória com o teor da Portaria n. 865/85 que orienta o Auditor-Fiscal do Trabalho para, antes de autuar, comunicar a chefia imediata e esta, por sua vez, submeter à consideração da autoridade regional.

O ideal seria que houvesse uma ressalva quanto aos instrumentos normativos de modo a se evitar interpretações dúbias, mormente num estágio das relações trabalhistas que exige de seus participantes diretos e indiretos uma concepção mais flexível no que toca às normas jurídicas, respeitados os lindes constitucionais.

Por fim, concernente ao Precedente Administrativo n. 47, aparentemente está a se distanciar da melhor doutrina, pois, diante da possibilidade de se estabelecer cláusulas *in pejus* por força constitucional, o princípio decorrente da teoria do conglobamento é que deve prevalecer o todo, e não como estabelecido, sob pena de se autuar indevidamente as empresas, o que se constituiria em verdadeiro retrocesso. Nesse sentido, mais uma vez a palavra abalizada de *Nelson Mannrich*[457] ao escrever sobre o controle das convenções coletivas:

> "Há situações, no entanto, em que é difícil aquilatar o que é mais favorável, devendo prevalecer a autonomia privada coletiva

---

(457) Nelson Mannrich, *Inspeção do trabalho*, p. 195-196.

perante a renúncia e a transação, cabendo à fiscalização, nesse caso, velar pelo fiel cumprimento daquela cláusula convencional, mesmo que estabeleça condições *in pejus* à categoria.

Com efeito, não se pode analisar uma cláusula isoladamente, mas a convenção no seu conjunto." (Grifado no original)

In summa, o Ministério do Trabalho e Emprego deverá exercer um papel preponderantemente agregador entre os seus diversos órgãos internos com o objetivo de manter uma linha de conduta uniforme no âmbito das relações trabalhistas, eis que "havendo controvérsia, cada situação deverá ser ponderada à vista de todo o seu conteúdo e de suas contigencialidades e circunstâncias conformadoras"[458].

---

(458) *Ibidem*.

13. O Projeto de Lei n. 5.483/01 e a Flexibilização do Art. 618 da CLT objetivando a Prevalência do Negociado sobre o Legislado

O Governo Federal nos últimos anos vem caminhando no sentido de reformar a legislação trabalhista, tornando-a menos rígida e mais dinâmica, compatível com a nova realidade político-econômica diante da inexorabilidade do processo de globalização dos meios econômicos que impõem uma revisão dos paradigmas tradicionais no âmbito social com vistas a minimizar ou estancar a crise de empregabilidade, fato gerador de distúrbios sociais, com conseqüências nefastas para o desenvolvimento social e o crescimento sadio da sociedade.

Nesta linha de pensamento, foram criados instrumentos de flexibilização das relações trabalhistas como o banco de horas, o contrato de prazo determinado, as comissões de conciliação prévia, o rito sumaríssimo, medidas que incentivam e valorizam à exaustão a negociação e, quando não, a celeridade na solução de conflitos levados ao Poder Judiciário.

É dentro deste contexto que foi aprovado pelo Congresso Nacional, no dia 4 de dezembro de 2001, o Projeto de Lei n. 5.483/01, o qual altera substancialmente o art. 618 da CLT para que o negociado prevaleça sobre o legislado.

Dispõe a CLT em seu art. 618 que:

"Art. 618 — As empresas e as instituições que não estiverem incluídas no enquadramento sindical a que se refere o art. 577 desta Consolidação poderão celebrar Acordos Coletivos de Trabalho com os Sindicatos representativos dos respectivos empregados, nos termos deste título."

Inicialmente, o texto proposto no Projeto de Lei previa que:

"Art. 618. As condições de trabalho ajustadas mediante convenção ou acordo coletivo prevalecem sobre o disposto em lei, desde que não contrariem a Constituição Federal e as normas de segurança e saúde do trabalho."

Entretanto, em função das emendas propostas e parcialmente acolhidas pelo relator do projeto de lei, Deputado *José Múcio Monteiro*, terminou por ser aprovado pela Câmara dos Deputados, o texto abaixo transcrito:

"O Congresso Nacional decreta:

Art. 1º — O art. 618 da Consolidação das Leis do Trabalho, aprovada *(sic)* pelo Decreto-lei n. 5.452 de 1º de maio de 1943, passa a vigorar com a seguinte redação:

'Art. 618. Na ausência de convenção ou acordo coletivo firmados por manifestação expressa da vontade das partes e observadas as demais disposições do Título VI desta Consolidação das Leis do Trabalho — CLT, a lei regulará às condições de trabalho.

Parágrafo 1º — A convenção ou acordo coletivo, respeitados os direitos trabalhistas previstos na Constituição Federal, não podem contrariar lei complementar, as Leis n. 6.321, de 14 de abril de 1976, e n. 7.418, de 16 de dezembro de 1985, a legislação tributária, a previdenciária e a relativa ao Fundo de Garantia por Tempo de Serviço — FGTS, bem como as normas de segurança e saúde do trabalho.

Parágrafo 2º — Os sindicatos poderão solicitar o apoio e o acompanhamento da central sindical, da confederação ou federação a que estiverem filiados quando da negociação de convenção ou acordo coletivo previstos no presente artigo.' (NR)

Art. 2º — Esta Lei entra em vigor na data de sua publicação e tem vigência de dois anos."

Ney Prado[459] ao comentar o referido projeto de lei assevera textualmente que:

"(...) O projeto representa mais uma louvável, oportuna e necessária tentativa do governo no sentido da modernização da legislação trabalhista. Não obstante o seu inegável mérito, não é ainda a reforma ideal. Todavia é a única possível na atual conjuntura.

A verdadeira reforma teria de passar pela desregulamentação do art. 7º da Constituição, que se tornou um minicódigo do trabalho, demasiadamente prolixo e detalhista, um exagero de normatividade que elenca 34 incisos, dispondo sobre despedida ar-

---

(459) Artigo: "A reforma trabalhista possível". *Folha de São Paulo*, novembro de 2001.

bitrária, seguro-desemprego, FGTS, salário mínimo, piso salarial, irredutibilidade de salário e sua garantia, décimo terceiro, remuneração do trabalho noturno etc.

Percebe-se, da leitura desse exaustivo elenco de leis, que há uma grande quantidade de dispositivos que transbordam do natural âmbito das disposições que devem constar de uma Constituição. Não há distinção entre o que realmente deve ser matéria constitucional e o que poderia ser objeto de uma flexível legislação complementar, ordinária ou até regulamentar. Em que pese a pouca abrangência da reforma, o seu aspecto gratificante é saber que o governo atual está inspirado por uma nova mentalidade e uma nova determinação, tornando possível a reforma trabalhista em curso, que, até pouco tempo atrás, parecia impossível, empalidecendo as minorias vociferantes e conservadoras e as viúvas ideológicas.

Felizmente essa tendência em formular projetos modernizantes tem sido também preocupação do Judiciário, como se percebe na franca adoção de uma jurisprudência flexibilizadora na interpretação da extensa legislação existente.

Caminhamos no rumo certo. O projeto do governo é uma valiosa tentativa para a superação de mais uma etapa."

Nesta mesma linha de pensamento, tem-se *Gustavo Franco*[(460)], ex-presidente do Banco Central, que vê na iniciativa governamental a

---

(460) Artigo: "Relações de trabalho flexíveis". *Revista Veja*, p. 145, 21 de novembro de 2001(...). Com efeito, "flexibilidade" é o conceito que separa dois paradigmas de relações de trabalho, o europeu e o americano. Neste último, no âmbito do qual prevalece considerável "flexibilidade", existe maior variabilidade dos salários e baixíssimo desemprego. Na Europa, por outro lado, há enorme "rigidez" e, em conseqüência, taxas de desemprego duas a três vezes maiores que nos EUA. Note-se que, como na Europa a população não cresce, a "rigidez", ou seja, o altíssimo custo de demitir, resulta em que as empresas se tornam extremamente relutantes em contratar. Assim sendo, cria-se uma cruel redistribuição de renda contra os jovens, os novos entrantes no mercado de trabalho, para os quais as taxas de desemprego são muito maiores que a média, que, por sua vez, já é elevadíssima.
Num País como o nosso, com população crescente e relações de trabalho, na aparência, "européias", a situação do jovem seria ainda pior não tivéssemos inventado um paradigma mestiço: em 2000, 51% do emprego no Brasil era "informal" ou "por conta própria", vale dizer, do tipo "americano": funcionando dentro de regras bilaterais acertadas entre patrão e empregado sem a interveniência (ou "proteção") de nenhuma autoridade, sindicato, advogado, nada disso.
É interessante notar também que as rendas do trabalho cresceram cerca de 20% em termos reais do início do Plano Real até 2000, mas apenas 9,5% para o emprego "formal" e

opção pela "informalização" das relações de trabalho utilizando como paradigma o modelo americano, mais flexível, ao invés da rigidez de que se reveste o modelo europeu, o qual inibe as empresas de contratar mão-de-obra em função do altíssimo custo a que são submetidas no momento da demissão.

Infere-se que a primeira batalha foi ganha pelos defensores[461][462] do referido projeto de lei, porém, ainda falta a votação no Senado Federal e ao que tudo indica será bastante árdua, mormente levando-se em consideração tratar-se de ano eleitoral, além da natural aglutinação de forças políticas que vem sendo promovida pelos adversários da modificação proposta.

Para melhor compreensão do tema, enunciar-se-á os argumentos favoráveis e desfavoráveis à alteração do art. 618 do Estatuto Obreiro, a saber:

Posição Favorável:

• Permite a flexibilização[463][464] de normas infraconstitucionais;

---

cerca de 35% para os "informais". A explicação é simples: na relação informal, os dois lados dividem o que iria para o governo.
É o próprio governo que está propondo, embora de forma limitada, que "informalizemos" mais as relações de trabalho, admitindo que acordos coletivos se sobreponham à legislação. Ou seja, quando os dois lados querem, eles podem eliminar encargos e fazer o governo sair dessa moita idealmente, inclusive, abrindo-se mão do FGTS, por exemplo. EM FOCO — GUSTAVO FRANCO.
(461) Conf. a posição do Prof. Octavio Bueno Magano *in verbis*:
"Foi muito bem concebido, e merece aplausos veementes. Em uma sociedade pluralista, é melhor que as partes busquem se entender. É uma maneira mais inteligente de estabelecer relações de trabalho. Temos um regime corporativista e extremamente minucioso, mas de pouca eficácia." *Jornal do Advogado*, maio de 2002, n. 259, ano XXVII, p. 6.
(462) Conf. o posicionamento do Mestre Amauri Mascaro Nascimento ao conceder entrevista ao Jornal Diário de São Paulo referente à alteração do art. 618 da CLT, *in verbis*:
"A mudança vai demorar. 'É um processo cultural. Na Itália, essa reforma durou anos. É preciso primeiro sedimentar uma cultura de consenso tácito. Esse é um trabalho longo, que às vezes leva mais de uma geração'." *Diário de São Paulo*, São Paulo, 8 de abril de 2002, p. B-6.
(463) "Manter a rigidez das normas trabalhistas torna-se no momento atual extremamente perigoso, pois pode-se perder de vez a possibilidade de ajustamento das engrenagens do mercado de trabalho. Flexibilizar parece ser a solução.
....
(...) O princípio protetor, pedra de toque do Direito do Trabalho, não pode ser deixado de lado, muito menos é possível esquecer a função tutelar desse ramo do Direito. Não se trata de manter o sentido mais sentimental, e de certo modo pejorativo, desses conceitos: a idéia de proteção do trabalhador como 'hipossuficiente' deve ser deixada de lado. É necessário, isso

- Encontra esteio na Constituição Federal[465], art. 7º, VI, XIII e XIV;
- Preserva postos de trabalho[466] diante de uma economia globalizada;
- Fortalece a economia formal em detrimento da crescente informalidade;[467]
- Prestigia a negociação coletiva;[468][469]
- Diminui as demandas trabalhistas;

---

sim, pensar no trabalhador como participante ativo de todas as mudanças que o mundo do trabalho vem sofrendo, criando possibilidades cada vez maiores de que ele venha a exercer sua profissão com dignidade, considerada em todas as suas acepções." Carla Teresa Martins Romar, *Alterações do contrato de trabalho — função e local*, p. 141.
(464) "Em outras palavras, a globalização rompe com as barreiras do protecionismo econômico, afetando as empresas e exigindo, como conseqüência necessária e inevitável, menor grau de protecionismo social e mais intensa flexibilização dos sistemas de proteção ao trabalho." Luiz Carlos Amorim Robortella, "Prevalência da negociação coletiva sobre a lei", p. 1.238.
(465) "As relações trabalhistas, sempre foram marcadas por forte intervenção estatal, com pouco espaço para a negociação coletiva. Em decorrência do predomínio do modelo legislado, passamos a nos acostumar com o estilo barroco, implantado pela CLT: uma vasta legislação ricamente decorada, formando um grande aparato protecionista, mas de discutível eficácia. A própria reforma introduzida pela Constituição Federal de 1988 tem a marca do continuísmo, com prejuízo para a modernidade das relações entre empregado e empregador e, em especial, para as relações coletivas de trabalho." Nelson Mannrich, "As convenções e acordos coletivos em face da portaria GM-MTb n. 865 de 14.9.95", p. 1.348.
(466) Conf. Nei Frederico Cano Martins, "Os princípios do direito do trabalho e a flexibilização ou desregulamentação", p. 847-853.
(467) Em sentido diverso Márcio Túlio Viana, Repertório IOB de Jurisprudência, n. 15-1999, caderno 2, 1ª quinzena de agosto de 1999."Mas, a maior arma é, mesmo o desemprego: produto do pós-fordismo, é, por ele próprio, utilizado para legitimar a precarização, espalhar o pânico e — no limite — inviabilizar a ação coletiva. Em conseqüência, rompe-se o instável (e relativo) equilíbrio que existia entre os atores sociais, e o coletivo passa a reproduzir as disparidades do individual. E esse clima de fragilidade é facilmente detectado pela classe empresarial, afetando de forma decisiva o conteúdo dos convênios". (Grifado no original)
(468) Em sentido contrário, Ronald Amorim e Souza, *op. cit.*, p. 389: "A falta de cultura profissional e trabalhista, o longo tempo de atrelamento do sindicato à vontade do Estado, a estrutura que permite um exagerado número de sindicatos, tudo conduz a que a negociação coletiva tenha, entre nós, pouco desenvolvimento, seja uma prática incipiente, muito aquém do papel e da importância da convenção coletiva de trabalho".
(469) Em sentido contrário, consultar Márcio Túlio Viana, "Quando a livre negociação pode ser um mau negócio", p. 11-14.

- Não retira direitos trabalhistas, mas concede ao trabalhador, via sindicato[470], a possibilidade de flexibilizar[471][472] a forma de receber esses direitos.

Posição contrária:

- Fragiliza[473] o sistema de normas trabalhistas inserto na CLT;

- Sindicatos fracos[474] não terão como enfrentar a pressão econômica desencadeada pelas entidades patronais;

- Constitui-se em verdadeira mutilação[475] dos direitos trabalhistas mínimos;

---

(470) Noemia C. Galduróz Cossermelli, assim se manifesta: "Estamos vivendo uma Era de incessantes transformações e o Direito, talvez não consiga regular de forma eficaz as relações travadas no plano econômico. Daí a necessidade de valorizarmos a autonomia privada coletiva, através de negociações coletivas locais ou por empresas, e nas quais os protagonistas desse novo contexto consigam manter o equilíbrio em suas relações, e por fim, alcançar a ordem e a justiça social". "O direito do trabalho e suas perspectivas numa sociedade em transformação", p. 1.198.
(471) Ver Renato Rua de Almeida, "A pequena empresa e os novos paradigmas do direito do trabalho", p. 1.249-1.254.
(472) Ver Gerson Luis Moreira, op. cit., p. 75-77.
(473) Conf. Wagner D. Giglio, "A prevalência do ajustado sobre a legislação", p. 402-405.
(474) "Em conclusão, temos que a autonomia coletiva, no nosso ordenamento, é de nenhuma expressão, salvo no que diz respeito à administração do sindicato e à greve. Os limites ainda são acentuados quando se trata da autonomia na formação do sindicato e no poder de negociação. E não por outra razão, a meu ver, é que o sindicalismo no Brasil está agora, como jamais esteve, no fundo do poço. É certo que está em crise no mundo todo. Mas aqui, em especial, é de causar constrangimento e perplexidade. Não há lideranças sindicais, senão apenas em alguns pontos isolados. As recentes e constantes transformações por que passa o mundo moderno parecem ter desorientado ainda mais o movimento. Há uma prostração generalizada. Acrescente-se ainda que o trabalhador brasileiro está alienado, quando não desconfiado ou mesmo alheio à questão. Para não poucos ainda permanece um ranço de preconceito, em que se resume o sindicato a uma questão de polícia. É mais que chegada a hora, portanto, de colocar-se a nossa estrutura sindical no rumo traçado pela Convenção n. 87 da OIT e instalar-se, a partir daí, uma nova mentalidade e uma nova postura, um sindicalismo autêntico e responsável. Afinal, tal como se dá no processo político, em que só votando é que se aprende a votar, para que haja o amadurecimento da vida sindical, há que existir, antes de tudo, sindicatos, mas verdadeiros, e não aqueles que nos querem vestir, e nos vestem até hoje, copiados de um modelo estrangeiro, antigo, que eles mesmos por lá já se incumbiram, e há muito, de jogar no lixo." Eduardo de Azevedo Silva, "Autonomia coletiva", p. 25.
(475) "Entre os direitos de caráter fundamental, encontram-se os direitos sociais relacionados e garantidos no art. 7º da Lei Maior. Esses direitos, de natureza fundamental, garantidos ao trabalhador brasileiro por meio de cláusula pétrea, inscrita pelo constituinte originário, não podem ser restringidos quanto mais extintos sequer por emenda originária do poder de reforma quanto mais por força de lei ordinária como pretende ao Governo, sob pena de violação à garantia inserta no inciso IV do § 4º do art. 60 do Texto Maior." Francisco das C. Lima Filho, "Alteração do art. 618 da CLT — Ilegitimidade constitucional", p. 214.

- Não contribui para o crescimento[476][477] de empregos;
- Constitui-se em erro[478] já enfrentado e comprovado em experiências estrangeiras ocorridas em países desenvolvidos[479];
- Primeiro deveria ser feita a reforma na estrutura sindical.[480]

---

(476) Conf. a posição do Presidente do TRT da 2ª Região Doutor Francisco Antonio de Oliveira *in verbis:*
"Qual a sua impressão sobre o projeto que muda a CLT? Tem eficácia em termos de criação de emprego?— Não acredito. E eu não sou contra a flexibilização, a globalização, a terceirização. São fatores universais e não se luta contra a realidade, adapta-se à ela. Agora, nessa adequação, nós não podemos perder e não receber direitos. Há de haver uma espécie de barganha na flexibilização, o trabalhador brasileiro já tem um poder aquisitivo muito pequeno. Mudar o (artigo) 618 até daria certo na região de São Paulo, porque são sindicatos fortes, que têm poder de barganha. Agora, você pega 95% deste país, os sindicatos ou não têm esse poder ou eles podem até mancomunar. Não haverá acordo, haverá capitulação. E, se (o projeto) fosse tão bom, o Governo não precisaria fazer propaganda para convencer." (Grifamos). *Diário de S. Paulo,* São Paulo, 26 de maio de 2002, p. A8.
(477) Em sentido contrário, Luiz Carlos Amorim Robortella, "Prevalência da negociação coletiva sobre a lei", p. 1.238, ao registrar que:
"A partir do crescimento da exclusão social e do trabalho informal, Capón Filas afirma que há um novo traço diferencial no mercado de trabalho: os trabalhadores não estão sendo vítimas da exploração capitalista; mas sim da falta dela, pois sequer conseguem se introduzir no mercado de trabalho (Rodolfo Capón Filas, "Derecho laboral y globalización", *in Evolucion del Pensamiento Juslaboralista — Estudios em Homenaje al Prof. Héctor-Hugo Barbagelata,* Fundación de Cultura Univertitaria, Montevideo, 1997, p. 78.
O emprego realmente não é mais a modalidade contratual quase monopolizadora da prestação pessoal de serviços. Ampliaram-se as formas de contratação do trabalho, com a revalorização dos contratos civis e a retomada do diálogo entre o Direito do Trabalho e o Direito Civil.
A locação de serviços, a empreitada e a subcontratação vêm sendo utilizadas com grande freqüência."
(478) "A negociação coletiva, em quase todos os países, vem sendo prejudicada pelo enfraquecimento dos sindicatos, resultante da crise gerada pela globalização da economia com o endeusamento das leis de mercado, que ampliou consideravelmente o desemprego e reduziu significativamente (salvo algumas exceções: países escandinavos e Espanha) o número de trabalhadores filiados aos correspondentes sindicatos." Arnaldo Süssekind, *Direito constitucional do trabalho,* p. 402-403.
(479) Sobre este assunto, ver a reflexão madura de Amauri Mascaro Nascimento, "Questões atuais de direito do trabalho", p. 17: "O desemprego estrutural resultante de diversas causas em vários países, em especial na Europa, afetou a sociedade comprometendo princípios que sempre foram consagrados como o valor social do trabalho, a dignidade da pessoa humana e a erradicação da pobreza com a redução das desigualdades sociais, problema não localizado a um determinado País mas (*sic*) a diversos, pondo o mundo diante de uma nova questão social, a resultante da extinção de postos de trabalho sem perspectivas de reaproveitamento do trabalhador reciclado para novas atribuições."
(480) Conf. Márcio Túlio Vianna, Repertório IOB de Jurisprudência, n. 15-1999, caderno 2, 1ª quinzena de agosto de 1999.

Portanto, pode-se afirmar que o tema ainda irá gerar intermináveis discussões e, quiçá, o Poder Executivo venha a naufragar na sua tentativa de imprimir uma maior desregulamentação do direito laboral, conforme já antevê *Antônio Álvares da Silva* ao nos contar a história de Pirro, Rei de Épiro, *in verbis*:

> "Pirro (319-272 a.C.), rei de Épiro, teve a ousadia de enfrentar os romanos em sua própria terra. Desembarcou na Itália com um exército de 24 mil homens e 26 elefantes. Venceu a batalha de Heracléa mas teve tantas baixas que proferiu a célebre frase: 'Se tiver outra vitória como essa, perderei todo o meu exército' (Ignacio Errandonea, 'Diccionario Del Mundo Classico'). *Daí a expressão vitória de Pirro para as vitórias que mais parecem derrotas.*
>
> *É esse o caso do governo com o projeto de flexibilização da CLT. Ganhou a parada, mas dividiu seus aliados, levantou os trabalhadores contra a medida e corre o risco de perder no Senado.*"[481] (Grifamos)

13.1. O Projeto de Lei na Câmara dos Deputados

Intenso debate estabeleceu-se quanto ao conteúdo da alteração legislativa apresentada, cumprindo destacar as 10 (dez) ementas de Plenário ao Projeto, conforme se extrai do relatório elaborado pelo relator Deputado José Múcio Monteiro.

> "Emenda n. 01 — dispõe que a norma coletiva não pode contrariar a legislação tributária e previdenciária, além das normas de segurança e saúde do trabalho, já previstas no projeto.
>
> Emenda n. 02 — dispõe de forma idêntica à emenda n. 01.
>
> Emenda n. 03 — estabelece que não pode ser contrariada a Lei n. 7.418, de 16 de dezembro de 1985, que 'institui o vale-transporte e dá outras providências'.
>
> Emenda n. 04 — dispõe que as condições de trabalho ajustadas em convenção ou acordo coletivo somente prevalecem ao disposto em lei

---

(481) *Folha de S.Paulo*, Tendências — Debates, "A flexibilização da CLT a ser votada no Senado beneficia o trabalhador?", 29.12.01.

transitoriamente e desde que a empresa comprove condições que recomendem a adoção de tal medida em face da conjuntura econômica.

Emenda n. 05 — estabelece que o negociado coletivamente prevalece apenas no caso de constituir norma mais favorável ao trabalhador, hipótese em que não será aplicado o § 3º do art. 614, que limita a vigência de acordo e convenção coletiva em dois anos.

Emenda n. 06 — inclui entre as normas que não podem ser contrariadas pelo convenção ou acordo coletivo as destinadas à proteção do trabalhador.

Emenda n. 07 — inclui o parágrafo único ao art. 618, alterado pelo projeto, dispondo que não será objeto de acordo o vale-transporte, instituído pela Lei n. 7.418, de 16 de dezembro de 1985.

Emenda n. 08 — acrescenta às normas que não podem ser contrariadas por convenção ou acordo coletivo as relativas à alimentação e ao transporte do trabalhador.

Emenda n. 09 — da mesma forma que a emenda anterior, não permite que convenção ou acordo coletivo contrarie a Lei n. 6.321, de 14 de abril de 1976, que 'dispõe sobre a dedução, do lucro tributável, para fins de imposto sobre a renda das pessoas jurídicas, do dobro das despesas realizadas em programas de alimentação do trabalhador', e a Lei n. 7.418, de 16 de dezembro de 1985, que 'institui o vale-transporte e dá outras providências'.

Emenda n. 10 — estabelece que não pode ser contrariada a legislação específica do Programa de Alimentação do Trabalhador, além das já previstas no projeto."

Destas, somente as ementas de ns. 4, 5 e 6 foram rejeitadas, pois as demais foram incorporados ao projeto de lei.

13.2. O Voto do Relator Deputado José Múcio Monteiro

Tendo em vista a atualidade do tema e por exprimir a visão de parcela significativa dos membros componentes da Câmara dos Deputados, decidiu-se pela transcrição na íntegra do voto do relator:

"O Projeto de Lei n. 5.483, de 2001, tem gerado manifestações de toda a sociedade, refletindo nos membros do Congresso Nacional.

Várias delas têm sido contrárias à proposição do Poder Executivo. Esquecem os seus autores que a nossa legislação trabalhista está totalmente defasada e inadequada à sociedade e que se tem, agora, a oportunidade de discutir o futuro das relações de trabalho no Brasil e decidir o modelo que pretendemos adotar.

A Consolidação das Leis do Trabalho — CLT, de origem corporativista, foi inspirada na Carta del Lavoro italiana. Por mais que tenha representado um avanço para as relações trabalhistas na década de quarenta, está ultrapassada e não mais protege o trabalhador adequadamente.

O nível de desemprego é alarmante e a Justiça do Trabalho está sobrecarregada de processos, indicadores que demonstram que precisamos alterar o modelo vigente. Precisamos de uma reforma radical da legislação.

A proposição em análise permite que os interlocutores sociais disponham sobre as condições de trabalho da maneira que lhes aprouver, ainda que de forma diversa da prevista na legislação, mas desde que seja respeitada a Constituição Federal e as normas relacionadas à saúde e segurança do trabalho, normas de ordem pública e, por via de conseqüência, cogentes e inafastáveis.

São os próprios interessados, sindicatos representantes das categorias profissionais e econômicas, que decidirão sobre as condições de trabalho. São eles que conhecem a realidade do trabalho e da empresa e podem melhor decidir sobre as condições específicas que devem adotar, se assim entenderem.

As diferenças regionais no Brasil são enormes, da mesma forma que as diferenças entre as atividades econômicas e as profissionais. Verificamos a especialização em várias profissões e atividades profissionais que não podem mais seguir um modelo único, inflexível.

É difícil imaginar um modelo trabalhista que atenda a todas as demandas dos trabalhadores e empresários. Muito menos um modelo que apresente detalhadamente as condições para a relação de trabalho, não deixando margem à negociação coletiva.

A flexibilização prevista no projeto permite que a relação de trabalho seja discutida pelos próprios interessados, podendo ser modernizada e adequada à realidade.

É óbvio que surge a discussão em torno da prevalência de norma acordada sobre a norma imposta pelo Estado, gerando o receio que venham a ser adotadas regras prejudiciais ao trabalhador. No entanto, esse receio não procede.

Em primeiro lugar, o projeto não dispõe sobre a prevalência do acordado de forma ilimitada. O fato das partes poderem dispor sobre as condições de trabalho de forma diversa da prevista em lei, não significa que, necessariamente, disponham de forma menos favorável ao trabalhador.

A autonomia privada coletiva, que ganha amplitude nos termos desse projeto, está limitada pelos dispositivos constitucionais e legais.

O *caput* do art. 7º da Constituição Federal elenca direitos dos trabalhadores, "além de outros que visem à melhoria de sua condição social", o que significa que as matérias negociadas, ainda que disponham de forma divergente da lei, devem, sempre, contribuir para tal melhoria, sob pena do convenção ou acordo coletivo serem considerados inconstitucionais e, conseqüentemente, rechaçados pelo Poder Judiciário.

Além disso, convenção ou acordo coletivo devem observar normas relativas aos princípios gerais dos contratos, especialmente o equilíbrio das condições estipuladas pelas partes, pois não é aceito pelo nosso ordenamento jurídico qualquer tratativa que imponha deveres e obrigações a apenas uma das partes. Devem ser feitas concessões mútuas a fim de se manter o equilíbrio contratual, caso contrário, a convenção ou acordo coletivo devem ser anulados judicialmente.

Saliente-se que essas normas contratuais não podem ser objeto de negociação, uma vez que o projeto é claro no sentido de que apenas as condições de trabalho estão sujeitas à regra da prevalência do negociado sobre o legislado.

A autonomia privada coletiva, outrossim, não pode tampouco dispor sobre normas que, de qualquer forma, alcancem terceiros. Somente a matéria sobre a qual tenham plena disponibilidade pode ser negociada.

Por outro lado, não acreditamos que os sindicatos representativos da categoria profissional venham renunciar direitos em prejuízo de seus filiados.

Considerando todos os argumentos colhidos nos debates e audiências públicas que participamos, julgamos oportuna a apresentação de substitutivo ao projeto, adotando algumas das emendas apresentadas, a fim de deixar claras algumas restrições à autonomia privada coletiva.

A negociação coletiva não pode atingir terceiros. Verificamos a preocupação de vários Deputados com relação à essa matéria, que foi objeto de inúmeras emendas visando excluir da negociação aspectos relacionados à previdência social, tributação, vale-transporte, programa de alimentação do trabalhador. Incluímos também a legislação relativa ao Fundo de Garantia do Tempo de Serviço — FGTS.

Como toda inovação, ainda mais dessa magnitude, deve passar por um período de avaliação, como recomenda o bom senso, sugerimos que a lei a ser aprovada tenha vigência de apenas 02 (dois) anos, para que seja testada quanto à sua eficácia social.

Diante do exposto, votamos pela aprovação, nos termos do substitutivo, do PL n. 5.483, de 2001, das Emendas n. 01, 02, 03, 07, 08, 09, 10; e pela rejeição das Emendas n. 04, 05, 06."

13.3. A Versão Final do Projeto de Lei aprovado na Câmara dos Deputados

No dia 4 de dezembro de 2001, a Câmara dos Deputados (264 votos a favor, 213 contra e 2 abstenções)[482] aprovou o Projeto de Lei n. 5.483/01 com a seguinte redação:

"O Congresso Nacional decreta:

Art. 1º — O art. 618 da Consolidação das Leis do Trabalho, aprovada (sic) pelo Decreto-lei n. 5.452 de 1º de maio de 1943, passa a vigorar com a seguinte redação:

'Art. 618. Na ausência[483][484] de convenção ou acordo coletivo (sic) firmados por manifestação expressa da vontade das partes e observadas as demais disposições do Título VI desta Consolidação das Leis do Trabalho — CLT, a lei regulará às condições de trabalho.

Parágrafo 1º — A convenção ou acordo coletivo (sic), respeitados os direitos trabalhistas previstos na Constituição Federal, não podem contrariar lei complementar, as Leis n. 6.321, de 14 de abril de 1976, e n. 7.418, de 16 de dezembro de 1985, a legislação tributária, a previden-

---

(482) *Diário de São Paulo*, Trabalho, 5 de dezembro de 2001, p. B6.
(483) Por pertinente, lembra-se a lição de Pedro Paulo Manus, *Direito do trabalho*, p. 222: "Não custa lembrar que a convenção coletiva de trabalho e o acordo coletivo de trabalho, do ponto de vista hierárquico, situam-se acima do contrato individual de trabalho, mas abaixo das normas legais (CLT). Portanto, os limites da negociação coletiva encontram-se exatamente no mínimo garantido pela lei, de tal modo que uma convenção ou um acordo não podem estipular condições menos favoráveis que aquelas asseguradas pela lei."
(484) Conf. Amauri Mascaro Nascimento, "Limites da negociação coletiva na perspectiva do projeto de flexibilização da CLT", p. 1.431 ao asseverar que:
"Há negociações coletivas que contrariam a Constituição Federal, e em relação às quais, ninguém, inclusive os interessados diretos, suscita inconstitucionalidade, como a prática negocial no setor hospitalar das 12 horas de trabalho por 36 horas de descanso de interesse da categoria profissional e aceita pelo setor hospitalar, não acolhida inconstitucionalidade pelos Tribunais, nos raros casos submetidos à sua apreciação."

ciária e a relativa ao Fundo de Garantia por Tempo de Serviço — FGTS, bem como as normas de segurança e saúde do trabalho.

Parágrafo 2º — Os sindicatos poderão solicitar o apoio e o acompanhamento da central sindical, da confederação ou federação a que estiverem filiados quando da negociação de convenção ou acordo coletivo previstos no presente artigo.' (NR)

Art. 2º — Esta Lei entra em vigor na data de sua publicação e tem vigência de dois anos."

13.4. O Projeto de Lei n. 134/01 no Senado Federal

O projeto de lei foi encaminhado ao Senado Federal, onde recebeu o número 134/01, sendo certo que, no segundo semestre de 2002, o Governo Federal objetivando viabilizar a votação da prorrogação da CPMF celebrou acordo com as lideranças oposicionistas, deste modo, retirando o pedido de tramitação em regime de urgência constitucional.

Ulteriormente, diante das pressões exercidas principalmente pelos sindicatos ligados à Central Única dos Trabalhadores e por parcela representativa do Judiciário trabalhista, aliado à mudança de composição do Congresso Nacional decorrente da eleição ocorrida em 2002 e mormente pela eleição de um presidente proveniente da classe trabalhadora, o projeto de lei foi arquivado, sob o argumento de que a questão deveria ser discutida com maior profundidade e com a participação da sociedade.

Dentro deste contexto, registra-se que, por iniciativa do novo Governo Federal, foi instituído no primeiro semestre de 2003 o fórum Nacional do Trabalho com a finalidade de discutir uma ampla reforma da legislação trabalhista e sindical.

13.5. A Opinião dos Atores Sociais

O debate é acirrado e apaixonante, muitas vezes levando os seus interlocutores a defenderem posições extremadas, como poder-se-á constatar no debate promovido pelo Ministério do Trabalho e Emprego em parceria com o jornal O Globo, do qual participaram sindicalistas, empresários, professores universitários, consultores e jornalistas, para discutir o tema "CLT: reforma moderniza relações trabalhistas."[485]

Desta feita, considerando-se a importância e a atualidade do tema, decidiu-se pela transcrição dos principais pontos inerentes ao posicionamento exarado por cada um dos participantes, conforme segue abaixo:

PAULO PEREIRA DA SILVA (PAULINHO)
Presidente da Força Sindical

"Como está a discussão da reforma trabalhista com as bases da Força Sindical?

Estamos consultando nossos trabalhadores. Fizemos um documento enumerando os principais direitos garantidos pela Constituição, como férias e 13º salário, e, para cada um deles, mostramos diferentes alternativas de negociação. É o caso das férias: muitas empresas pagam esse direito em dinheiro, por debaixo dos panos, atendendo a pedido dos funcionários. E se o trabalhador puder escolher? Quer 20 dias em dinheiro e 10 em férias? Quer uma semana de descanso a cada três meses? Quer todos os 30 dias em dinheiro?

Nosso objetivo é verificar como os trabalhadores gostariam que esses direitos fossem negociados, levando em conta que não se pode diminuí-los nem retirá-los — e eu vou repetir isso sempre que falar sobre a reforma trabalhista, porque a CUT insiste em dizer que os direitos serão retirados ou diminuídos. Na verdade são várias maneiras de negociar, de o trabalhador decidir como quer receber seus direitos. Estamos fazendo assembléias na porta das principais fábricas ligadas à Força Sindical e negociando com o setor patronal, que começou no Sindicato dos Metalúrgicos de São Paulo e já está atingindo os metalúrgicos do interior do Estado.

....

Quais são as críticas que o Sr. tem à reforma?

Eu acho que essa discussão ocorreu de uma forma um tanto rápida, mas até concordo um pouco com o ministro (*Francisco Dornelles*) que, no Brasil, ou se bota para fazer e faz, ou não se faz.

Se fôssemos entrar naquelas discussões intermináveis, com certeza não iríamos mudar nada. Embora eu critique a forma como foi encaminhada, eu defendo a reforma e dou um desconto para o governo.

---

(485) *Diário de São Paulo,* São Paulo, 8 de março de 2002, Caderno Especial: CLT: Reforma moderniza relações trabalhistas, p. 1-8.

Afinal, já se passaram quase seis meses desde que a matéria foi enviada à Câmara dos Deputados e o projeto deve ser votado no Senado no final de março. Poderíamos ter tido um debate mais produtivo nesse período."

JOSÉ MÁRCIO CAMARGO
Economista, professor da PUC — Rio de Janeiro

"A grande polêmica em torno da alteração no art. 618 da CLT refere-se aos direitos dos trabalhadores: eles vão ou não perder direitos como férias, 13º salário, licença-maternidade e outros garantidos pela Constituição?

Há um enorme equívoco sobre a legislação trabalhista brasileira. A idéia que as pessoas têm é que os direitos dos trabalhadores, que estão na CLT e na Constituição, não são negociáveis com os patrões. Eles já são negociados hoje, antes de qualquer mudança. A forma como funcionam o mercado de trabalho e as instituições no Brasil permite que esses direitos sejam negociados entre empregados e empregadores, só que na Justiça do Trabalho, depois que o trabalhador é demitido. Quando o patrão não paga o que é devido ao trabalhador, é chamado na Justiça. O juiz lhe propõe que faça uma contraproposta ao trabalhador, para que se chegue a um acordo. Ora, isso é basicamente uma negociação, só que está ocorrendo depois que a relação de trabalho acabou — na Justiça do Trabalho, diante de um juiz. A discussão a ser feita é o *locus*, o lugar, o momento da negociação: na Justiça do Trabalho, depois que o trabalhador é demitido, ou entre sindicatos e empresas enquanto o trabalhador ainda está empregado. Ninguém está tirando direito de ninguém, os direitos continuam iguais. Está se mudando o lugar e o momento da discussão.

O presidente da CUT, João Felício, argumenta que está se fazendo uma reforma trabalhista sem antes se fazer uma reforma sindical. Com a maioria dos sindicatos fracos, não representativos, estaria se dando ao empresariado a faca e o queijo para mexer nos direitos dos trabalhadores. O que o Sr. pensa disso?

Eu acho que esta mudança é um caminho. No final do primeiro mandato do presidente Fernando Henrique, o governo mandou para o Congresso uma proposta de emenda constitucional que fazia uma reformulação completa na legislação trabalhista, inclusive uma reformulação sindical — acabava com o imposto sindical, com a unicidade, apontava uma direção muito concreta. Essa reforma foi engavetada no Congresso, porque é difícil fazer uma reforma dessa magnitude, que atinge muitos interesses ao mesmo tempo. A CUT, por exemplo, fala que quer liberdade sindical, quer o fim do imposto sindical, quer acabar com a unicidade, mas na hora de votar, lá no Congresso, ninguém vê a CUT fazendo pressão sobre o seu partido, o PT, para acabar com essas coisas. Porque o imposto sindical é muito confortável para os sindicatos, você não precisa fazer muita coisa para se financiar. A unicidade é muito confortável para os grupos que estão no poder, porque há pouca concorrência."

MINISTRO ALMIR PAZZIANOTTO
Presidente do Tribunal Superior do Trabalho (TST)

"Minha visão em relação ao projeto não é otimista — é realista acerca da falta de projeto. Temos infindáveis debates e raras soluções. Em nosso país não é incomum a lei se transformar em fonte de conflitos. Um dos principais defeitos da legislação trabalhista brasileira é que ela trata de maneira igual e rigorosa empregadores absolutamente desiguais. Como se pode tratar da mesma maneira o pequeno empregador, que representa a grande maioria das empresas, e o grande? E como se pode tratar da mesma maneira empresários de áreas muito desenvolvidas, como São Paulo e Rio de Janeiro, e o pequeno empresário que monta uma casa de farinha no interior do Piauí?

Onde os desacertos da legislação trabalhista se refletem com mais intensidade e violência? Na Justiça do Trabalho. Nosso sistema sindical é o mais artificial do mundo, porque o dirigente sabe-se apenas dirigente, mas a grande maioria não tem liderança. Não foram eleitos democraticamente, são reeleitos ano após ano em eleições fajutas.

E o que é mais grave: não há possibilidade de desmentido no que estou dizendo. É precisamente o que se passa em nosso país.

Eu coloco como prioridade máxima a modernização revolucionária das relações de trabalho. O direito do trabalho existe para tentar uma convivência harmoniosa, esclarecedora de direitos e obrigações, entre patrões e empregados. (...)"

YVES GANDRA DA SILVA MARTINS FILHO
Ministro do TST

"O projeto do art. 618 não inovou na ordem jurídica. Como a Constituição em 1988 englobou o princípio da flexibilização, no art. 7º, nos incisos 6º, 12º, 13º e 14º.

Por isso a primeira premissa é que não estamos em campo de inovação. Partindo daí, se entendemos que salário e jornada de trabalho são os dois principais direitos trabalhistas, não vejo problema em que todas as demais normas que tenham natureza salarial ou decorram da jornada de trabalho possam ser flexibilizadas. Então, seriam cláusulas pétreas as normas do art. 7º da Constituição? Entendo que não, pois as cláusulas pétreas estão previstas no art. 60, parágrafo 4, inciso 4º, que afirma não se poder discutir em reforma constitucional direitos e garantias individuais. O art. 7º está no rol dos direitos sociais.

Esse projeto do art. 618 limita a flexibilização, ao colocar o limite das normas constitucionais, de uma série de normas infraconstitucionais que devem ser respeitadas e, principalmente, as normas relativas à medicina e segurança do trabalho. Isso é intocável. Entendo que o projeto não é inconstitucional e pode perfeitamente ser adotado porque segue na linha das convenções 154 e 98 da Organização Internacional do Trabalho (OIT), que visam estimular a negociação coletiva."

LUIZ CARLOS AMORIM ROBORTELLA
Membro da Comissão Permanente de Direito Social

"A flexibilização da CLT, que consta do projeto que estamos discutindo, começa na Constituição de 1988, que admite a negociação coletiva para reduzir salários, o que atinge férias, 13º, adicionais da remuneração, FGTS e outros.

A pior das flexibilidades é a instituída pelo mercado informal, que é a selvagem, praticada à margem da lei. A realidade se voltou contra a CLT, lhe deu as costas, é a revolta dos fatos contra os códigos. Temos no Brasil pessoas há tanto tempo desempregadas que poderíamos chamá-las de desempregados estáveis. A geração de empregos não é um problema só da empresa, é também da sociedade e dos sindi-catos.

O estereótipo em que se baseou a CLT é o trabalhador do sexo masculino, na indústria, com a jornada completa, salário fixo e estabilidade no emprego. Temos hoje exatamente o contrário: o trabalho não é mais a indústria, é o serviço; é a mulher que invade o mercado de trabalho, os salários são cada vez mais variáveis, as jornadas são cada vez mais flexíveis e estabilidade, nem se fala mais nisso, a não ser em situações muito especiais.

A experiência mostra que a norma produzida pelos interessados, sindicatos e empresas, é muito mais respeitada e melhor entendida.

Ao contribuir para criar a norma, o sindicato se anima a fiscalizá-la e organiza os trabalhadores. E não deve atuar apenas no conflito, mas também em parceria com a empresa, conforme as circunstâncias. O protecionismo moderno, que estamos a discutir, não pode ser mais estático, tem que ser dinâmico, sintonizado e ancorado na negociação coletiva."

ANTÔNIO AUGUSTO ANASTASIA
Professor da Universidade Federal de Minas Gerais

"O diagnóstico está feito. Há necessidade de mudança, e esse sentimento não é restrito a uma elite jurídica da área do trabalho, mas já se dissemina por todos os setores econômicos e sociais da Nação. Não é possível manter uma estrutura normativa do direito do trabalho com mais de 60 anos, com poucas modificações, que gere uma gama de ações trabalhistas individuais que ultrapassa dois milhões. Basta esse número para comprovar a saciedade do modelo exaurido.

Então por que não se faz a reforma radical? O governo percebeu que encontraria mais resistência do que uma alteração por sintonia fina, a conta-gotas, para tentar alterar a mentalidade, a cultura, a consciência coletiva do povo brasileiro, que tem ainda uma visão paternalista das relações de trabalho.

Daí porque, nos últimos anos, vários projetos de lei ou medidas provisórias foram convertidas em leis ordinárias, introduzindo sempre a figura do prestígio da via da negociação coletiva. Isso é tão sensível e visível que a própria tentativa de projeto de emenda constitucional, levada ao Congresso em fins de 1988, não foi bem recebida. Acabou sendo retirada porque não se constatou maturidade para uma alteração maior. Então surge a estratégia evidenciada por esse projeto de lei: robustecer o clima da negociação coletiva, de tal modo que ela, cada vez mais ocorrendo, vá substituir, na consciência coletiva do empregado, do empresário, do jurista do trabalho, a presença do Estado pela negociação.

Além disso, é preciso considerar que a lei resultante do projeto que está sendo apreciado pelo Senado será aquilo que o poder judiciário do trabalho interpretar, aí está o 'xis' da questão. As dúvidas naturalmente vão surgir. Mas a longo prazo, teremos uma acomodação e haverá mudanças, no nosso imaginário, do brasileiro como um todo, do papel do Estado nas relações trabalhistas."

JOSÉ ALBERTO COUTO MACIEL
Jurista

"Sou favorável à reforma do judiciário em todos os aspectos, mas tenho discordâncias sobre o que aqui está se discutindo. A Justiça do Trabalho hoje no Brasil não resolve problemas entre empregados e empregadores, e sim entre desempregado e empregador. E isto acontece porque o empregado não pode reclamar direitos durante a relação de emprego, senão é demitido.

....

Entendo que o projeto é absolutamente inconstitucional. A Constituição autoriza flexibilização em três itens, e os outros 31 que não são citados explicitamente? Então é evidente que eles não podem ser flexibilizados. Por outro lado, ele esbarra no art. 5º, inciso 36, que dá ao empregado o direito adquirido, nós vemos a Justiça mantendo todos os dias. Como um sindicato vai reduzir um direito? E o empregado não irá à Justiça através do sindicato, que fez o acordo, irá individualmente! Serão milhares de ações.

Além disso, o art. 7º está no título 2, referente aos direitos e garantias fundamentais.

Tais direitos, na forma do art. 60, parágrafo 4 da Constituição, são cláusulas pétreas.

Não vamos ser hipócritas: essa lei é para reduzir salários e vantagens, pois para aumentá-los não precisa de lei. Por que não se faz a reforma tributária? Por que se faz a reforma em cima do trabalhador? No resto do mundo já se entendeu que a grande empresa tem produtividade quando tem trabalhador estável. Por que o Brasil vai sair do 3º para o 4º mundo? Me parece que estamos frente não a uma flexibilização do direito do trabalho, mas a uma desregulamentação, que é a retirada do direito."

MÁRCIO POCHMANN
Secretário Municipal de Desenvolvimento, Trabalho e Solidariedade de São Paulo

"A CLT é flexível para cima, sindicatos e empresas podem estabelecer o que quiserem desde que seja para cima. O que se discute, então, é a possibilidade de se estabelecer para baixo. É quase impossível desaparecer com direitos consagrados, mas pode-se mexer no seu conteúdo.

Estamos numa conjuntura de amplo desemprego e a capacidade de negociação dos sindicatos é muito pequena. Basta comparar a quantidade de greves que o país enfrentou no ano passado, menos de 500, comparada às 4.000 ocorridas em 1989.

Com base na experiência internacional, em períodos de transição das regulamentações do mercado de trabalho, pode-se falar em três critérios para que a mudança se dê de forma favorável: crescimento econômico que garanta a taxa de lucro e permita que a produtividade seja transferida para os salários; transparência para formar maioria favorável à mudança — e aqui se desconhece qual a proposta geral de reforma, porque desde 95 se promove uma reforma pontual: foram 21 modificações na legislação trabalhista sem um todo articulado —; e fortalecimento dos atores, sindicais e empresariais.

Estamos diante da possibilidade de fazer com que o Brasil se aproxime do padrão de emprego asiático, com os direitos em segundo plano, em relação à manutenção dos postos de trabalho.

A Organização Internacional do Trabalho (OIT) tem se posicionado desfavorável a reformas dessa natureza em seus estudos.

A Organização de Cooperação e Desenvolvimento Econômico (OCDE), que reúne os 25 países mais ricos do mundo, escreveu em seu relatório anual que a reforma trabalhista realizada no conjunto dos países desenvolvidos não resultou em estímulo maior à ocupação nem tampouco à redução da precariedade nas condições de trabalho."

ANDRÉ URANI
Presidente do Instituto de Estudos do Trabalho e Sociedade

"Há uma ampla literatura no Brasil que mostra o anacronismo da legislação trabalhista em vigor ainda hoje, com uma série de incentivos na direção errada. Estamos registrando avanços tópicos, desconectados entre si. Talvez seja a estratégia do governo. Porém, discordo da maneira como o governo resolveu encaminhar a discussão. De fato desloca-se o espaço negocial de depois para durante, ou antes, o que é desejado, mas para haver negociação é preciso que os representantes dos interesses das diferentes partes estejam estruturados em bases legítimas, e não há liberdade sindical no Brasil.

Isso deveria ser quase uma pré-condição para haver aumento do espaço negocial. Em todos os níveis, desde internamente na empresa até nacionalmente.

As centrais sindicais brasileiras são frágeis e estão em situação jurídica irregular e, numa situação de negociação que depende de cenários macroeconômicos e outras variáveis, é necessária a presença das centrais sindicais.

Consigo enxergar um projeto, enxergar sua direção. A reforma é bem-vinda para tornar o arcabouço legislativo, que regula o mercado de trabalho, compatível com o restante das reformas que já foram realizadas na economia brasileira, para torná-la mais aberta e democrática. Mas dentro desse pacote sugerido pelo governo, não entendo porque não se começa pela liberdade sindical ou, para poder vencer resistências, não se tenta jogar mais vontade política, mais empenho."

RICARDO PAES DE BARROS
Diretor de Estudos Sociais do IPEA

"As instituições, como a tecnologia, foram desenhadas para uma certa época, com um certo objetivo. A CLT foi uma grande idéia, mas não está adaptada às condições atuais. Contratos entre trabalhadores e empresas são fundamentais para uma economia funcionar. Mas devem ter duas características: serem realmente cumpridos e serem eficientes. A CLT é um conjunto enorme de restrições sobre os possíveis contratos, o que a torna ruim tanto para o trabalhador quanto para o empresário.

As restrições geram fortes demandas pela quebra desses contratos, o que efetivamente se verifica, com a negociação *a posteriori* na Justiça do Trabalho.

Contrata-se mais ou menos qualquer coisa e depois discute-se o que será efetivamente pago. Não há economia moderna que possa conviver com uma ineficiência dessa ordem. Isso gera incertezas e dificulta o crescimento das pequenas empresas.

Toda a incerteza que permeia essa relação de trabalho, para ser resolvida, necessita que essa relação termine. O resultado dessas regras irrealistas que incentivam os contratos faz-de-conta que serão negociados somente depois de rompidos — induz a demissões. E numa economia assim, os trabalhadores têm interesse em ser demitidos e os patrões, em demitir trabalhadores a partir de um certo tempo. Ou seja, a legislação, em vez de harmonizar as relações de trabalho, gera interesses antagônicos, causa relações de trabalho de curta duração e pouco investimento no capital humano. Temos uma das maiores taxas de rotatividade do mundo.

O que está em jogo e o aumento de produtividade que virá de uma relação de trabalho mais longa e mais produtiva. Nesse sentido, a iniciativa de permitir a negociação não resolve o problema, mas é certamente um passo na direção correta e pode servir para mostrar que isso melhora o desempenho do mercado de trabalho e que é possível ir mais longe."

MAILSON DA NÓBREGA
Consultor, ex-ministro da Fazenda

"Minha contribuição é discutir como enfrentar a questão do excessivo número de tributos sobre a folha de salários e o risco de buscar soluções falsas. Mas, antes, gostaria de fazer três observações a partir do que ouvi aqui.

A primeira, sobre a direção desse processo de reformas. Acho que é no sentido de modificar as relações de trabalho no Brasil. Nenhuma transformação acontece de uma vez só, há ajustamentos marginais ao longo do tempo, que melhoram o quadro institucional. A segunda, concordar com o que se disse sobre o anacronismo da legislação trabalhista brasileira, com tutela ampla do Estado sobre o trabalhador. E por fim, acredito que existe uma desconfiança, que não me parece justa, na capacidade de o trabalhador brasileiro se organizar e ter poder de barganha.

Com relação aos encargos, há concordância geral de que o excessivo número deles sobre a folha estimula a informalidade — e a partir daí, as empresas passam também a sonegar não apenas os encargos sociais, mas o ICMS, o Imposto de Renda.... Por isso há um apelo tão forte para redução do custo dos tributos sobre a folha de salários. Eles são cerca de 28% dela, incluindo Previdência, Incra, Sistema S, Salário-educação.

Mas a simples substituição desses encargos por uma CPMF é uma má idéia. Existe uma proposta de emenda constitucional no Senado desde 2000, a PEC 256, que diz que a CPMF da área trabalhista não incidiria sobre o mercado de capitais e o mercado financeiro. Então, como seria? Os males são os mesmos da própria CPMF: tributar transações financeiras é um anacronismo, quem fez voltou logo atrás, ela incide sobre todas as transações da economia e inibe o processo de descentralização da atividade produtiva. Por fim, seria um cavalo de Tróia substituir os encargos da folha de salário, porque o objetivo é atacar a questão tributária como um todo, e introduzi-la com tributo perene, capaz de arrecadar para o Tesouro e inibir a sonegação."

ENILSON SIMÕES DE MOURA, ALEMÃO
Presidente da Social Democracia Sindical (SDS)

"Nós estamos há quatro anos em campanha contra o arcaico e superado arcabouço da legislação trabalhista brasileira. Esse sistema, montado pelo Estado Novo, não serve mais nem aos trabalhadores nem aos empresários, a não ser que se pudesse fechar os olhos à globalização e às novas formas de contratar e de produzir.

As deformações acentuaram-se de tal maneira que a lei protege apenas uma pequena parcela dos trabalhadores, pois temos somente cerca de 22 milhões deles com carteira assinada.

São mais de 40 milhões na informalidade e esse número cresce. O sindicalista, na legislação, é cada vez mais um representante de minorias. Queremos que o direito seja para a maioria.

Temos uma legislação indutora de dissídios, mais de 80% dos sindicatos não negociam, não atuam, não representam suas bases.

A reforma também deve atingir a Justiça do Trabalho, pois os trabalhadores demoram mais de uma década para conseguir seus direitos e justiça tardiamente feita não é justiça."

FRANCISCO RENAN PROENÇA
Presidente da Federação das Indústrias do Rio Grande do Sul
Diretor da Confederação Nacional da Indústria

"Sou de chão de fábrica, minha postura não é divorciada da realidade. Trabalho com carteira assinada desde 1960, sou favorável ao diálogo e o pratico. E por isso digo: quanto mais rígido um mecanismo, menor o diálogo que se pode ter. É o caso da legislação trabalhista brasileira.

Quando evoluirmos de maneira clara, construtiva, objetiva e não-ideologizada nesse diálogo, 5% do que tem a CLT hoje serão suficientes para balizar as relações entre capital e trabalho.

Para evoluir, precisamos de educação. Alguém conhece um país desenvolvido que tenha um nível de educação baixo? Não existe. Eu tive a felicidade de poder propor que os gastos das empresas em favor dos trabalhadores com educação, saúde, transporte e alimentação não estejam sujeitos a contribuições sociais. Foi possível mudar isso graças à interferência do ministro do Trabalho e à participação das centrais sindicais, dos trabalhadores, e das entidades patronais.

Há ainda muitas situações que mostram nosso atraso, muito atraso. Mas estamos falando sobre isso. Antes, por mais atrasados que fôssemos, sequer falávamos sobre isso. Vamos incentivar mais encontros como este, mais debates, vamos descobrir o que se pode agregar para ganharmos, juntos, trabalhadores e empresários. A minha mensagem é de confiança."

JOÃO ANTONIO FELÍCIO
Presidente da Central Única dos Trabalhadores (CUT)

"A CUT é contrária a essa modificação nos moldes em que está sendo proposta. A questão é como fortalecer o movimento sindical? Então é preciso acabar com essa estrutura sindical. Há categorias profissionais com 400 mil trabalhadores, com 20 mil filiados ao sindicato. É esse sindicato que vai negociar os direitos dos trabalhadores?

A lei existe para garantir o direito do trabalhador mais frágil. O Brasil tem 18 mil sindicatos, quantos fazem assembléias para consultar a base? É preciso mudar a estrutura sindical e ter contrato coletivo de trabalho. Temos um exemplo recente que demonstra o que acontece quando os trabalhadores tentam se contrapor àquilo que os patrões impõe: 19 pilotos de uma empresa de aviação foram mandados embora porque discordaram da proposta patronal. A realidade do movimento sindical é um profundo conflito entre o capital e o trabalho.

Quais são os exemplos de países onde os direitos foram flexibilizados e o resultado foi a ampliação do poder de compra dos trabalhadores? Inglaterra? Espanha? Nós da CUT, trocaríamos já a CLT inteirinha pelos direitos que têm os trabalhadores norte-americanos, europeus e japoneses. O direito que eles têm à saúde, à previdência, à educação, ao salário.

O Brasil não é Europa!"

GIL SIUFFO
Presidente da Federação Nacional de Combustíveis —
Representante da Confederação Nacional do Comércio

"Nossa relação com trabalhadores é muito próxima, porque precisamos deles para sobreviver à pressão dos grandes grupos econômicos. São 350 mil trabalhadores, e foi em conjunto com eles que conseguimos proibir o self-service nos postos de abastecimento, para preservar empregos.

Precisamos tirar o Brasil da contramão do mundo, modernizá-lo, sem preconceitos. Não concordo que esse projeto de lei prejudique os trabalhadores porque seus sindicatos não estão preparados para negociar. É preciso reformular o sistema sindical, mas é injusto dizer que os sindicalistas não estão à altura de negociar pelos seus representados.

Os empregadores defendem a alteração do art. 618 porque o Brasil se abriu para muitas coisas, até um pouco demais em termos da sua economia, e se fechou exatamente no que é fundamental para ser competitivo — as relações de trabalho."

CANINDÉ PEGADO
Presidente da Central Geral dos Trabalhadores (CGT)

"A CLT é antiga, mas é importante para que os trabalhadores tenham seus direitos garantidos independentemente da legislação infra-constitucional (*sic*) ou complementar. O fim da CLT, pura e simplesmente, exige que se crie outra alternativa para a relação capital-trabalho, que poderia ser um contrato coletivo. Onde ele é praticado, como nos Estados Unidos e Europa, é, na verdade, uma CLT por categoria. Tudo o que consta numa legislação trabalhista se transfere para um outro tipo de documento, com a diferença que se avança um pouco mais. Mas acho que a legislação dos mínimos deve ser preservada até que se possa estabelecer uma nova conduta de legislação trabalhista no país.

Nós fazemos a flexibilização na prática, ou tentamos fazer, em alguns artigos ou direitos já existentes, e ela às vezes se dá por necessidade da garantia do emprego. Recentemente um dirigente sindical, com o objetivo de garantir empregos, viu-se na necessidade de fazer acordo para assegurar a competitividade da fábrica que dá o emprego à sua categoria, as reivindicações patronais tiveram que ser levadas em consideração. Vários itens que foram objeto de acordo esbarraram na impossibilidade de serem aceitos porque a legislação não permite. E foi um sindicato forte que fez o acordo sabendo que, assim, garantiria empregos, mas esbarrou na questão legal.

A CGT continua debatendo o assunto. Vi consenso entre as outras centrais sindicais de que é necessário mudar a estrutura sindical, acabar com o imposto sindical. Não é a nossa proposta. A CGT acredita que, neste momento, isto não traria ganhos para o Brasil. Deve-se manter a estrutura e a contribuição sindical até que aconteça um debate maior."

NEY LOPES
Deputado federal — PFL(RN)
Relator do projeto da Lei na Comissão de Justiça

"Esta matéria se transformou, por questões eleitorais ou até pontuais, numa tempestade em copo d'água. A flexibilização da legislação trabalhista era o mínimo que o Brasil podia fazer num momento de acentuadas transformações nas relações de trabalho em todo o mundo. Com a globalização, a integração dos mercados, das tecnologias, dos agentes produtivos, não se poderia imobilizar as relações de trabalho em regra desatualizadas e inflexíveis, como no caso brasileiro.

O presidente Fernando Henrique e o ministro Domelles tiveram a coragem de enviar ao Congresso uma proposta mínima, inclusive com prazo determinado de dois anos — o que significa dizer, uma experiência — no sentido de atualizar as relações de trabalho no Brasil.

A tempestade no copo d'água, levantada por áreas da oposição, revelou desconforto pelo fato de o governo ter feito o que elas prometiam fazer há muito e nunca fizeram, senão denunciar, diagnosticar, mas sem propostas concretas."

JOSÉ MÚCIO MONTEIRO
Deputado federal — PSDB (PE)
Relator do projeto na Comissão de Trabalho

"Em todos os meus mandatos na Comissão do Trabalho a discussão sobre a necessidade de mudar a CLT se impunha. Trata-se de um conjunto de leis em vigência há 60 anos, num país que mudou a forma de produzir, a forma de trabalhar, mas não se conversa sobre mudanças na forma de contratar.

O crescimento do mercado informal é de 1% ao ano. Há o decréscimo do mercado formal e não há estímulo ao bom emprego. As leis que regem o trabalho na Volkswagen, que tem 30 mil empregados, também regem a oficina da esquina, que não tem sequer advogado trabalhista. Esse projeto é tímido em relação ao que se precisa discutir, mas seu objetivo também é iniciar a discussão, não é mais proibido falar sobre a CLT.

O espírito desse projeto é deixar que as partes se entendam com absoluta proteção. Se tira direitos? O trabalhador muitas vezes perde direitos quando negocia na Justiça. Numa questão de 20 mil reais faz-se um acordo de 5 mil, o trabalhador tem seu direito tirado num acordo feito na Justiça do Trabalho. Ele poderia ter negociado na própria empresa sem perder seu lugar. Se o patrão acertar com os empregados que mantém a empresa aberta se puder pagar o 13º em seis meses, e a Justiça diz que não, eles perdem o emprego. O grande mérito desse projeto está sendo, enfim, suscitar a discussão."

CARLOS SANTANA
Deputado federal — PT (RJ)

"O movimento sindical sempre renegou a CLT e sempre tivemos propostas. No início dos anos 90 propusemos o contrato coletivo de trabalho, que preparasse a categoria inclusive para as mudanças tecnológicas que estavam acontecendo com tanta rapidez, contratos com vigência de quatro, cinco, seis anos. Paralelamente, acompanhamos na Câmara o projeto que falava da privatização dos portos, e conhecemos a experiência dos portuários na Europa e nos Estados Unidos. Em Lisboa, a mudança da relação trabalhista consumiu 12 anos de discussão.

O projeto de alteração do art. 618 da CLT entrou na pauta em regime de urgência urgentíssima no dia 4 de outubro passado e, em 4 de dezembro, foi votado. Em dois meses se tentou resolver o que nos países desenvolvidos levou-se mais de uma década.

Mas até nesse tempo tão curto foram feitas modificações importantes.

Existe uma necessidade concreta de mudar a CLT, mas não será a alteração da redação de um artigo que irá gerar empregos. O projeto que está no Senado reflete um único lado.

Todos nós concordamos que o custo Brasil é alto e concordamos que deva existir uma política avassaladora de geração de empregos.

Então é preciso discutir e fazer a reforma fiscal e tributária, a queda dos juros, uma política voltada para o pequeno e micro empresário (sic). Aí sim, vamos alavancar o setor produtivo e fazer muito mais pela geração de empregos."

PEDRO NOVAIS
Deputado federal — PMDB (MA)

"Tenho por hábito desconfiar de todos os projetos do governo, por isso examinei com muito cuidado este. Implico com as palavras: reforma trabalhista. Não é uma reforma, é um remendo, o que me fez ter mais cuidado ainda ao examinar o assunto. Mas a proposta não tira nenhum dos direitos fundamentais que a Constituição consagra aos trabalhadores, nem nas leis complementares e demais leis infra-constitucionais (sic).

Seu grande mérito é legalizar algumas situações de fato. Patrões e sindicatos fazem determinados acordos e o fiscal do governo vai à Justiça contra acordos. E também facilitar que outros acordos sejam feitos, sem ferir princípios e direitos consagrados.

A maioria do meu partido preferiu votar contra esse projeto, mas conversei com o líder e o fiz ver que eu tinha convicção da necessidade desse projeto como passo inicial para que se faça a reforma trabalhista. Primeiro fazemos um remendo e experimentamos. Ele concordou que eu votasse contrário à orientação dele."

RICARDO BARROS
Deputado federal — PPB (PR)

"A reforma trabalhista virá depois, esperamos que baseada no sucesso da experiência que vamos colocar em prática, e que esta reforma seja, de fato, a permissão para que a negociação seja a base de toda a futura legislação trabalhista, que o entendimento possa estabelecer a relação possível, em cada momento, em cada situação econômica, em cada região.

A alteração que estamos propondo é a possível, o primeiro passo para que possamos demonstrar à Nação que este privilégio que pensam ter os trabalhadores brasileiros com a CLT é um grande ônus, de imobilismo e incapacidade de progredir a relação entre patrões e empregados.

Temos visto diversas decisões do Tribunal Superior do Trabalho acatando a interpretação flexível de determinadas cláusulas da CLT.

A interpretação seca da letra da lei não pode permanecer, é uma questão de bom senso.

O acordo só é bom quando atende os dois lados. Mas a lei, mesmo depois da votação no Senado, dependerá da interpretação do judiciário e dos acordos que forem firmados. Não adianta a votação se a Justiça do Trabalho for contrária. Precisamos convencer a sociedade para que ela, convencida, faça prevalecer essa vontade, inclusive nos tribunais."

FRANCISCO DORNELLES
Ministro do Trabalho e Emprego

"Por que começar a reforma trabalhista pelo art. 618 da CLT?

A reforma trabalhista não está começando agora, começou quando o presidente Fernando Henrique assumiu. Nós fizemos as comissões de conciliação prévia, o rito sumaríssimo, contrato de prazo determinado, o banco de horas, eliminamos o juiz classista e foi feita a lei do aprendizado, o salário mínimo estadual e foram assinadas as convenções 138 e 182 da OIT.

De modo que essa modificação no art. 618, que fortalece o negociado, é mais um passo da reforma trabalhista, que foi feita fatiada. A característica da reforma trabalhista do governo é que ela foi feita numa série de projetos.

E esse é mais um projeto que vai fortalecer o poder de negociação dos sindicatos, abrir caminho para a criação de empregos formais e para um melhor relacionamento das empresas com seus contratados.

Quem se posiciona contra a reforma argumenta que se quer subtrair direitos dos trabalhadores, porque se fosse para dar além do que está estabelecido na CLT, não seria necessário mudar. Para melhor não existe entrave legal.

Não é verdade. Nós temos vários exemplos. Uma empresa do Nordeste contratou 300 empregados, mas não havia como assinar todas as carteiras no prazo que a lei determina, de 48 horas. Então foi feito um acordo com o sindicato, e as carteiras foram assinadas em cinco dias. A empresa foi multada. Outra empresa, do setor metalúrgico em São Paulo, fez um acordo com os empregados estabelecendo que a participação nos lucros iria ser paga a cada dois meses, e o acordo foi considerado ilegal, porque a lei diz que tem que ser a cada seis meses. Há situações de empresas, muitas vezes atendendo a pedidos dos empregados, em que as férias foram divididas em três períodos de 10 dias, mas também foram consideradas ilegais. Temos casos de empresas novamente em São Paulo, que fizeram acordos com os sindicatos compensando o banco de horas em períodos superiores a 12 meses, e mais uma vez foram considerados ilegais. O Alemão, da Social Democracia Sindical, citou no debate o caso de uma empresa de segurança em São Paulo que acertou com os empregados que eles fariam turno de 12 horas com 36 horas de descanso e também foi barrado. É bom para o empregado e foi considerado ilegal! No ano passado, os portuários chegaram a acordos com o patronato mais de cinco vezes e não foi possível fechar porque as autoridades do Ministério do Trabalho consideravam ilegais. De modo que não se pretende acabar com a CLT, ela fica na íntegra. Apenas se estabelece que, se os sindicatos dos trabalhadores quiserem, podem negociar num sistema paralelo à CLT."

Diante de todo o exposto, cristalino está que o nó górdio da questão não está em se perquirir quanto à necessidade da reforma da legislação trabalhista, mas na forma como a mesma está sendo conduzida pelo Governo Federal que *a priori* não estaria valorizando a amplitude do debate, porém, optando pela aprovação célere do projeto de lei em referência.

Concessa venia, a nosso ver, a tentativa da flexibilizar o art. 618 da CLT com o objetivo de que se faça prevalecer o negociado sobre o legislado tem importância não no que representa em si, mas muito mais na abertura da discussão a respeito do verdadeiro papel a ser desempenhado pelos sindicatos obreiros, legítimos representantes dos trabalhadores, eis que necessitam, nas palavras de *Antônio Álvares da Silva*[486], de liberdade para negociar.

---

(486) "(...) Permanecemos num atraso lastimável e, o que é pior, todas essas limitações vieram do lobby dos próprios sindicatos, quando se discutia a Constituição de 1988. (...)" *Folha de São Paulo*, São Paulo, "Depois da vitória de Pirro", 29 de novembro de 2001.

Com uma linha de pensamento contrária à aprovação do referido projeto de lei, *Carlos Bezerra Leite*[487] assevera que:

"O PL n. 5.483/2001 tende a beneficiar apenas os empresários, pois as condições ajustadas na negociação coletiva implicarão redução ou extinção de direitos trabalhistas.

A CLT, por ser fundada no princípio da irrenunciabilidade dos direitos trabalhistas, constitui obstáculo à implantação da ideologia neoliberal que exige a retirada do Estado nas relações econômicas e sociais.

Por não existir liberdade sindical no Brasil nem garantia no emprego contra despedida arbitrária ou sem justa causa, não se pode falar em liberdade ou igualdade nas negociações coletivas.

A extinção ou redução de direitos trabalhistas eleva o problema da má distribuição de renda e mantém a brutal desigualdade econômica no nosso país."

Com o mesmo pensamento, *Márcio Túlio Viana*[488] ao dizer que:

"Assim, ainda que o sindicato eventualmente não perca, será muito mais difícil ganhar. Ou seja: as convenções coletivas terão um papel cada vez menor do ponto de vista de construção do Direito do Trabalho, embora possam assumir grande importância na criação progressiva de um Direito Civil do Trabalho.

Aliás, é o que já começa a acontecer, e não só em razão do novo modelo econômico. Como lembramos, a CF permite a redução de salários, e a jurisprudência tem elasticido cada vez mais essa regra. Além disso, a doutrina dominante entende, hoje, que as convenções coletivas podem ser alteradas para pior.

Na verdade, falar em 'livre negociação' num contexto de desemprego, terceirizações e fraudes é quase como falar em 'livre contrato de trabalho'. A igualdade de regras traz a desigualdade de resultados; a liberdade formal leva à opressão real. Embora em dose menor, o que se passa no plano individual se reproduz na esfera coletiva(...)."

---

(487) Op. cit., p. 78.
(488) Quando a livre negociação pode ser um mau negócio, p. 13-14.

De outro lado, o diretor da Organização Internacional do Trabalho, *Armand Pereira*[489] em entrevista ao jornal "Diário do Grande ABC" ponderou que já ocorre uma flexibilização dos direitos trabalhistas muito mais em função do crescente descumprimento da lei. Argumentou ainda que:

"(...) No Brasil, observa-se há alguns anos uma crescente flexibilização interna que tem sido geralmente aceita pelos trabalhadores. Nos últimos quatro ou cinco anos, surgiram também propostas de lei que visam à flexibilização de contratos, como o contrato por prazo determinado e a extensão da aplicação do contrato temporário. Em parte, a flexibilização do direito do trabalho ocorre não por mudanças das leis, mas pelo descumprimento das leis. A flexibilização interna e a flexibilização de contratos de trabalho é em grande parte inevitável no mundo atual. Mas o crescimento da informalidade — que inclui um fenômeno de precariedade e de perda de proteção social e de perda de renda e de acesso à capacitação — é problemático para o desenvolvimento socioeconômico sustentável. A grande questão é, portanto, como as alterações no mercado de trabalho afetam a renda dos trabalhadores, a proteção social, o poder de compra, a demanda agregada, que, por sua vez, afeta a produção, o crescimento e a distribuição de renda. (...)"

Diante deste contexto, mostra-se natural a resistência oferecida por parte considerável da sociedade quanto à alteração do art. 618 do Estatuto Obreiro, mormente levando-se em conta a experiência de outros países como bem salientado pelo Secretário Municipal do Desenvolvimento, Trabalho e Solidariedade *Márcio Pochmann*[490] em entrevista concedida ao jornal "Diário de São Paulo", oportunidade em que apresentou os dois gráficos abaixo:

---

(489) Santo André, 16 de setembro de 2001, Caderno de Economia, p. 5.
(490) *Diário de São Paulo,* São Paulo, 4 de dezembro de 2001, Caderno Trabalho.

PAÍSES DESENVOLVIDOS DURANTE OS ANOS 80

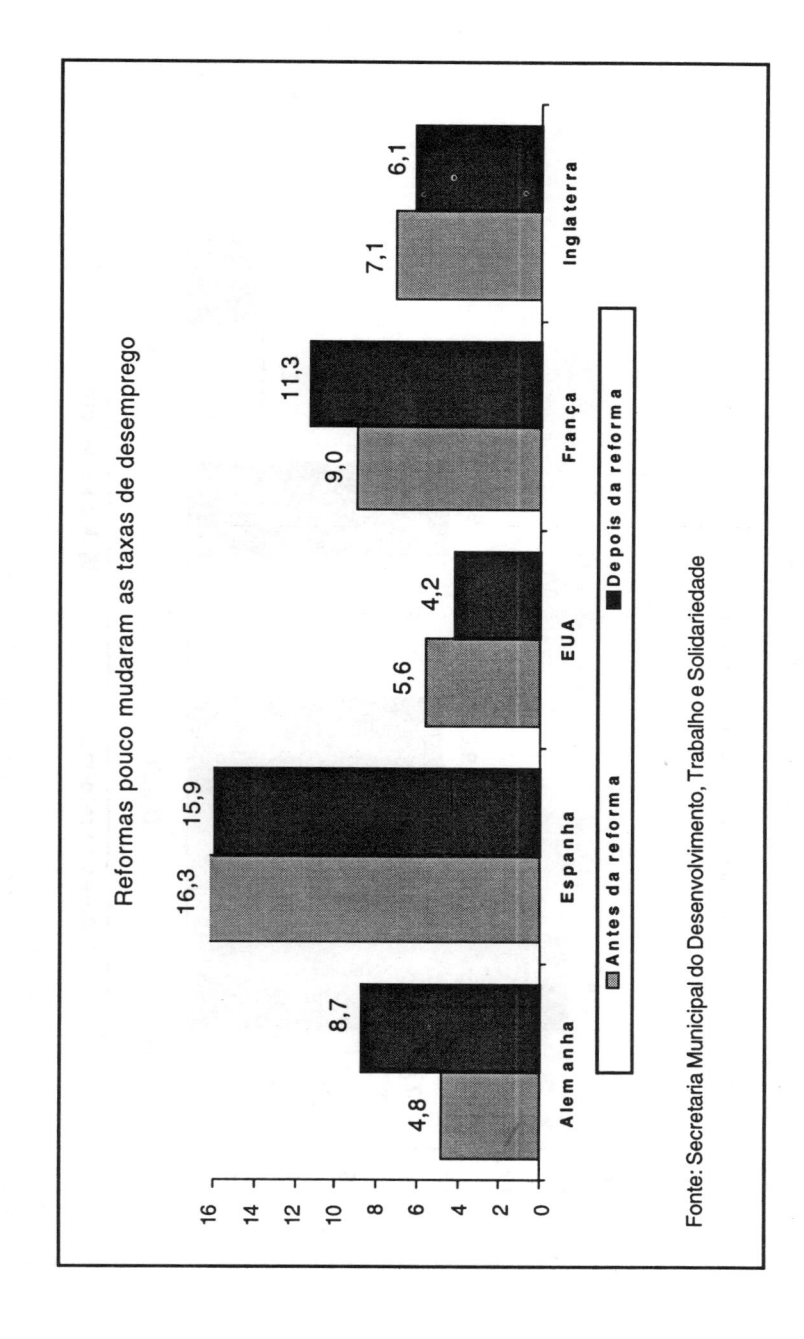

Reformas pouco mudaram as taxas de desemprego

País	Antes da reforma	Depois da reforma
Alemanha	4,8	8,7
Espanha	16,3	15,9
EUA	5,6	4,2
França	9,0	11,3
Inglaterra	7,1	6,1

Fonte: Secretaria Municipal do Desenvolvimento, Trabalho e Solidariedade

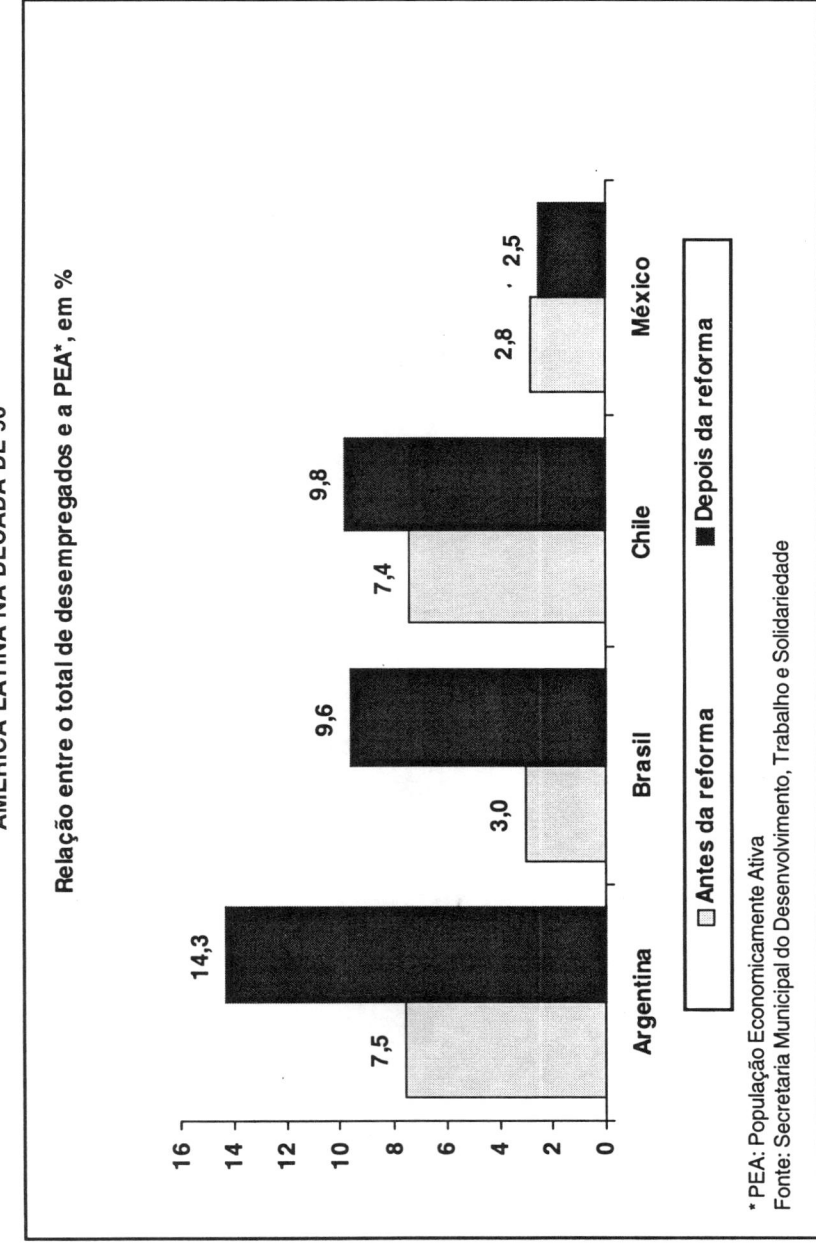

AMÉRICA LATINA NA DÉCADA DE 90

Relação entre o total de desempregados e a PEA*, em %

País	Antes da reforma	Depois da reforma
Argentina	7,5	14,3
Brasil	3,0	9,6
Chile	7,4	9,8
México	2,8	2,5

* PEA: População Economicamente Ativa
Fonte: Secretaria Municipal do Desenvolvimento, Trabalho e Solidariedade

De acordo com *Márcio Pochmann* o levantamento demonstrou que a taxa de desemprego em 15 países desenvolvidos que optaram pela flexibilização da legislação trabalhista na década de 80, resultou num aumento que variou de 6,1% (antes da reforma) para 6,8% (depois da reforma), sendo que comparativamente a taxa de emprego permaneceu praticamente estável pois passou de 65,2% para 65,1%.

Outrossim, na América Latina o resultado também não foi o esperado, pois a reforma não inviabilizou o crescimento da taxa de desemprego que passou de 5,7% para 8,8% na década de 90, sendo que o nível de emprego decresceu de 57,2% para 53,6%. Para *Márcio Pochmann* "a alteração da legislação não influencia a dinâmica do emprego. Só haverá crescimento do nível de emprego se a economia crescer".

Mais especificamente, o quadro abaixo demonstra as conseqüências da flexibilização[491] de direitos no mercado de trabalho de parcela dos países desenvolvidos, bem como da América Latina, ou seja, não houve mudanças significativas para melhor, principalmente no que se refere às taxas de emprego e de desemprego:

	CONSEQÜÊNCIAS DA FLEXIBILIZAÇÃO DE DIREITOS NO MERCADO DE TRABALHO O que aconteceu nos países desenvolvidos					
Países	Taxa de emprego (*)		Taxa de desemprego (**)		Emprego parcial (***)	
	Antes da reforma	Depois da reforma	Antes da reforma	Depois da reforma	Antes da reforma	Depois da reforma
Alemanha	64,1	64,9	4,8	8,7	10,5	15,0
Espanha	51,1	53,8	16,3	15,9	4,2	7,9
EUA	72,2	73,9	5,6	4,2	14,4	13,6
França	59,9	59,8	9,0	11,3	12,5	15,5
Inglaterra	72,4	71,7	7,1	6,1	21,4	23,1
Japão	68,6	68,9	2,1	4,7	16,5	23,2

(491) *Folha de São Paulo*, São Paulo, 4 de dezembro de 2001, Caderno Dinheiro, p. B 6.

O que aconteceu nos países da América Latina						
Países	**Taxa de emprego (*)**		**Taxa de desemprego (**)**		**Seguridade social (***)**	
	Antes da reforma	**Depois da reforma**	**Antes da reforma**	**Depois da reforma**	**Antes da reforma**	**Depois da reforma**
Argentina	50,1	49,6	7,5	14,3	61,9	57,5
Brasil	59,4	52,9	3,0	9,6	74,0	67,0
Chile	62,1	62,4	7,4	9,8	79,9	77,4
México	61,6	59,9	2,8	2,5	58,5	69,9

(*) relação entre o total de ocupação e o total da população em %
(**) relação entre o total de desempregados e o total da PEA em %
(***) relação entre o empregado parcial (contratos de trabalho temporários, por exemplo) e o total de ocupação em %
Fonte: OCDE, OIT, FMI

Salários médios no setor industrial em dólar		
Valor por hora		**30 mil** é o número de negociações coletivas realizadas por ano no Brasil
Alemanha	US$ 27	
EUA	US$ 13	**8 milhões a 9 milhões** de trabalhadores são demitidos por ano no país, o que representa uma rotatividade de 40%, enquanto nos EUA é de 20%
Brasil	US$ 2,24	
Malásia e Indonésia	US$ 1	

Fonte: OCDE, OIT, IBGE e Secretaria do Desenvolvimento, Trabalho e Solidariedade da Prefeitura de São Paulo

Outro aspecto importante está no impacto da pretendida flexibilização de direitos trabalhistas sobre os custos de contratação, uma vez que para *José Pastore*(492) o projeto não trará maior impacto uma vez que veda a negociação em torno das contribuições sociais e não viabiliza as reformas tributária e sindical para reduzir o universo de excluídos do mercado de trabalho (48 milhões de pessoas), sem proteção social, como por exemplo Previdência Social e seguro-desem-

(492) Palestra proferida na Câmara Americana de Comércio em 25 de fevereiro de 2002.

prego entre os 80 milhões que formam a população economicamente ativa. Portanto, para *José Pastore*[493] o custo de contratação continuará inalterado para as empresas, conforme se extrai do quadro abaixo:

CUSTOS DA CONTRATAÇÃO

A. Obrigações Sociais	%
Previdência	20,0
FGTS	8,5
Acidente de trabalho (média)	2,0
Salário-educação	2,5
Sesi/Sesc/Sest	1,5
Senai/Senac/Senat	1,0
Sebrae	0,6
Incra	0,2
Total	36,3
B. Tempo não trabalhado I	
Repouso Semanal	8,91
Férias	9,45
Abono de férias	3,64
Aviso prévio	1,32
Feriados	4,36
Auxílio-enfermidade	0,55
Total	28,23

(493) *Diário de S.Paulo*, São Paulo, 26 de fevereiro de 2002, Caderno Trabalho, p. B4.

C. Tempo não trabalhado II	
13º Salário	10,91
Rescisão contratual	3,21
Total	14,12
D. Incidência A/B	13,88
Incidência FGTS sobre 13º	0,93
Total	14,81
Total geral	93,46

13.6. Observações Finais

É natural a resistência oferecida a tentativas que impliquem em mudanças do *status quo* e, obviamente, que ela se acentua quando o tema envolve posições ideológicas e políticas como é o caso da alteração legislativa proposta pelo Governo Federal, objetivando valorizar o negociado sobre o legislado.

Entretanto, respeitadas as posições antagônicas, o que se lamenta, com a devida vênia, é a inércia dos opositores em contribuir na construção de uma saída alternativa, preferindo, ao contrário, adotarem uma visão, no mínimo, distorcida da realidade nacional para alicerçar argumentos que, no mais das vezes, revestem-se pela falta de objetividade, num país, onde se privilegia os "sindicatos de papel" mantidos à custa de um imposto obrigatório, recolhido pelo trabalhador, eufemisticamente, chamado de contribuição sindical, com uma crise de empregabilidade crescente e, acima de tudo, com a ausência de vontade política na busca de mudanças estruturais que venham a beneficiar a sociedade e, especificamente, os trabalhadores.

O projeto de lei não era perfeito, porém, foi uma tentativa de contribuir para um maior aperfeiçoamento das relações coletivas de trabalho, não se justificando tamanha oposição,[494][495][496] diante da cautela de se estabelecer um prazo de vigência curto — 2 anos — para avaliar a sua performance, e conseqüente arquivamento.

---

[494] Para o Prof. Nelson Mannrich a aprovação do projeto de lei representa um retrocesso. Argumenta que o projeto é genérico. Não concorda com a afirmação de que há prevalência do negociado sobre o legislado uma vez que existem mecanismos jurídicos que impedem que as negociações se sobreponham à ordem legal pela supressão de direitos. *Jornal do Advogado*, São Paulo, maio de 2002, n. 259, ano XXVII, p. 6.
[495] Veja-se também a posição do juiz José Carlos Arouca (TRT — 2ª Região — São Paulo) ao assim se manifestar: "O 'negociado' não terá nenhuma valia sem apoio na vontade livre dos trabalhadores, refletida através da autonomia coletiva privada, atestada pela assembléia realizada com apego aos princípios de democracia interna. Mas nesta linha outra reflexão se faz necessária: a divisão dos trabalhadores em nome da duvidosa liberdade sindical, permitindo a multiplicidade de associações num sistema pluralista, não comprometerá o poder do sindicato autêntico quando seu concorrente, 'oficialista', 'imobilista', 'pelego' ou 'corrupto', conforme o jargão dos sindicalistas, docilmente acolherá as demandas patronais para flexibilizar direitos preciosos dos trabalhadores, dando ao 'negociado' uma dimensão que jamais passou pela cabeça daqueles que cuidaram do 'legislado'." *Jornal Tribuna do Direito*, São Paulo, p. 26.
[496] No mesmo sentido, consultar Carlos Henrique Bezerra Leite, *op. cit*, p. 78-79.

14. A Tentativa do Sindicato dos Metalúrgicos de São Paulo em flexibilizar os Direitos Trabalhistas com base no Projeto de Lei n. 5.483/01

Numa atitude inovadora no âmbito das relações trabalhistas e sindicais, o Sindicato Nacional da Indústria de Componentes para Veículos Automotores — Sindipeças, o Sindicato Nacional da Indústria de Forjaria — Sindiforja e o Sindicato da Indústria de Parafusos, Porcas, Rebites e Similares no Estado de São Paulo — Sinpa em conjunto com a Federação dos Trabalhadores nas Indústrias Metalúrgicas, Mecânicas e de Material Elétrico do Estado de São Paulo, representando as bases inorganizadas, além do Sindicato dos Trabalhadores nas Indústrias Metalúrgicas, Mecânicas e de Material Elétrico de São Paulo e demais bases territoriais, todos filiados à Força Sindical, decidiram celebrar convenção coletiva de trabalho programática no tocante ao pagamento do 13º salário, concessão e pagamento de férias, licença-paternidade, pagamento do prêmio de PLR, redução do intervalo de descanso e refeição, com o objetivo precípuo de orientar as empresas e os respectivos sindicatos profissionais para uma eventual negociação a ser estabelecida, se e somente se, necessária e interessante para ambos, respeitadas as peculiaridades e necessidades locais, conforme se extrai dos princípios insculpidos no item 2 do referido documento que, para melhor compreensão e diante da novidade do qual se reveste, ora se apresenta em sua redação original, *in verbis*:

> *"Convenção coletiva de trabalho de adesão para flexibilização da legislação trabalhista*
>
> *Sindicato nacional da indústria de componentes para veículos automotores — Sindipeças, Sindicato nacional da Indústria de forjaria — Sindiforja e Sindicato da Indústria de parafusos, porcas, rebites e similares no Estado de São Paulo — Sinpa, representados por seu advogado e bastante procurador, de um lado e a Federação dos trabalhadores nas indústrias metalúrgicas, mecânicas e de material elétrico do Estado de São Paulo (representando as bases inorganizadas) e os Sindicatos dos trabalhadores nas indústrias metalúrgicas, mecânicas e de material*

elétrico de São Paulo, Mogi das Cruzes e Região, Guarulhos, Osasco, Alumínio e Mairinque, Americana, Araras, Artur Nogueira, Botucatu, Bragança Paulista (Atibaia, Bom Jesus dos Perdões e Pinhãozinho), Catanduva, Cerquilho, Cruzeiro, Embú Guaçu, Fernandópolis, Ferraz de Vasconcelos, Franca, Piracicaba (Rio das Pedras e Saltinho), Itapira, Itaquaquecetuba, Jaboticabal, Jaú, Jundiaí (Várzea e Campo Limpo), Lins, Lorena, Marília, Mirassol, Mococa, Mogi Guaçu, Mogi Mirim, Ourinhos, Pederneiras, Pinhal, Porto Ferreira, Presidente Prudente, Ribeirão Preto, Santa Barbara D'Oeste, Santo André (Mauá, Ribeirão Pires e Rio Grande da Serra), São Caetano do Sul, São João da Boa Vista, São José do Rio Preto, Suzano, Tatuí e Laranjal Paulista, Tupã e Votuporanga, devidamente qualificados e relacionados, e que subscrevem o presente, por seus advogados e/ou diretores, celebram, a presente *convenção coletiva de trabalho*, nas seguintes condições:

1. POLÍTICA DE NEGOCIAÇÃO
Objeto:

Estabelecer entre as partes convenentes os princípios básicos para a negociação de Convenções e Acordos Coletivos de Trabalho, objetivando a flexibilização da legislação trabalhista e a prevalência do negociado sobre o legislado.

2. PRINCÍPIOS ACORDADOS
PRIMEIRO:

As partes reconhecem a legitimidade e a eficácia da negociação coletiva para promover flexibilização na legislação trabalhista e criar normas coletivas de trabalho, nos termos da lei já aprovada pela Câmara dos Deputados, pendente no Senado Federal e de promulgação do Poder Executivo.

SEGUNDO:

As partes comprometem-se com a manutenção de todos atuais direitos e obrigações previstos na legislação trabalhista. Todavia, respeitadas as ressalvas que farão parte da Lei a ser promulgada pelo Poder Executivo, adotam a negociação coletiva para fixarem novas normas coletivas, bem como, negociar, as formas de cumprimento e aplicação da atual e futura legislação trabalhista.

TERCEIRO:

As partes concordam com a modalidade de convenção coletiva de trabalho de adesão, para tanto, os Sindicatos dos Trabalhadores e os

Patronais firmarão a Norma Coletiva Intersindical e os Sindicatos dos Trabalhadores e as empresas dela participarão por *acordo coletivo de trabalho por adesão*, adequado as (*sic*) especificidades e as (*sic*) necessidades das empresas e seus trabalhadores aderentes, mediante assembléia.

QUARTO:

As partes concordam em ampliar o prazo legal máximo de vigência das novas normas coletivas de trabalho, no todo ou em parte, de dois para quatro anos, bem como, reduzi-los por período não inferior a 90 (noventa) dias.

QUINTO:

Considerando a maior autenticidade e adequação do Acordo Coletivo de Trabalho, as partes desconsideram, quando for o caso, a regra instituída no art. 620 da CLT.

SEXTO:

As partes elegem o princípio da prevalência da Norma Coletiva de Trabalho sobre os ajustes individuais, ressalvados os direitos individuais indisponíveis.

SÉTIMO:

As partes criarão e manterão, em caracter (*sic*) permanente e com obrigação de fazer, uma Comissão paritária e técnica para promover estudos e preparar propostas de flexibilização da legislação trabalhista e relações do trabalho.

OITAVO:

As partes se comprometem a manter a irredutibilidade individual de salário, ressalvado o inciso VI, do art. 7º, da Constituição Federal.

NONO:

As partes cumprirão os seguintes princípios e normas aqui avençados, como política básica de negociação coletiva de trabalho, visando otimizar as condições e as relações de trabalho. Com ressalva dos itens que dependam de aprovação e promulgação da Lei, cujo projeto tramita pelo Senado Federal, as demais poderão ter eficácia imediata:

• DO DÉCIMO TERCEIRO SALÁRIO:

Ressalvada a obrigação de pagar a segunda parcela do 13º salário, correspondente a 40% (quarenta por cento) da remuneração do empregado entre os dias 10 e 20 de dezembro de cada ano, os restantes 60% (sessenta por cento) poderão ser pagos entre os meses de fevereiro e novembro.

• DAS FÉRIAS:

1) As férias, na forma prevista no art. 130 e incisos I, II, III, IV, mediante Acordo Coletivo, poderão ser concedidas em uma única vez ou parceladas.

2) A comunicação das férias, poderá ser feita, no mínimo com 10 (dez) dias úteis de antecedência.

3) As menores de 18 (dezoito) anos e maiores de 60 (sessenta) anos de idade, as férias poderão ser parceladas no máximo em dois períodos, não podendo nenhum dos períodos, ser inferior a 10 (dez) dias (sic).

4) O empregado poderá converter no mínimo 05 (cinco) e no máximo 15 (quinze) dias de seu período de férias, em abono pecuniário.

5) O abono de férias previsto no inciso XVII do art. 7º da CF poderá ser pago por ocasião do pagamento do primeiro salário após o retorno das férias.

6) As regras fixadas no capítulo IV da CLT — "Das férias anuais", que não colidirem com a presente Norma Coletiva, continuam vigentes e plenamente eficazes.

• DA LICENÇA-PATERNIDADE:

A licença-paternidade prevista no art. 10, § 1º das Disposições Transitórias da Constituição Federal, fixada em cinco dias, poderá ser solicitada pelo empregado e concedida pelo empregador de forma parcelada ou recebidos em pecúnia.

• DA PARTICIPAÇÃO NOS LUCROS OU RESULTADOS:

A Participação nos Lucros ou Resultados (PLR) quando não prevista em Convenção Coletiva, será objeto de Acordo Coletivo, negociado entre a Empresa e uma Comissão de Empregados, integrada por um representante do Sindicato dos Trabalhadores.

A apuração de resultados e o pagamento da participação dos trabalhadores, poderão ser estabelecidos por períodos mínimos de um trimestre e no máximo de um ano.

• *DA REDUÇÃO DO INTERVALO DE DESCANSO E REFEIÇÃO:*

As empresas que dispõem de restaurante e fornecem refeição aos trabalhadores pelo PAT, poderão reduzir o intervalo para descanso e refeição, previsto no art. 71 da CLT, no mínimo de uma hora, para 30 (trinta) minutos.

DÉCIMO PRIMEIRO: (sic)

Será competente a Justiça do Trabalho para dirimir quaisquer divergência surgidas na aplicação da presente *convenção coletiva de trabalho.*

DÉCIMO SEGUNDO: (sic)

A presente *convenção coletiva de trabalho* vigorará por 2 (dois) anos, com início em 21 de março de 2002 e término em 30 de março de 2004.

Por estarem justas e acordadas as partes assinam o presente em tantas vias quantas forem necessárias e desde já, em comum acordo, comprometem-se levar a mesma para arquivo e registro na Delegacia Regional do Trabalho e Emprego — DRTE.

São Paulo, 21 de março de 2002."

Como se pode observar do conteúdo do instrumento normativo anterior, os interlocutores sociais estabeleceram uma convenção coletiva de trabalho que, na prática, revela-se uma *Carta de Intenções,* pois a sua implementação sempre dependerá da celebração de *acordo coletivo de trabalho por adesão,* ou seja, necessariamente a empresa interessada deverá obter a concordância de seus empregados, via assembléia de trabalhadores a ser convocada pelo sindicato representativo, sob pena de nulidade.

Uma leitura atenta e desapaixonada irá mostrar uma tentativa de flexibilização dos direitos trabalhistas diante da conjuntura econômico-social que pressiona o setor empresarial a tentar medidas alternativas que possibilitem a sua sobrevivência, sem contudo, olvidar-se da responsabilidade social inerente à manutenção dos postos de trabalho, mormente diante da contínua evolução do processo tecnológico imantado pela globalização econômica, a exigir criatividade na manutenção do equilíbrio social.

14.1. A Ação Declaratória de Nulidade proposta pelo Ministério Público do Trabalho da 2ª Região

O Ministério Público do Trabalho[497] da 2ª Região ao tomar conhecimento da assinatura da convenção coletiva de trabalho retrotranscrita, sob a premissa de violação à legislação ordinária e à Carta Constitucional, propôs ação declaratória de nulidade de cláusulas da convenção coletiva cumulada com pedido de obrigação de não fazer e liminar *inaudita altera pars* contra os convenentes, a qual foi distribuída no Tribunal Regional do Trabalho da 2ª Região, com o n. TRT/SP SDC 77/2002-5, sendo relatora a Juíza Vânia Paranhos.

Em linhas gerais, argumentou o Ministério Público do Trabalho que "Intentam os réus, portanto, impor socialmente e institucionalizar um balizamento normativo diferenciado da legislação em vigor, com estipulações contrárias às disposições de proteção ao trabalho, à ordem pública e à liberdade sindical, a ser adotado, imediatamente no âmbito das empresas que integram o ramo de atividade metalúrgico"[498].

Destarte, a douta Procuradoria Regional do Trabalho em suas razões exordiais alega violação "direta e literalmente aos arts. 71, § 3º, 134 e seus §§, 135, 145, 612 e parágrafo único, 614, § 3º, 620, 9º e 444, todos da CLT, art. 10, do ato das Disposições Constitucionais Transitórias; art. 3º, § 2º da Lei n. 10.101/2000"[499].

Alega ainda infração à "norma constitucional prevista no artigo art. (*sic*) 7º, incisos XI, XVII, XIX, XXII, que dispõem sobre a participa-

---

(497) "(...) Embora a legislação vigente amplie o espectro de ação do Ministério Público do Trabalho, autorizando-o a ajuizar e recorrer num vasto elenco de processos na Justiça do Trabalho, tais normas não lhe atribuem competência para imiscuir-se no exame de cláusulas de instrumento normativo, porque a própria Constituição preferiu deixar que as partes interessadas, representadas pelos respectivos sindicatos, resolvessem de acordo com a conveniência das categorias obreira e patronal." Ursulino Santos, "A convenção e o acordo coletivos na ótica da nova Constituição", p. 320.
(498) Conforme contestação constante do processo n. TRT/SP SDC 77/2002-5, p. 6.
(499) *Ibidem*, p. 21.

ção nos lucros e resultados, férias, licença-paternidade, redução dos riscos inerentes ao trabalho por normas de saúde, higiene e segurança (dentre tais normas, a de garantia de intervalo mínimo para refeição e descanso), em face da mutilação da legislação infraconstitucional de garantia desses institutos, que passam a ser precarizados e desnaturados, quando não convertidos em pecúnia e despossuídos de sua razão e fundamento de origem".[500]

Por derradeiro, invoca violação ao art. 8º da Constituição Federal e conclui:

"A convenção em comento, nesse sentido, *é a negação da negociação coletiva, que se baseia na barganha de* interesses, na ação sindical e na paz social com justiça — o que pressupõe respeito à ordem jurídica.

Assim, o malsinado contrato pactuado pelas partes segue o caminho da invalidade e nulidade com a consequente (*sic*) desconstituição das cláusulas irrítas (*sic*) que almejam fazer tábula raza do que está previsto no atual ordenamento jurídico pátrio".[501] (Grifos no original)

Finalmente, o Ministério Público do Trabalho, requer, liminarmente e, após o julgamento, em caráter definitivo, que as entidades-rés sejam compelidas a abster-se de:

"a) firmar instrumentos coletivos de adesão dependentes ou referentes aos padrões da convenção coletiva, cuja declaração de nulidade é requerida;

b) depositar/registrar a convenção coletiva, bem como os acordos coletivos de adesão perante a Delegacia Regional do Trabalho e Emprego/Secretaria das Relações do Trabalho e Emprego e qualquer outro órgão público que possa atestar/convalidar sua existência no mundo jurídico;

c) propor, fomentar ou divulgar a adesão de sindicatos de trabalhadores e empresas pela via de acordo coletivo ou qualquer outro instrumento regulamentador das relações de trabalho da convenção ora guerreada, *tudo sob pena de* cominação de multa de R$ 100.000,00 (cem mil reais) por infringência e dia de descumprimento da ordem liminar judicial, multa esta a ser *revertida ao FAT — Fundo de Amparo ao Trabalhador (Lei n. 7.998/90, art. 10).*"[502] (Grifado no original)

---

(500) *Ibidem.*
(501) *Ibidem,* p. 22.
(502) *Ibidem,* p. 25-26.

14.2. A Liminar Concedida Inaudita Altera Pars e o Julgamento pelo TRT da 2ª Região

Uma vez distribuído o processo, coube à Juíza Vânia Paranhos, integrante da Seção Especializada em Dissídios Coletivos do TRT — 2ª Região, a relatoria.

Num primeiro momento, a ínclita juíza entendeu por bem deferir parcialmente a liminar pleiteada pelo Ministério Público do Trabalho, nos seguintes termos, *in verbis*:

"DESPACHO

1. Nesta fase de conhecimento perfunctório da matéria, considerando-se que inexiste lei a amparar a pactuação de convenções ou acordos coletivos nos termos e com o teor da convenção coletiva atacada pelo autor nestes autos e considerando-se, ainda, que o conteúdo das cláusulas da referida convenção parece-me conflitar com a legislação em vigor sobre os assuntos por ela tratados. Entendo exteriorizar-se com toda a clareza e vigor o *fumus boni juris* a fundamentar a pretensão liminar do Requerente quanto à suspensão da vigência e eficácia da mencionada convenção coletiva. Pelas mesmas razões, penso ficar, ainda, evidente o *periculum in mora* na manutenção em vigor de dispositivos convencionais em desacordo com a legislação vigente em decorrência dos prejuízos irreparáveis que poderiam daí advir.

Já quanto aos demais requerimentos formulados em pedido liminar, quais sejam: a) compelir as entidades-rés a abster-se de firmar instrumentos normativos coletivos de adesão ou referentes aos padrões da convenção coletiva cuja declaração de nulidade ora requer; b) depositar e ou registrar referidos instrumentos perante os diversos órgãos públicos; e c) multa por descumprimento da ordem liminar judicial, deixo de concedê-los por não vislumbrar neles o *periculum in mora* que é requisito essencial à concessão de liminares *inaudita altera pars*.

Em face do exposto, concedo parcialmente a liminar requerida para determinar a suspensão da vigência e eficácia da convenção coletiva de fls. 38/42, até julgamento definitivo da presente ação.

Intime-se.

2. Citem-se os requeridos nos endereços constantes da inicial, para, querendo, responderem aos termos da presente, no prazo de 15 (quinze) dias.

Intimem-se.

Após, retornem conclusos.

São Paulo, 19 de abril de 2002.

Vânia Paranhos
Juíza Relatora".[503]

Posteriormente, em 28 de novembro de 2002, quando do julgamento da ação declaratória de nulidade, as entidades sindicais suscitadas requereram o distrato da convenção coletiva de trabalho, objeto da referida ação anulatória, o que foi acolhido pela Seção Especializada de Dissídios Coletivos do Tribunal Regional do Trabalho da 2ª Região, com a concordância do representante do Ministério Público do Trabalho presente àquela seção de julgamento. Deste modo, o processo foi extinto sem julgamento do mérito[504].

14.3. Impressões Preliminares

Compulsando-se os autos, a nosso ver, a tentativa dos sindicatos profissionais em conjunto com a representação empresarial, ambos ligados ao setor metalúrgico, em flexibilizar os direitos trabalhistas, antes de efetivamente constituir-se em um instrumento normativo violador dos preceitos legais, mormente constitucionais, como alegado pela douta Procuradoria Regional do Trabalho quando da propositura da ação declaratória de nulidade, constitui-se verdadeiramente em uma carta de intenções, pois que, a sua concretização necessariamente dependerá de acordos coletivos de trabalho, portanto, com a efetiva participação do sindicato profissional interessado ou provocado pela empresa com interesse na celebração deste tipo de acordo.

Com a devida vênia, a ação do Ministério Público se mostra muito mais pautada pelo clamor da mídia e da imprensa do que propriamente por um fundamento verdadeiramente jurídico, eis que se misturam numa névoa cinzenta, interesses políticos e ideológicos, principalmente

---

(503) Processo n. TRT/SP SDC 77/2002-5, p. 47-48.
(504) Acórdão n. SDC-00005/2003-2, processo n. 20077200200002005. A íntegra deste acórdão encontra-se no site do TRT da 2ª Região: www.trtcons.trt02.gov.br.

levando-se em consideração a resistência de parcela respeitável dos operadores do direito que se mostraram visceralmente contra o Projeto de Lei n. 5.843/01, sob os mais variados argumentos, porém, todos respaldados, em tese, na defesa intransigente do trabalhador, hipossuficiente por natureza, desprotegido e sem condições, ainda que representado por entidade sindical, de enfrentar "a volúpia empresarial em reduzir direitos trabalhistas".

Assim, não nos parece. Ao contrário, a realidade do processo de globalização econômica, a redução de custos de mão-de-obra, a concorrência internacional, a abertura das fronteiras nacionais para os produtos estrangeiros, a voracidade tributária dos governos federal, estadual e municipal, tudo isto está a clamar por alternativas diferenciadas que contribuam para a exigência e concretização do pleno emprego[505] e não só para a manutenção de uma proteção ortodoxa ao empregado como que a ignorar a dinâmica dos fatos sociais.

---

(505) Renato Rua de Almeida, "Das cláusulas normativas das convenções coletivas de trabalho: conceito, eficácia e incorporação nos contratos individuais de trabalho", p. 1.605.

Conclusão

Hodiernamente, diante das profundas alterações políticas e econômicas a que a sociedade é submetida, principalmente pela "eliminação" das fronteiras nacionais, uma vez estabelecido o entrelaçamento das nações, resultado do imensurável avanço tecnológico, quer no ramo da comunicação, quer em relação aos meios de transporte, com a conseqüente redução de distâncias, aproximando os países e tornando-os interdependentes, de tal forma, que passam a viver em verdadeira simbiose.

A internacionalização da produção de bens, gerando uma disputa de mercado entre os países produtores e consumidores, com reflexo direto na redução do custo de produção e, por conseqüência, no custo de mão-de-obra, contribuindo aceleradamente para a busca insistente de alternativas econômico-sociais que viabilizem uma maior produtividade e competitividade.

Natural se mostra o destaque recebido pelo Direito do Trabalho diante de sua influência direta na economia. No nosso caso, o mesmo encontra esteio numa estrutura rígida e legalista herdada dos tempos em que vingava o modelo tradicional de indústria, com pouca tecnologia e mão-de-obra em abundância. Ocorre que, o progresso tecnológico propiciou maior desempenho com altíssima produtividade, mas, passou a exigir mão-de-obra especializada, alto nível de escolaridade, além de salários mais enxutos.

Como conseqüência primeira, observa-se uma acentuada valorização do Direito Coletivo do Trabalho e, naturalmente, uma participação ativa dos interlocutores sociais na busca do sempre almejado equilíbrio entre capital e trabalho.

É dentro deste contexto que nos pareceu apropriado abordar o tema da sobrevigência das cláusulas normativas aos contratos individuais de trabalho com os conseqüentes desdobramentos, em especial, a flexibilização dos direitos trabalhistas. Desta feita, empreendemos longa pesquisa doutrinária e após nos debruçarmos sobre o referido tema, tivemos a nossa convicção fortalecida de que as cláusulas normativas não devem integrar os contratos de trabalho, ressalvada a intenção das partes neste sentido.

Cumpre salientar que os fundamentos jurídicos utilizados pelos defensores da incorporação das cláusulas normativas, como visto no capítulo seis, com a devida vênia, não têm o condão de relegar a segundo plano o princípio primeiro que regula o desenvolvimento do processo negocial, enquanto forma privilegiada de autocomposição entre os atores sociais, qual seja: o princípio da boa-fé.

Ora, como pretender impor a uma das partes a obrigação de assumir, em definitivo, um determinado benefício concedido via negociação coletiva e mormente a prazo determinado?

Por que impor um ônus a quem livremente decidiu melhorar as condições de trabalho num dado lapso temporal?

Permissa venia, daqueles que entendem em contrário, o processo negocial caracteriza-se pela liberdade que deve regê-lo e, conforme já acentuado, pela confiança e boa-fé que devem imantar a relação entre os interlocutores sociais, sob pena de se inibir iniciativas benéficas à classe trabalhadora.

Portanto, a nosso sentir, andou bem o Tribunal Superior do Trabalho ao editar o Enunciado n. 277, expressamente delimitando o prazo de vigência das condições de trabalho nas sentenças normativas, destarte, determinando a sua não integração aos contratos de trabalho o que, por analogia, se aplica aos convênios coletivos.

Outrossim, quanto ao princípio da vantagem individualmente adquirida, que começa a ganhar fôlego com a nova jurisprudência, aparentemente, viola o princípio da autonomia privada coletiva, porém, estaria a revelar uma sensibilidade social para com o trabalhador, principalmente em se tratando de cláusula estabilitária decorrente de fixação em convênio coletivo. De qualquer modo, esta exceção, ainda que aceitável do ponto de vista social, com toda a certeza, levará o setor empresarial a aperfeiçoar a redação da cláusula ou simplesmente suprimi-la, inclusive, como já vem ocorrendo com o Sindicato das Indústrias Metalúrgicas de São Paulo.

De outro lado, a flexibilização dos direitos trabalhistas e a tentativa do Governo Federal em acelerar este processo com alterações legislativas, além da violenta reação, em contrário, de parcela significativa dos operadores do direito, está a revelar uma resistência muito mais de fundo emocional "em defesa do trabalhador", ao invés de uma reflexão racional, diante de uma questão extremamente grave e que já é uma realidade.

Ora, parece-nos que o caminho é o de se adotar uma atitude pró-ativa diante da inexorabilidade do processo de globalização econômica com as suas conseqüências deletérias para os trabalhadores, mas que com sabedoria poderão ser minimizadas ou até eliminadas.

Há que se deixar de lado discussões embuídas de alto teor emocional, deixando o tempo fluir e conseqüentemente permitir que a realidade econômica envolta em sua natural velocidade, aja perversamente sobre o bem maior de qualquer cidadão — um trabalho digno e um salário ético — pois aqueles que deveriam defendê-lo no embate democrático, preferem fazer "ouvidos moucos" à contundência de que se reveste a nova ordem econômica mundial.

Os tempos mudaram. A economia globalizou. A sociedade evoluiu. Está na hora de rever conceitos na busca de alternativas viáveis ao capital e trabalho, enquanto há tempo ou assistir-se imutável às conseqüências avassaladoras deste novo contexto, do qual fazemos parte e do qual não nos é dado o direito de deixar de participar sem sofrer as conseqüências.

Apêndice

1. PORTARIA N. 865 DE 14 DE SETEMBRO DE 1995

Estabelece critérios de fiscalização de condições de trabalho constantes de Convenções ou Acordos Coletivos de Trabalho.

O MINISTRO DE ESTADO DO TRABALHO, no uso de suas atribuições legais que lhe confere o inciso IV, do art. 87, da Constituição Federal;

CONSIDERANDO que os direitos dos trabalhadores são aqueles previstos no artigo 7º da Constituição Federal, além de outros que visem à melhoria de sua condição social;

CONSIDERANDO que a Constituição Federal reconhece as Convenções e os Acordos Coletivos, no inciso XXVI, do artigo 7º;

CONSIDERANDO que o artigo 43, do Regulamento da Inspeção do Trabalho, aprovado pelo Decreto n. 55.841, de 15 de março de 1965, não pode conflitar com o *in fine* do inciso I, do artigo 8º, da Constituição Federal;

CONSIDERANDO o disposto no artigo 83, incisos I, III e IV da Lei Complementar n. 75, de 20 de maio de 1993, e no artigo 6º, da Lei n. 7.347, de 24 de julho de 1985 e;

CONSIDERANDO o compromisso do Ministério do Trabalho de promover a negociação coletiva como forma de consolidar a modernização das relações do trabalho, resolve:

Art. 1º As Convenções e Acordos Coletivos de Trabalho, bem como seus respectivos aditamentos, nos termos dos artigos 614 e 615, da Consolidação das Leis do Trabalho serão recebidos pelo Ministério do Trabalho, através de suas unidades competentes, para fins exclusivamente de depósito, vedada a apreciação do mérito e dispensada sua publicação no Diário Oficial.

Art. 2º Os chefes das Divisões ou Seções de Relações do Trabalho dos Órgãos Regionais do Ministério do Trabalho encaminharão, até o quinto dia útil de cada mês, às Coordenações, Divisões ou Seções de Fiscalização, Segurança e Saúde no Trabalho, cópias dos instrumentos de Convenção ou

Acordo Coletivo de Trabalho, e eventuais aditivos depositados, para conhecimento dos Agentes da Inspeção do Trabalho.

Art. 3º O descumprimento de norma referente a condições de trabalho constante de Convenção ou Acordo Coletivo de Trabalho ensejará lavratura de auto de infração.

Art. 4º A incompatibilidade entre as cláusulas referentes às condições de trabalho pactuadas em Convenção ou Acordo Coletivo e a legislação ensejará apenas a comunicação do fato à chefia imediata, que o submeterá à consideração da autoridade regional.

Parágrafo único. Recebida a comunicação, a referida autoridade, quando for o caso, apresentará denúncia à Procuradoria Regional do Trabalho, conforme previsto no artigo 6º, da Lei n. 7.347, de 24 de julho de 1985, e artigo 83, incisos I, III e IV, da Lei Complementar n. 75, de 20 de maio de 1993.

Art. 5º O Agente da Inspeção ao verificar condição de trabalho imposta por Convenção ou Acordo Coletivo de Trabalho, que possa acarretar grave e iminente risco para o trabalhador, adotará as providências previstas nas Normas Regulamentadoras aprovadas pela Portaria n. 3.214, de 8 de junho de 1978, sem juízo da comunicação prevista no artigo anterior.

Art. 6º Esta Portaria entra em vigor na data de sua publicação, revogadas as disposições em contrário, e em especial a Instrução Normativa SNT/MTPS/N. 2, de 11 de dezembro de 1990.

Paulo Paiva
Diário Oficial, 15.9.1995

2. INSTRUÇÃO NORMATIVA N. 1 DE 28 DE FEVEREIRO DE 2002

Dispõe sobre o depósito, registro e arquivo de convenções e acordos coletivos de trabalho nos órgãos do Ministério do Trabalho e Emprego.

A Secretária de Relações do Trabalho do Ministério do Trabalho e Emprego, no uso da atribuição que lhe confere o art. 20, inciso VI, do Regimento Interno da Secretaria de Relações do Trabalho, aprovado pela Portaria Ministerial n. 765, de 11 de outubro de 2000; e, CONSIDERANDO que, nos termos dos arts. 614 e 615 da Consolidação das Leis do Trabalho, as convenções e os acordos coletivos de trabalho devem ser depositados no

Ministério do Trabalho e Emprego para fins de registro e arquivo, e entram em vigor 3 (três) dias após a data do depósito;

CONSIDERANDO que, nos termos do art. 8º, inciso VI, da Constituição Federal é obrigatória a participação dos sindicatos na negociação coletiva de trabalho e que a legitimidade para celebrar convenção ou acordo coletivo pressupõe capacidade sindical, adquirida com o registro sindical no Ministério do Trabalho e Emprego;

CONSIDERANDO que o ato administrativo de registro e arquivo, por não possuir natureza homologatória, não implica aprovação ou ratificação da norma depositada;

CONSIDERANDO a necessidade de uniformização do procedimento administrativo para depósito, registro e arquivo das convenções e dos acordos coletivos de trabalho, resolve:

Art. 1º O depósito para registro e arquivo das convenções e acordos coletivos de trabalho será efetuado na Secretaria de Relações do Trabalho e nos órgãos regionais do Ministério do Trabalho e Emprego.

§ 1º Convenção e acordo coletivo de trabalho são os instrumentos originados da negociação coletiva, conceituados no art. 611 da Consolidação das Leis do Trabalho.

§ 2º Depósito é o ato de entrega do instrumento coletivo no protocolo dos órgãos do Ministério do Trabalho e Emprego, para fins de registro e arquivo.

§ 3º Registro é o ato administrativo de assentamento da norma depositada.

§ 4º Arquivo é o ato de organização e guarda dos documentos registrados para fins de consulta.

Art. 2º O depósito da convenção ou acordo coletivo de trabalho deverá ser efetuado:

I — na Secretaria de Relações do Trabalho, quando se tratar de norma com abrangência nacional ou interestadual; e,

II — nos órgãos regionais do Ministério do Trabalho e Emprego, nos demais casos.

Parágrafo único. Na hipótese do inciso I, é facultado o recebimento do instrumento coletivo pelo órgão regional, que o encaminhará à Secretaria de Relações do Trabalho.

Art. 3º A negociação e a respectiva convenção ou acordo coletivo de trabalho deverão observar os requisitos de validade dos atos jurídicos em geral, as disposições do Título VI da Consolidação das Leis do Trabalho e as demais normas vigentes, objetivando assegurar sua validade.

Art. 4º O depósito deverá ser instruído com os seguintes documentos:

I — uma via original da convenção ou do acordo coletivo de trabalho destinada ao registro e arquivo;

II — cópia do comprovante de registro sindical expedido pela Secretaria de Relações do Trabalho, identificando a base territorial e as categorias representadas pelas entidades sindicais signatárias; e,

III — cópia autenticada da ata da assembléia da categoria que aprovou as reivindicações e concedeu poderes para a negociação coletiva ou, ainda, de aprovação das cláusulas e condições acordadas.

§ 1º As partes que desejarem receber em devolução o instrumento coletivo com as informações previstas no art. 5º, § 2º, desta Instrução Normativa deverão depositar tantas vias originais quantas forem as partes convenentes ou acordantes, além da destinada ao registro e arquivo.

§ 2º Todas as folhas de cada uma das vias do instrumento coletivo devem ser rubricadas pelos signatários.

§ 3º As convenções ou acordos coletivos de trabalho não poderão ter emendas ou rasuras e deverão conter a identificação das partes, de seus representantes legais ou de seus procuradores.

Art. 5º Verificada a regular instrução do depósito, será efetuado o registro da convenção ou acordo coletivo em livro próprio ou sistema informatizado.

§ 1º O registro deverá conter:

I — data do depósito e número do processo;

II — número de ordem do registro, seqüencial e anual;

III — data do registro; e,

IV — nome, cargo, matrícula e assinatura do servidor.

§ 2º As informações do registro serão transcritas na última folha das respectivas vias do instrumento coletivo.

§ 3º Em caso de aditamento de convenções ou acordos coletivos, o depositante indicará o número e data de registro do instrumento principal e de eventuais aditamentos anteriores, observados os demais procedimentos regulados por esta Instrução Normativa.

Art. 6º Será possibilitado a qualquer interessado, mediante requerimento, obter vista e extrair cópia dos instrumentos registrados.

Art. 7º Os casos omissos serão resolvidos pela Secretaria de Relações do Trabalho.

Art. 8º Esta Instrução Normativa entra em vigor na data de sua publicação, incidindo suas normas nos processos em andamento.

Maria Lúcia di Iório Pereira
DOU 8.3.2003

3. JURISPRUDÊNCIAS SELECIONADAS

3.1. Normas Coletivas — Efeito Limitado no Tempo

— As normas coletivas têm efeito limitado no tempo. A Lei n. 8.542/92 não deu perpetuidade a tais normas.

TST-RR-55181/92.4 — Ac. 4ª T. 1273/93, 12.5.93

Rel. Min. Marcelo Pimentel

Recorrente: James Douglas Bradfield

Recorrida: CLA. Paulista de Força e Luz

Irresigna-se o reclamante com a decisão regional que concluiu pela impossibilidade de incorporação das normas coletivas ao contrato de trabalho, ante a limitação de sua vigência, a teor do Enunciado n. 277, da súmula deste Tribunal.

Dessa conclusão, interpôs o empregado embargos de declaração, os quais restaram, contudo, rejeitados.

O apelo extraordinário está contra-arrazoado às fls. 341/364, tendo recebido da Procuradoria Parecer pelo seu desprovimento (fls. 368/369).

É o relatório.

Voto:

I — Preliminar de Nulidade do Acórdão Regional por Negativa de Prestação Jurisdicional: Sustenta o reclamante sua preliminar na argumentação de que "a 2ª turma do E. TRT da 15ª Região, deixou de examinar matérias relevantes, e formuladas para enquadrar o litígio nas Normas Legais aplicáveis, optando por negar a Reintegração pretendida, com base em equivocada interpretação do Enunciado n. 277 do C. TST — que, como bem esclareceu o voto vencido não se aplica ao caso, uma vez que suas disposições se aplicam apenas às sentenças normativas" (fls. 317).

Aponta violação aos arts. 5º, II e XXXVI, da Lei Maior, 35, I, da LOMAN, 458, II, e 131, do CPC, e 832, da CLT.

Não se vislumbra, absolutamente, maltrato aos preceitos legais invocados.

O Regional bem enfrentou a matéria, respaldando sua convicção no dispositivo de lei que entendeu cabível. Não está obrigado o julgador a abordar todos os pontos lançados como fundamentos de inconformismo, mas só aqueles que reputa relevantes e pertinentes à demanda.

Assim é que foi claro o acórdão recorrido ao consignar que as disposições do Enunciado n. 277 aplicam-se também às convenções e acordos coletivos e não apenas às sentenças normativas, invocando ainda o § 3º do artigo 614, consolidado.

Não conheço a preliminar.

II — Conhecimento do Recurso: A decisão regional foi no sentido de que as normas coletivas têm efeito limitado no tempo.

Entende o autor que essa conclusão afronta os arts. 7º, XXVI, 5º, II, XXIII e XXXVI, 170, III e VIII, 193 e 114, § 2º, in fine, da Lei Maior; 8º, 9º, 444, 468, 611, 619, 622, 832 e 872, da CLT; 5º, da LICC, e contraria o Enunciado n. 51, da Súmula desta Corte. Traz também arestos à configuração de dissenso pretoriano.

Não se vislumbra, absolutamente, ofensa alguma aos dispositivos constitucionais e da legislação ordinária invocados. *A discussão aqui — acerca da incorporação de cláusula normativa no contrato de trabalho — é meramente doutrinária e jurisprudencial. Não há na nossa legislação nenhum dispositivo de lei que determine tal incorporação* ad eternum. Há, sim, aqueles consolidados, que prevêem a limitação da vigência de convenções, acordos coletivos e Sentenças Normativas por, no máximo, dois e quatro anos para os dois primeiros e para as últimas respectivamente (arts. 614, § 3º, e 868, parágrafo único, da CLT). Portanto, todo o debate ora pretendido decorre de interpretação dos preceitos de lei suscitados, os quais não sofreram maltrato em sua literalidade diante da razoabilidade do decidido pela instância *a quo.*

O Enunciado n. 51 é impertinente à hipótese dos autos.

Já quanto à divergência jurisprudencial, logrou o reclamante configurá-la com o primeiro aresto de fls. 321, unicamente, pelo que devo conhecer.

III — Mérito: Como restou assinalado, a legislação brasileira é omissa acerca da incorporação das cláusulas normativas nos contratos individuais de trabalho após o término de vigência da norma coletiva.

Essa discussão descambou na formação de duas correntes integradas por brilhantes juristas dos dois lados. *A primeira inclina-se pela incorporação, alinhando como argumentos aqueles defendidos pela tese da presente revista. A segunda posiciona-se em sentido contrário, à qual me filio, por entender que o Enunciado n. 277, da Súmula desta corte, pacificou a questão, sendo aplicável não só às sentenças normativas como também em relação aos acordos e convenções coletivas.*

Isso porque se é certo que não há previsão legal de incorporação de normas coletivas ao contrato de trabalho, mais certo é que possuem essas normas prazo certo de vigência e, aí, sim, por expressa previsão de lei (art. 613, II, da CLT), *valendo as condições ajustadas no respectivo prazo de vigência (art. 613, IV, da CLT).*

Vale ressaltar que o art. 468, da CLT, tão insistentemente invocado a respaldar a tese da primeira corrente, *encontra-se inserto no capítulo da CLT que versa sobre direito individual do trabalho, não havendo correspondente naquele relativo a direito coletivo do trabalho.* Neste capítulo, o que temos é que essas normas coletivas são deliberadas em assembléia por aqueles que a elas comparecem, vigiando dentro daquele prazo estipulado por lei. Nada impede que sejam repetidas em futuros instrumentos. Em não o sendo, há de prevalecer a vontade soberana da categoria — expressa nesses instrumentos normativos, tão prestigiados pela nova Carta — que assim não o quis. É esse o espírito da legislação pertinente.

Vale ressaltar que a Lei n. 8.542, de 23.12.92, ao dispor, em seu art. 1º, § 1º, que *"as cláusulas dos acordos, convenções ou contratos coletivos de trabalho integram os contratos individuais de trabalho e somente poderão ser reduzidas ou suprimidas por posterior acordo, convenção ou contrato coletivo de trabalho",* em nada alterou a orientação acima. Essa integração, a que se refere o dispositivo em comento, prevalece apenas no período da vigência do respectivo instrumento normativo, não se perpetuando no tempo, em face da legislação e tendência jurisprudencial acerca das quais discorreu-se no desenvolvimento deste voto.

Ante todo o exposto, nego provimento à revista.

Isto posto: acordam os Ministros da Quarta Turma do Tribunal Superior do Trabalho, por unanimidade, não conhecer do recurso pela preliminar de nulidade. Por unanimidade, conhecer da revista por divergência jurisprudencial e, no mérito, por maioria, negar-lhe provimento, vencido o Excelentíssimo Senhor Ministro Leonaldo Silva, que o provia. A Presidência da Turma deferiu juntada de substabelecimento, requerida da tribuna pelo douto patrono do recorrente.

Brasília, 12 de maio de 1993. *Luiz José Guimarães Falcão, Presidente; Marcelo Pimentel, Relator.*

(*in Revista LTr*, v. 57, novembro de 1993, p. 1.390)

3.2. Convenção Coletiva de Trabalho

O Tribunal, por maioria, indeferiu medida cautelar em ação direta ajuizada pela Confederação Nacional dos Trabalhadores em Transportes Marítimos, Aéreos e Fluviais — CONTTMAF contra o art. 19 da MP 1.875-55/99, na parte em que revogou os §§ 1º e 2º do artigo 1º da Lei n. 8.542/92 ("§ 1º — As cláusulas dos acordos, convenções ou contratos coletivos de trabalho integram os contratos individuais de trabalho e somente poderão ser reduzidas ou suprimidas por posterior acordo, convenção ou contrato coletivo de trabalho. § 2º — As condições de trabalho, bem como as cláusulas salariais, inclusive os aumentos reais, ganhos de produtividade do trabalho e pisos salariais proporcionais à extensão e à complexidade do trabalho, serão fixados em contrato, convenção ou acordo coletivo de trabalho, laudo arbitral ou sentença normativa, observadas, dentre outros fatores, a produtividade ou a lucratividade do setor ou da empresa"). Considerou-se, à primeira vista, não haver relevância na alegação de ofensa aos direitos dos trabalhadores (CF, art. 7º, V, VI, XI e XXVI e art. 114, § 2º), porquanto as normas legais que estendam a eficácia de preceitos da CF não adquirem estatura constitucional. Vencido o Min. Marco Aurélio, que deferia a liminar por aparente inconstitucionalidade formal do dispositivo impugnado, tendo em vista a falta de urgência necessária à edição da Medida Provisória (CF, art. 62, *caput*). ADInMC 2.081-DF, rel. Min. Octavio Gallotti, 21.10.99)

(*in Informativo STF n. 167,* Brasília, 18 a 22 de outubro de 1999)

3.3. Jornada de Trabalho — Convenção — Acordo Coletivo — Sentença Normativa

— A estipulação de cláusula que estabeleça jornada de trabalho em desacordo com a lei somente é possível em convenção ou Acordo Coletivo (artigo 7º, XIII, Constituição Federal), e não em sentença normativa.

TST–RO–DC–72.383/93.6 — Ac. SDC 7/94, 2.2.93

Rel. Min. Almir Pazzianotto Pinto

O Egrégio 9º TRT extinguiu o processo em relação ao 1º e 3º Suscitados, por ilegitimidade passiva *ad causam* e, no mérito, julgou improcedente o dissídio coletivo por entender que a única cláusula em discussão, a respeito da limitação da jornada de trabalho semanal, se deferida, importaria em desatenção à norma de proteção mínima aos trabalhadores (fls. 230/232).

O Sindicato dos Empregados interpôs Recurso Ordinário, pretendendo a reforma da decisão recorrida, para deferir-se a cláusula de limitação da jornada de trabalho semanal, ao argumento de que a matéria fora prevista em convenções coletivas anteriores, e não mero pedido inovatório, contrário aos interesses dos trabalhadores.

O Sindicato dos Hospitais e Estabelecimentos de Serviços de Saúde do Norte Pioneiro ofereceu contra-razões (fls. 343/345) e às fls. 346/349 interpôs Recurso Ordinário Adesivo, pretendendo seja restabelecida a jornada de compensação de 12x36 horas para os turnos noturnos e de seis diárias, com um plantão de 12 horas, uma vez por semana, para os turnos diurnos, a exemplo das decisões normativas prolatadas pelo próprio TST, e demonstradas em fotocópias anexadas ao recurso.

Contra-razões do 1º Suscitado às fls. 359/361, pleiteando a confirmação do aresto recorrido.

A douta Procuradoria-Geral opina no sentido do conhecimento e não provimento do 1º recurso e no sentido de estar prejudicado o 2º recurso, por abordar idêntica matéria (fls. 367/369).

É o relatório.

Voto: Recurso do Sindicato dos Empregados

Conheço do Recurso Ordinário.

A discussão gira em torno de cláusula única, assim redigida:

"Fica mantida a jornada de trabalho de 36 horas semanais a todos os empregados, respeitando-se as funções que tenham jornada inferior.

Parágrafo único — Para turnos diurnos, jornada de seis horas diárias não ultrapassando às 36 horas semanais. Jornada de 12x36 noturna, concedendo folga compensatória na semana em que a jornada ultrapassar a 36 horas, ou pagamento de horas extras".

O TRT indeferiu o pleito, *sob o argumento de que:*

"Em que pese ser a jornada pelo sistema 12x36 conquista e deliberação de norma coletiva anterior (DC-87/91, cláusula 17ª), entendo que a jornada de trabalho não pode ultrapassar o limite de dez horas diárias, por força do disposto no art. 59, da CLT, norma esta não derrogada pela Constituição, posto que somente quando houvesse acordo ou convenção coletiva poderia ser fixada livremente a jornada de trabalho (art. 7º, inciso XIII)".

O Recorrente entende deva ser deferida a cláusula, sob o fundamento de ter sido estabelecida em instrumentos coletivos anteriores.

Correta a decisão Regional. O fato da condição de trabalho ter previsão convencional ou normativa em períodos anteriores não justifica nem autoriza sua inclusão em sentença normativa contemporânea. A matéria tem disciplinamento legal e a estipulação de cláusula em desacordo com a legislação somente seria possível mediante consenso das partes, isto é, através de convenção ou Acordo Coletivo (artigo 7º, inciso XIII, da Constituição da República).

Nego provimento.

Recurso Adesivo do Sindicato dos Hospitais: Prejudicado o recurso do Sindicato-Suscitado remanescente, por tratar de idêntica matéria.

Isto posto: acordam os Ministros da Seção de Dissídios Coletivos do Tribunal Superior do Trabalho: *I — Recurso do Sindicato dos Empregados em Estabelecimentos de Serviços de Saúde de Jacarezinho e Região: À unanimidade, negar provimento ao recurso. II — Recurso do Sindicato dos Hospitais e Estabelecimentos de Serviços de Saúde do Norte Pioneiro: À unanimidade, considerar prejudicado o exame do presente recurso.*

Brasília, 2 de fevereiro de 1993. Marcelo Pimentel — no exercício eventual da Presidência; Almir Pazzianotto Pinto — Relator

(*in Revista LTr*, v. 58, agosto de 1994, p. 1.002-1.003)

3.4. Garantia de Emprego instituída por Norma Coletiva — Previsão de Projeção de Eficácia no Bojo da Própria Norma — Revogação Posterior em Novo Contrato Coletivo de Trabalho — Atenção a Vontade das Partes Acordantes.

1. Considerou o Regional que a garantia de emprego concedida em Acordo Coletivo de Trabalho estava limitada à vigência do respectivo instrumento. E, em sendo assim, com o surgimento de um novo pacto, declarando extinta a cláusula que garantia o emprego, poderia o empregador exercer livremente o seu direito potestativo de rescisão. Acrescentou que as disposições coletivas não se inserem em definitivo ao contrato de trabalho do empregado. É certo que, tendo os Acordos e Convenções Coletivas de Trabalho prazo de vigência predeterminado, consoante disposição contida nos artigos 613, II, e 614, § 3º, da CLT, via de regra as cláusulas nele estabelecidas vigoram enquanto vigente o instrumento normativo que as criou. Ocorre, todavia, que a hipótese dos autos cuida de cláusula sucessivamente renovada pela empregadora e pelos Sindicatos, que estabeleceu expressamente o direito à garantia de emprego permanente: "4.49 — Garantia de Emprego —

Fica convencionado pelas partes que os empregados da FEPASA que contem (sic) ou venham a contar com 4 (quatro) ou mais anos de serviços a ela prestados, computados estes nos termos da lei, gozarão de uma garantia de emprego, em caráter permanente, pelo que não poderão sofrer despedida arbitrária". O Reclamante havia cumprido o requisito temporal para a obtenção da garantia permanente, quando um novo Acordo Coletivo de Trabalho foi celebrado declarando extinto aquele benefício, reconhecido como existente até 31.12.94, pelos Contratos Coletivos de Trabalho" (sic) anteriores. A natureza de permanência da garantia instituída na norma coletiva mostra que se trata de disposição distinta das habitualmente inseridas em instrumentos normativos, as quais, sem conterem um caráter de continuidade, findam ao término da vigência dos pactos que as fizeram nascer no mundo jurídico. Respeita-se o novo Acordo Coletivo de Trabalho que as partes celebraram, o qual extinguia cláusula que conferia garantia de emprego permanente, precisamente em respeito à vontade dos celebrantes e ao espaço jurídico ocupado pelas negociações coletivas. Mas essa norma nova somente valerá com relação aos empregados que possuíam mera expectativa de direito e aos trabalhadores contratados a partir do surgimento da norma coletiva.

2. *Recurso de revista conhecido e provido.*

TST RR-569.342/99.2 — Ac. 3ª T., 20.9.00, Rel. Min. Francisco Fausto Paula de Medeiros.

Vistos, relatados e discutidos estes autos do Recurso de Revista n. TST-RR-569.342/99.2, em que é recorrente Carrilho Benício Guedes e recorrida Rede Ferroviária Federal S.A. — RFFSA.

O egrégio Tribunal Regional do Trabalho da 2ª Região, pelo acórdão de fls. 316/322, deu provimento parcial ao recurso ordinário da Reclamada, autorizando a realização de descontos previdenciários e fiscais e negou provimento ao recurso ordinário do Reclamante indeferindo a reintegração requerida.

Embargos declaratórios do Reclamante às fls. 324/328, aos quais se negou provimento às fls. 330/331.

O Reclamante interpôs recurso de revista às fls. 333/343, com fulcro no art. 896, alíneas "a" e "c", da CLT, alegando ter direito adquirido à estabilidade permanente no emprego, assegurada em Contrato Coletivo de Trabalho. Aponta violação dos artigos 468 da CLT; 6º, § 1º, da Lei de Introdução do Código Civil e do 5º, inciso XXXVI, da Carta Magna de 1988, bem como traz arestos a cotejo.

O recurso foi admitido por intermédio do despacho de fl. 564.

Contra-razões foram apresentadas às fls. 390/397.

Os autos não foram remetidos ao douto Ministério Público do Trabalho para emissão de parecer a teor do art. 113 do Regimento Interno do TST.

É o relatório.

VOTO: 1 — Conhecimento

Garantia de emprego. Reintegração: Cuida-se, na hipótese trazida no acórdão regional, de cláusula contida em acordo coletivo (contrato coletivo de trabalho), nos seguintes termos:

"4.49 — Garantia de Emprego — Fica convencionado pelas partes que os empregados da FEPASA que contêm ou venham a contar com 4 (quatro) ou mais anos de serviços a ela prestados, computados estes nos termos da lei, gozarão de uma garantia de emprego, em caráter permanente, pelo que não poderão sofrer despedida arbitrária" (fl. 113).

O entendimento agasalhado no acórdão do Tribunal Regional foi o de que a garantia de emprego constante de norma coletiva tem sua validade vinculada à vigência do instrumento que a criou, não projetando para o futuro, verbis:

"Exposta, sempre a termo final (cf. § 3º, do art. 614, da CLT), uma norma coletiva é composta de cláusulas (condições) resolutivas (cf. art. 124, do Código Civil). Reportando-se daí, para o caso em tela, verifica-se que, com o advento, em 1.1.93, do 'contrato coletivo de trabalho' acostado às fls. 72/96, a cláusula 4.49 (fl. 113), até então vigente, restou extinta, juntamente com o direito nela embutida (sic) *(garantia de direito). Este, não ressuscitou, tampouco se inseriu, definitivamente, no contrato de trabalho do reclamante. Assim, a reclamada, ao despedir o reclamante em 18.5.95, nada mais fez, senão exercer o seu direito potestativo."*

O aresto trazido a cotejo às fls. 335/336, cuja cópia integral e autenticada foi juntada aos autos, fls. 358/362, mostra-se apto a propiciar o conhecimento do apelo. Analisando a mesma norma coletiva em idêntica situação fática, o paradigma discorre tese no sentido de que a norma coletiva acima transcrita assegurou em seu próprio bojo projeção de sua eficácia para o futuro, estabelecendo garantia de emprego com efeito permanente aos empregados atingidos pela norma.

Dessa forma, conheço do recurso, por divergência jurisprudencial.

2 — Mérito Garantia de Emprego. Reintegração.

O Tribunal Regional do Trabalho acolheu os fundamentos da decisão de primeiro grau, negando o direito à reintegração ao Reclamante.

Considerou o Regional que a garantia de emprego concedida em Acordo Coletivo de Trabalho estava limitada à vigência do respectivo instrumento. E, em sendo assim, com o surgimento de um novo pacto, declarando extinta a cláusula que garantia o emprego, poderia o empregador exercer livremente o seu direito potestativo de rescisão. Acrescentou que as disposições coletivas não se inserem em definitivo ao contrato de trabalho do empregado.

Filio-me, contudo, à corrente jurisprudencial apresentada no acórdão divergente, que permitiu o conhecimento do presente recurso.

De logo, ressalto que a tese sustentada no acórdão recorrido não considerou a natureza especial da cláusula contida no Acordo Coletivo de Trabalho, também denominado nos autos de "Contrato Coletivo de Trabalho".

É certo que, tendo os Acordos e Convenções Coletivos de Trabalho prazo de vigência predeterminado, consoante disposição contida nos artigos 613, II, e 614, § 3º, da CLT, via de regra as cláusulas nele estabelecidas vigoram enquanto vigente o instrumento normativo que as criou.

Daí a razão por que se afirma que as vantagens instituídas nos Acordos e Convenções Coletivos e nas Sentenças Normativas não integram em definitivo o contrato de trabalho. Neste sentido, inclusive, acha-se o Enunciado n. 277 do TST.

Ocorre, todavia, que a hipótese dos autos cuida de cláusula sucessivamente renovada pela empregadora e pelos Sindicatos, que estabeleceu expressamente o direito à garantia de emprego permanente:

"4.49 — Garantia de Emprego — Fica convencionado pelas partes que os empregados da FEPASA que contêm ou venham a contar com 4 (quatro) ou mais anos de serviços a ela prestados, computados estes nos termos da lei, gozarão de uma garantia de emprego, em caráter permanente, pelo que não poderão sofrer despedida arbitrária."

O Reclamante havia cumprido o requisito temporal para a obtenção da garantia permanente, quando um novo Acordo Coletivo de Trabalho foi celebrado declarando extinto aquele benefício, reconhecido como existente até 31.12.94, pelos "Contratos Coletivos de Trabalho" anteriores.

A natureza de permanência da garantia instituída na norma coletiva mostra que se trata de disposição distinta das habitualmente inseridas em instrumentos normativos, as quais, sem conterem um caráter de continuidade, findam ao término da vigência dos pactos que as fizeram nascer no mundo jurídico.

Daí, o entendimento agasalhado no acórdão do Tribunal, de que a norma coletiva tem um termo final, não atinge o cerne da controvérsia, que é o do respeito à vontade das partes contratantes em negociação coletiva, hoje elevado à norma constitucional (art. 7º, XXVI).

Fugindo, portanto, à regra geral, impõe-se uma interpretação de acordo com os fins da cláusula pactuada em negociação coletiva, sob pena de defrontarmo-nos com uma disposição desprovida de qualquer efeito, contendo expressão inteiramente inócua, o que é inadmissível em se tratando de norma jurídica.

A interpretação gramatical e a teleológica que pode ser conferida a essa norma jurídica, instituidora da garantia de emprego permanente, somente admitindo a despedida não arbitrária e definindo o que entendia como tal, denota que era intenção das partes resguardar o contrato de trabalho dos empregados.

É certo que a empresa pode rever as cláusulas do denominado "Contrato Coletivo de Trabalho", ampliando ou restringindo os benefícios. Todavia, a nova diretriz não pode ter em seu âmbito pessoal de abrangência aqueles trabalhadores que haviam implementado a condição temporal para a garantia de emprego permanente, ainda que comportando despedida motivada (não arbitrária).

Respeita-se o novo Acordo Coletivo de Trabalho que as partes celebram, o qual extinguia cláusula que conferia garantia de emprego permanente precisamente em respeito à vontade dos celebrantes e ao espaço jurídico ocupado pelas negociações coletivas. Mas, repita-se, essa norma nova somente valerá com relação aos empregados que possuíam mera expectativa de direito e aos trabalhadores contratados a partir do surgimento da norma coletiva.

Importa destacar que a Constituição Federal, art. 7º, inciso III, consagra a garantia de emprego, que pode ter sua natureza, prazo e condição fixados em negociação coletiva.

Em sendo assim, a garantia de emprego, com expressa menção de permanência, conferida em instrumento normativo, sucessivamente renovada, assegura ao empregado, desde que preenchidos todos os pressupostos para a sua aquisição na vigência do instrumento normativo, o direito de não ser dispensado, salvo configurada a hipótese de despedida não arbitrária, precisamente como estabelecido na norma que fez surgir a vantagem especial.

Esse entendimento atende aos fins do Direito do Trabalho, que tem como princípios orientadores o da proteção ao trabalhador e o da continuidade da relação de emprego, ambos consagrados no Capítulo II da Constituição Federal.

Dessa forma, dou provimento ao recurso, pelos fundamentos ora expendidos, a fim de determinar a reintegração do Reclamante no emprego, na forma pleiteada na inicial.

Isto posto: Acordam os Ministros da Terceira Turma do Tribunal Superior do Trabalho, por unanimidade, conhecer do recurso, por divergência jurisprudencial, e no mérito, dar-lhe provimento a fim de determinar a reintegração do Reclamante no emprego, na forma pleiteada na inicial.

Brasília, 20 de setembro de 2000. José Luiz Vasconcellos, Presidente. Francisco Fausto Paula de Medeiros, Relator.

(in Revista LTr, v. 65, fevereiro de 2001, p. 183-184)

3.5. Acordo Coletivo — Validade — Antecipação do Vale-transporte em Dinheiro

— Ao vedar a antecipação em dinheiro do vale-transporte o decreto regulamentador extrapolou os limites da lei instituidora do benefício. Válido o ajuste coletivo que prevê a antecipação em dinheiro do vale-transporte e a redução do percentual de participação do trabalhador.

TST-AA-366.360/97.4 — Ac. SDC; 1º.6.98

Rel. Convoc. Juiz Fernando Eizo Ono

O Ministério Público do Trabalho ajuizou ação anulatória contra a Federação Nacional dos Bancos, a Confederação Nacional dos Trabalhadores em Instituições Financeiras e outras cento e trinta e uma entidades sindicais representativas das categorias econômica e profissional, pretendendo a anulação da Cláusula Vigésima — Vale-Transporte do acordo coletivo de trabalho, firmado para vigorar no período compreendido entre 1º de setembro de 1996, a 31 de agosto de 1997. Aduziu como razão para tal pretensão que a norma coletiva impugnada fora acordada em desrespeito às determinações contidas no art. 2º, alínea a, da Lei n. 7.418/95 e do Decreto n. 95.247/87 regulamentador da referida lei, bem como da Lei n. 7.619/95, porquanto além de prever a substituição do vale-transporte por dinheiro "induz à conclusão de que o pagamento antecipado em pecúnia tem natureza salarial e se incorpora à remuneração do trabalhador" (fls. 10).

Notificados para contestar o feito (fls. 45/178) as Requerentes apresentaram suas razões às fls. 182/192 e 248/263 bem como juntaram documentos.

A Federação Nacional dos Bancos e outras entidades sindicais patronais argúem que a validade da pactuação pode ser demonstrada pela amplitude da adesão que recebeu: 133 sindicatos de trabalhadores. Ademais, não feriria nenhum preceito de lei, mas representaria a vontade legítima dos interlocutores sociais, conforme o espírito do princípio constitucional de valorização da solução coletiva autônoma. Aduzem que inexistiria incompatibilidade entre a norma acordada e a legislação que prevê mais de uma espécie de vale-transporte, entre eles o vale-transporte dinheiro. Afirmam que no âmbito da autonomia da vontade as partes podem contratar o valor da parcela a ser descontada, proporcionalmente, do salário do empregado. Sustentam a inconstitucionalidade do Decreto-lei n. 95.247/87, que regulamentou as Leis ns. 7.218/85 e 7.418/85, porquanto disporia mais do que a legislação normatizada. Finalmente, asseveram a natureza não-salarial do vale-transporte, inclusive aquele fornecimento na forma da Convenção Coletiva impugnada.

A Confederação Nacional dos Trabalhadores em Instituições Financeiras — CNTIF e outros Sindicatos representativos da categoria profissional suscitam as preliminares de ilegitimidade ativa do Ministério Público do Trabalho para a presente ação, assegurando inexistir violação de direitos individuais indisponíveis dos trabalhadores e de incompetência do Tribunal Superior do Trabalho para conhecer da ação originariamente, por falta de previsão legal ou regimental. No mérito, aduzem que a norma pactuada não estabelece a substituição do benefício do vale-transporte por uma antecipação em dinheiro, mas o pagamento do valor correspondente na hipótese de impossibilidade de concessão direta da vantagem. Ademais, o Decreto regulamentador, e não a norma coletiva, é que contrariaria a lei "porque vai além da mera regulamentação, criando critério normativo inovador" (fls. 260).

A douta Procuradoria-Geral do Trabalho tem entendido, em hipóteses semelhantes, que o interesse público está sendo suficientemente defendido com ajuizamento da ação, motivo pelo qual deixo de enviar os autos para a emissão de parecer.

É o relatório.

Voto: *Preliminares argüidas nas contestações*

1— Ilegitimidade ativa do Ministério Público do Trabalho — Ausência de direitos individuais indisponíveis dos trabalhadores

Argúem os Sindicatos-Obreiros que a legitimidade do Ministério Público do Trabalho para ajuizar ação anulatória está diretamente condicionada ao estabelecimento de cláusula que viole liberdades individuais ou coletivas e "direitos indisponíveis dos trabalhadores" (fls. 253).

In casu, sustentam que mesmo que se admitisse a fundamentação invocada pelo douto Órgão Requerente, para justificar o ajuizamento da presente ação, qual seja a de que a cláusula impugnada, tal como apresentada, induz a incorporação do benefício à remuneração do trabalhador, igualmente não se poderia vislumbrar a violação de direito indisponível do trabalhador. Segundo argumentam, nesse caso o ajustado se constituiria em norma mais favorável ao trabalhador.

O art. 83, item IV, da Lei Complementar n. 75, de 20 de maio de 1993, assim dispõe:

"Art. 83:

Compete ao Ministério Público do Trabalho o exercício das seguintes atribuições junto aos órgãos da Justiça do Trabalho:

(...)

IV — propor as ações cabíveis para declaração de nulidade de cláusula de contrato, acordo coletivo ou convenção coletiva que viole as liberdades individuais ou coletivas ou os direitos individuais indisponíveis do trabalho."

Como visto, a legislação autoriza o Ministério Público do Trabalho a propor ações, visando apenas à declaração de nulidade de cláusulas de contrato ou acordo coletivo de trabalho, sob o fundamento de que o ajuste contraria as liberdades individuais ou coletivas, ou, ainda, os direitos indisponíveis dos trabalhadores.

Em conformidade com a Constituição da República, incumbe ao Ministério Público do Trabalho a tarefa permanente de defender a ordem jurídica.

No presente caso, a Instituição justifica o ajuizamento da ação na argüição de ofensa ao ordenamento jurídico.

Portanto, dúvida não há quanto à legitimação do Ministério Público do Trabalho para ajuizar a presente ação. Destaque-se, no entanto, que apenas na oportunidade de exame do mérito é que se poderá verificar a ocorrência, ou não, da alegada ofensa aos dispositivos da legislação indicada.

Rejeito.

2 — Incompetência do Tribunal Superior do Trabalho para conhecer da ação anulatória originariamente: Asseguram os Sindicatos-Profissionais que a competência originária dos Tribunais Superiores somente é admitida como exceção e, mesmo assim, apenas com expressa previsão legal. Afirmam que inexiste previsão legal ou regimental acerca da competência do Tribunal Superior do Trabalho para apreciar originariamente ações anulatórias. Aduzem, também, que o entendimento do Colendo Superior Tribunal Federal é no sentido de que em matéria de competência não há lacunas e que, se admitida a competência originária do Tribunal Superior do Trabalho para conhecer e julgar a presente ação, estar-se-ia ofendendo os arts. 5º, II e 113 da Constituição da República.

No presente caso, busca-se a declaração de nulidade de cláusula de convenção coletiva que abrange todo o território nacional. Considerando, pois, a natureza coletiva da controvérsia, dúvida não há, quanto à competência originária dos Tribunais, porquanto, a teor do art. 652 da CLT, a competência das Juntas de Conciliação e Julgamento, limita-se a julgar dissídios de natureza individual. Por outro lado, o art. 678 da CLT e a Lei n. 7.701/89, estabelecem a competência originária dos Tribunais Regionais e do Tribunal Superior do Trabalho para apreciar e julgar as demandas coletivas.

Importante salientar, também, que a jurisprudência do TST está sedimentada no sentido de que lhe compete originariamente apreciar os dissídios coletivos, quando excederem a jurisdição do Tribunal Regional, ou ainda, quando uma das partes for empresa com quadro organizado em carreira de âmbito nacional. O art. 2º, letra *a*, da Lei n. 7.701/89 amparou esse entendimento, ao dispor a competência originária do TST para conciliar e julgar as lides coletivas que excedam a jurisdição dos Tribunais Regionais do Trabalho.

No presente caso, a amplitude da ação afasta a possibilidade de vir a ser julgada por Tribunal Regional, pois proposta contra entidades sindicais de todo o território nacional. Ademais, o instrumento coletivo impugnado foi celebrado para ser observado na base territorial dos respectivos sindicatos acordantes, vale dizer, de observância em todo o País.

Rejeito, pois, a argüição de incompetência do Tribunal Superior do Trabalho.

3 — *Da Inconstitucionalidade do decreto regulamentador:* As entidades sindicais patronais e profissionais argúem que o Decreto n. 95.247/87 extrapolou a lei que pretendia regulamentar, ao criar condição que nela não foi prevista. Apontam a contrariedade ao art. 5º, II, da Carta Magna.

A questão está intimamente ligada ao mérito da demanda e com ele será examinada.

Mérito: *O digno Órgão Público pretende seja declarada a nulidade da Cláusula Vigésima da Convenção Coletiva de Trabalho, celebrada entre as Entidades Sindicais representantes das categorias econômicas e profissionais, com o seguinte teor:*

"Cláusula Vigésima — Vale-Transporte: Os bancos concederão o vale-transporte, ou o seu valor correspondente, por meio do pagamento antecipado em dinheiro, até o quinto dia útil de cada mês, em conformidade com o inciso XXVI, do artigo 7º, da Constituição Federal, e com a Portaria do Ministério do Trabalho n. 865, de 14 de setembro de 1995 (DOU, Seção I, de 15.9.95), e, também, em cumprimento às disposições da Lei n. 7.418, de 16

de dezembro de 1985, com a redação dada pela Lei n. 7.619, de 30 de setembro de 1987, regulamentada pelo Decreto n. 95.247, de 16 novembro de 1987, cabendo ao empregado comunicar, por escrito, ao banco, as alterações das condições declaradas inicialmente. **Parágrafo único**. Tendo em vista o que dispõe o parágrafo único do artigo 5º da Lei n. 7.418, de 16 de dezembro de 1985, o valor de participação dos bancos nos gastos de deslocamento do empregado será equivalente à parcela que exceder a 4% (quatro por cento) do seu salário básico" (fls. 21/ 22).

Argumenta o Requerente, que a norma acordada "induz à conclusão de que o pagamento antecipado em pecúnia tem natureza salarial e que se incorpora à remuneração do trabalhador" (fls. 10), contrariando diretamente os arts. 2º, alínea a, da Lei n. 7.418/85, e 5º do Decreto n. 95.247, de 12 de novembro de 1987. Aduz que o decreto regulamentador veda expressamente a antecipação em dinheiro do vale-transporte. Também alega que a Convenção Coletiva do Trabalho fere preceito de ordem pública e que condições menos favoráveis ao trabalhador somente poderão ser acordadas, nos casos em que a lei admite a flexibilização.

Incontroverso que a Constituição da República reconhece as convenções e acordos de trabalhos. A sua validade, entretanto, fica subordinada ao respeito das normas legais de proteção mínima ao trabalho. O primeiro ponto, portanto, que deverá ser examinado, é se a norma em apreço desrespeita proteção mínima de trabalho.

A Lei n. 7.418/85 definiu como limites ao vale-transporte: a) a natureza não-salarial; b) a não-incorporação à remuneração do trabalhador para qualquer efeito; c) a não-incidência para contribuição previdenciária ou para o FGTS; e d) a não-tributação nos rendimentos do empregado (art. 2º).

Dos termos de cláusulas impugnadas, não se vislumbra nenhuma alusão à incorporação do benefício à remuneração do trabalhador. Entendo que a simples concessão em dinheiro de qualquer benefício não importa em reconhecimento da sua incorporação à remuneração do obreiro. A norma acordada busca, especificamente, beneficiar a categoria profissional, ampliando as vantagens do vale-transporte, ao reduzir a parcela de participação do empregado. Pretende, ainda, agilizar a sua concessão, ao dispor sobre a possibilidade de antecipação do seu valor em dinheiro.

Rejeitada a argüição no sentido de que a norma determina a incorporação do benefício à remuneração, impende indagar-se, ao prever a possibilidade de concessão em dinheiro, foi violada a legislação pertinente.

A Lei n. 7.418/85 instituiu o vale-transporte, como forma de antecipação das despesas de transporte efetuadas pelo trabalhador, para se deslocar da residência ao trabalho e vice-versa. Determinou, ainda, que o empregador deveria adquirir das empresas operadoras do sistema público coletivo os vales-transportes, que deveriam emiti-los e comercializá-los ao preço da tarifa vigente (art. 4º e 5º). A norma, todavia, não prevê o procedimento a ser adotado, no caso de a empresa operadora dos vales-transportes deixar de colocá-los tempestivamente à disposição dos empregadores. Coube ao decreto regulamentador suprir a omissão. Dispõe o Decreto n. 95.247/87, que "no caso de falta ou insuficiência de vale-transporte, necessário ao atendimento da demanda e ao funcionamento do sistema, o beneficiário será ressarcido pelo empregador, na folha de pagamento imediata, da parcela correspondente, quando tiver efetuado, por conta própria, a despesa para seu deslocamento" (parágrafo único do art. 5º). Essa, entretanto, foi a única previsão de substituição do benefício por dinheiro, porquanto o *caput* do art. 5º do mesmo decreto veda, taxativamente, ao empregador antecipar o valor correspondente ao vale-transporte, em dinheiro.

Os Requeridos afirmam que a proibição da antecipação em dinheiro, contida no decreto regulamentador, extrapola os limites da lei instituidora do benefício. Entendo que lhes assiste razão. À lei não contém a vedação de antecipação em dinheiro. Na lição de *Hely Lopes Mirelles* "como ato administrativo, o decreto está sempre em situação inferior à da lei e, por isso mesmo, não a pode contrariar". Leciona o mesmo mestre que o decreto regulamentador ou de execução "visa a explicar a lei e facilitar sua execução, aclarando seus mandamentos e orientando sua aplicação" (*in Direito Administrativo Brasileiro*, 22ª edição, Malheiros Editores, São Paulo, 1996, p. 162/163). Ora, se a lei nada dispõe sobre a antecipação, em dinheiro, do benefício, o decreto regulamentador, a título de corrigir a omissão legislativa, não poderia vedar esse procedimento. Conseqüentemente, as disposições contidas no decreto regulamentador não poderão servir de fundamento para o reconhecimento de nulidade do acordo coletivo de trabalho, que prevê essa possibilidade. Ademais, não vejo como essa antecipação em dinheiro, ou, ainda, a redução do percentual de participação, possa ser considerada como condição menos benéfica ao trabalhador.

Ressalto, ainda, que em outras oportunidades esta Corte admitiu ajuste nesse sentido. Como exemplo, registro a decisão proferida no RO-DC 318.060/96.5, (Ac. SDC 384/97, Rel. Min. Lourenço Prado).

Diante do exposto, julgo improcedente a ação anulatória.

Isto posto: Acordam os Ministros da Seção Especializada em Dissídios Coletivos do Tribunal Superior do Trabalho: I — Preliminar de ilegitimidade ativa do Ministério Público do Trabalho — Ausência de Direitos Individuais Indisponíveis dos Trabalhadores, argüida em contestação — por maioria, rejeitar a preliminar, vencido o Exmo. Ministro Almir Pazzianotto Pinto, que entendia que o Ministério Público do Trabalho não tem legitimidade para interferir em cláusulas desta natureza constantes de convenção coletiva; Preliminar de incompetência do Tribunal Superior do Trabalho para conhecer da ação declaratória de nulidade originariamente, argüida em contestação — por unanimidade, rejeitar a preliminar; II — Mérito — Da Inconstitucionalidade do Decreto regulamentador — Vale-Transporte — por unanimidade, julgar improcedente a ação anulatória.

Brasília, 1º de junho de 1998. Almir Pazzianotto Pinto, Corregedor-Geral da Justiça do Trabalho, no exercício da Presidência. Fernando Eizo Ono, Relator.

(*in Revista LTr*, v. 62, setembro de 1998, p. 1.221-1.223)

4. DECISÕES DA CORREGEDORIA-GERAL DO TRABALHO DO TST

4.1. Corregedoria-Geral da Justiça do Trabalho

PROCESSO N. TST-RC-585.146/99.5 2ª REGIÃO

Requerentes: FEDERAÇÃO DAS INDÚSTRIAS DO ESTADO DE SÃO PAULO — FIESP e OUTROS

Procuradores: Drs. Eduardo José Marçal e João Roberto Smith de Oliveira Manais

Requerido: Gualdo Amauri Formica — Juiz do TRT da 2ª Região

DESPACHO

Cuida-se de Reclamação Correicional, com pedido de concessão de liminar, visando à cassação de ato do Juiz Gualdo Formica, o qual, na qualidade de relator da Medida Cautelar TRT/SP-SDC-359/99, incidente e apensada ao Dissídio Coletivo TRT/SP-SDC-405/98, deferiu liminar, *inaudita altera pars*, determinando aos ora Reclamantes o cumprimento integral da Convenção Coletiva de Trabalho que findou em 31.10.98, sob pena de multa diária em favor dos trabalhadores, correspondente à 0,5% dos valores que lhes deixaram de ser pagos, por considerar que a atitude patronal de não mais efetivar as condições estabelecidas na Convenção Coletiva de Trabalho referida fere o disposto no § 1º, do art. 1º, da Lei n. 8.542/99.

A *prima facie*, os fatos apresentados pelos Requerentes evidenciam a ocorrência de atentado às normas processuais que disciplinam a pretensão dos Sindicatos profissionais de exigir o cumprimento forçado do convênio coletivo expirado, porque tal necessidade se resolve via ação de cumprimento, que tem natureza individual, fora, portanto, do campo da atuação jurisdicional nas ações de natureza coletiva, como é o caso da cautelar em foco, incidental que é um dissídio coletivo.

Por outro lado, o preceito legal em que se baseia o ato corrigendo (§ 1º, do art. 1º, da Lei n. 8.542/99) foi revogado pelo art. 19 da Medida Provisória n. 1.675-53 (última reedição, de 29.7.99), não sendo este alcançado pela liminar concedida na AdinMC-STF-1.849-0, que suspendeu a eficácia de dispositivo de igual teor, contido na MP n. 1.620-38 de 12.6.98.

Resulta, assim, flagrante o *fumus boni iuri*, sendo que o *periculum in mora* se caracteriza pela impossibilidade de ressarcimento das importâncias que porventura sejam pagas ao trabalhador em cumprimento de norma coletiva, ainda que mais adiante possam vir a ser consideradas indevidas.

Defiro a Medida Liminar requisitada, para ordenar a imediata sustação do ato inquinado, até o final julgamento da presente Reclamação Correicional.

Oficie-se à Autoridade Requerida, para que no prazo de 10 (dez) dias, preste as informações, que entender convenientes, participando o andamento da Medida Cautelar em apreço e do Dissídio Coletivo no qual incide.

Publique-se.

Brasília, 24 de agosto de 1999.

Ursulino Santos

Ministro Corregedor-Geral da Justiça do Trabalho

(*Diário da Justiça n. 172*, seção I, p. 1, 8 de setembro de 1999)

4.2. PROC. N. TST-RC-586.540/99.1 2ª REGIÃO

Requerente: SINDICATO DA INDÚSTRIA DE PAPEL, CELULOSE E PASTA DE MADEIRA NO ESTADO DE SÃO PAULO

Advogada: Dr.ª Maria Cristina Irigoyen Peduzzi

Requerido: Gualdo Amaury Formica, Juiz do TRT da 2ª Região

DESPACHO

A fls. 328/329, prolatei o seguinte Despacho:

"Cuida-se de Reclamação Correicional, com pedido de concessão de liminar, visando a cassação de ato do Juiz Gualdo Formica, o qual, na qualidade de relator do Dissídio Coletivo n. 389/98-5, instaurado contra a Federação dos Trabalhadores nas Indústrias do Papel, Papelão e Cortiça do Estado de São Paulo e 28 Sindicatos Profissionais, de ofício, e na pendência do julgamento do Dissídio, impôs multa diária de 1% (um por cento) ao suscitante, se descumpridas cláusulas de Convenção Coletiva de vigência já esgotada."

A prima facie, os fatos apresentados pelo Requerente evidenciam a ocorrência de atentado às normas processuais que disciplinam a pretensão do Sindicato profissional de exigir o cumprimento forçado da Convenção Coletiva expirada, porque tal necessidade se resolve via ação de cumprimento, que tem natureza individual, fora, portanto, do campo da atuação jurisdicional nas ações de natureza coletiva, como é o caso em foco.

Por outro lado, o preceito legal em que se baseia o ato corrigendo (§ 1º, do art. 1º, da Lei n. 8.542/99) foi revogado pelo art. 19 da Medida Provisória n. 1.675-53 (última reedição, de 29.7.99), não sendo este alcançado pela liminar concedida na AdinMC-STF-1.849-0, que suspendeu a eficácia de dispositivo de igual teor, contido na MP n. 1.620-38, de 12.6.98.

Ratificando a tese, o Requerente assevera que:

"— em 2 de julho de 1998, por despacho do e. Relator, Ministro Marco Aurélio, publicado no D.J. de 4.8.98, foi deferida medida liminar para 'suspender a eficácia do art. 19 da então Medida Provisória n. 1.620 de 10.6.1998, no que implicou a revogação dos §§ 1º e 2º do artigo 1º da Lei n. 8.542-92' (doc. n. 10);

— em 19.8.98, submetida a questão ao Plenário do Supremo Tribunal Federal, após voto do e. Ministro Relator, referendando a decisão pela qual deferira a medida cautelar, foi o julgamento suspenso em virtude de pedido de vista formulado pelo e. Ministro Nelson Jobim;

— *o julgamento encontra-se suspenso até a data de hoje;*

— entrementes, foram formulados pedidos de extensão da liminar a Medidas Provisórias subseqüentes, em reedição da original, deferidos pelo e. Ministro Relator. O último deles refere-se às Medidas Provisórias 1.675-41 e 1.675-42, com despacho deferitório restrito a elas publicado no D.J. de 4.11.98 (doc. n. 8);

— se não foi a liminar estendida às Medidas Provisórias subseqüentes, em especial às de ns. 1.875-52 e 1.875-53, está em plena vigência o art. 19, que revoga expressamente os §§ 1º e 2º do art. 1º da Lei n. 8.542/92.

O v. Despacho ora impugnado afronta o princípio inscrito nos artigos 5º, XXXVI, da Constituição Federal e 2º, da Lei de Introdução ao Código Civil, ao impor multa, ao ora Requerente, por não cumprir a lei revogada.

— o último ato processual praticado na ADIn 1.849 foi a remessa dos autos ao Gabinete do Ministro Nelson Jobim, em 9.11.98 (docs. 09 e 10).

Consoante jurisprudência do próprio E. Supremo Tribunal Federal, a reedição de Medida Provisória prejudica Ação Direta de Inconstitucionalidade ajuizada em data anterior, sendo necessário o requerimento de extensão dos efeitos da liminar ao novo diploma.

No caso, não houve esse pedido, estando em plena vigência a Medida Provisória n. 1.875-53, que revoga o § 1º do art. 1º, da Lei n. 8.542, reproduzindo os termos da anterior." (fls. 8/9)

Resulta, assim, flagrante, por conseguinte, o fumus boni iuri, sendo que o periculum in mora se caracteriza pela impossibilidade de ressarcimento das importâncias que porventura sejam pagas ao trabalhador em cumprimento de norma coletiva, que mais adiante possa vir a ser considerada indevida (sic)."

Deferi o pedido, liminarmente, e após, solicitei as informações a d. Autoridade Requerida, que se manifestou pela legalidade do ato corrigendo, invocando o § 1º, do art. 1º, da Lei n. 8.542/92.

Não obstante, havendo o Supremo Tribunal Federal, no Julgamento da ADIn 1849-0, em 1º.9.99, decidido não conhecer da ação direta, por unanimidade, uma vez que o eminente Relator, ministro Marco Aurélio retificou o voto pelo qual concedera a liminar, resta inquestionável que as "Medidas Provisórias ns. 1.875-53, de 28 de julho de 1999 (publicada no DO de 29.7.99) e 1.875-52, de 29 de junho de 1999 (publicada no DO de 30.6.99), que, no artigo 19, revogam expressamente os §§ 1º e 2º do art. 1º, da Lei n. 8.542, de 23.12.92, têm vigência incontestável.

Os §§ 1º e 2º do art. 1º da Lei n. 8.542/92, de vigência discutida em relação a período pretérito, por força de liminar deferida provisoriamente na Ação Direta de Inconstitucionalidade n. 1.849-0, estão, em decorrência do julgamento pelo não conhecimento da ação, incontroversamente revogados." (fls. 336)

Com efeito, ratifico a liminar deferida e julgo procedente a presente medida correicional, para suspender os efeitos da decisão corrigenda, até o julgamento final do Dissídio Coletivo n. 389/98-5.

Oficie-se.

Publique-se.

Brasília, 29 de setembro de 1999.

Ursulino Santos
Ministro Corregedor-Geral da Justiça do Trabalho
(*Diário da Justiça* n. 191, Seção I, p. 2, 5 de outubro de 1999)

5. DESPACHO DENEGATÓRIO REFERENTE AO PEDIDO DE EFEITO SUSPENSIVO ENVOLVENDO CLÁUSULA ESTABILITÁRIA DECORRENTE DE DOENÇA PROFISSIONAL OU ACIDENTE DE TRABALHO

PROC.TST-ES-17.593-2002-000-00-00-3

(REQ. N. 1.688-2002-000-00-00-5 — apensado)

REQUERENTES: FEDERAÇÃO DAS INDÚSTRIAS DO ESTADO DE SÃO PAULO — FIESP E OUTRO

ADVOGADO: DR. EDUARDO JOSÉ MARÇAL

REQUERIDOS: FEDERAÇÃO DOS TRABALHADORES NAS INDÚSTRIAS METALÚRGICAS, MECÂNICAS E DE MATERIAL ELÉTRICO DE SÃO PAULO E OUTROS

DESPACHO

A Federação das Indústrias do Estado de São Paulo — FIESP e Outro requerem a concessão de efeito suspensivo ao recurso ordinário interposto à sentença normativa proferida pelo egrégio TRT da 2ª Região, nos autos do Dissídio Coletivo n. 356/2001-9.

São impugnadas: a Cláusula 61 do acordo homologado nos autos e (sic) as Cláusulas 32 e 33 da Convenção Coletiva de Trabalho pretérita, a respeito das quais não se atingiu consenso, mas cuja manutenção se determinou, em julgamento.

A Federação dos Trabalhadores nas Indústrias Metalúrgicas, Mecânicas e de Material Elétrico de São Paulo e Outros, sob evocação do princípio constitucional do contraditório, postulou a manutenção da mesma sentença normativa, tendo em vista o alcance social das cláusulas cujos efeitos se pretende suspender e a inexistência de perigo ou prejuízo a ser suportado pelo setor patronal, por eventual demora no julgamento do recurso ordinário interposto.

Determinou-se, em 23.1.02, a autuação do pedido, recebendo o processo a denominação de REQ. n. 1.688/2002-000-00-00— 5.

Preliminarmente, após considerar os termos da pretensão exposta na petição, determino que os autos sejam apensados ao presente feito, uma vez que o conteúdo do documento apresentado pela Federação dos Trabalhadores nas Indústrias Metalúrgicas, Mecânicas e de Material Elétrico de São Paulo e Outros constitui-se em mera oposição ao pedido de efeito suspensivo.

O TEOR DESSAS CLÁUSULAS É O QUE A SEGUIR SE REPRODUZ:

1 — *GARANTIA TEMPORÁRIA DE EMPREGO AO PORTADOR DE DOENÇA PROFISSIONAL*

"Ao empregado que comprovadamente se tornar ou for portador de doença profissional, atestada e declarada por laudo pericial do INSS e que a mesma tenha sido adquirida na atual empresa, terá garantida sua permanência provisória no emprego desde que, após a alta médica do auxílio doença acidentário ATENDA OS REQUISITOS E CONDIÇÕES RELACIONADOS A SEGUIR:

A) tenha sofrido redução parcial de sua capacidade laboral, atendidos os seguintes requisitos, cumulativamente:

A1 — QUE APRESENTE REDUÇÃO DA CAPACIDADE LABORAL; E

A2 — que tenha se tornado incapaz de exercer a função que vinha exercendo ou equivalente; e

A3 — que apresente condições de exercer qualquer outra função compatível com sua capacidade laboral após o acidente.

B) As condições supra da doença profissional, garantidoras do benefício, deverão ser atestadas e declaradas pelo INSS. Divergindo qualquer das partes quanto ao resultado do laudo e (sic) facultado às partes, de comum acordo, indicarem um especialista ou instituição especializada para arbitrar a divergência, correndo as despesas por conta da empresa. Caso contrário podem as partes buscar a prestação jurisdicional, na Justiça do Trabalho.

C) Os empregados contemplados com as garantias previstas nesta cláusula, não poderão servir de paradigma para reivindicações salariais.

D) Os empregados contemplados com as garantias previstas nesta cláusula, se obrigam a participar de processo de readaptação e requalificação para nova função existente na empresa. Tal processo quando necessário, será preferencialmente aquele orientado pelo Centro de Reabilitação Profissional do INSS ou instituição credenciada por aquele instituto. O empregado que, comprovadamente não colaborar no processo de readaptação ou requalificação profissional, está excluído da garantia desta cláusula.

E) Se durante a vigência desta sentença normativa tiver tido a referida alta médica e retornar ao trabalho, terá garantida a permanência no emprego, podendo a empresa substituí-lo por uma indenização equivalente ao prazo restante, pelo período máximo e total de 33 (trinta e três) meses, contados a partir da alta médica, desde que o acordo tenha assistência do respectivo Sindicato Profissional. Neste período já está inclusa a garantia prevista em dispositivo da legislação pertinente vigente (Decreto n. 3.048/99, art. 346).

F) Se teve a alta médica em questão e retornou ao trabalho anteriormente a 1º de novembro de 1998 terá garantido a permanência no emprego até 31 de outubro de 2001, ou indenização equivalente ao prazo restante, na forma do item anterior.

G) Se teve a alta médica referida e retornou ao trabalho, durante o período compreendido entre 01 de novembro de 1999 e 31 de outubro de 2000, terá garantida a permanência no emprego até 31 de outubro de 2002, respeitado o período máximo de 33 (trinta e três) meses, a contar da alta médica ou indenização equivalente ao prazo restante na forma do item anterior.

H) Essa garantia cessará, se o trabalhador durante a mesma vier a obter o direito à aposentadoria, independentemente de comunicação à empresa ou formalização junto ao INSS.

I) O empregado contemplado com a garantia prevista nesta cláusula não poderá servir de paradigma para reivindicações salariais" (fls. 4/6).

2 — GARANTIA DE EMPREGO AO VITIMADO POR ACIDENTE NO TRABALHO

"A) Na vigência desta, o empregado vítima de acidente de trabalho e que em razão, exclusivamente do acidente, tenha sofrido redução parcial de sua capacidade laboral, terá garantida sua permanência na empresa, sem prejuízo de salário base antes percebido, desde que atendidas as seguintes condições, cumulativamente: A 1 — que apresente redução da capacidade laboral; A 2 — que tenha se tornado incapaz de exercer a função que vinha exercendo ou equivalente; A 3 — que apresente condições de exercer qualquer outra função compatível com sua capacidade laboral após o acidente.

B) Condições supra do acidente de trabalho, garantidoras do benefício, deverão ser atestadas e declaradas pelo INSS. Divergindo qualquer das partes quanto ao resultado do laudo, é facultado às partes, de comum acordo, indicarem um especialista ou instituição especializada para arbitrar a divergência, correndo as despesas por conta da empresa. Caso contrário podem as partes buscar a prestação jurisdicional na Justiça do Trabalho.

C) Estão abrangidos pela garantia desta cláusula, os já acidentados no trabalho, que atendam as (sic) condições acima, com contrato em vigor na data de vigência deste Acordo.

D) Os empregados contemplados com as garantias previstas nesta cláusula, não poderão servir de paradigma para reivindicações salariais, nem ter seus contratos de trabalho rescindidos pelo empregador, a não ser em razão de prática de falta grave, mútuo acordo entre as partes, com assistência do sindicato representativo da categoria profissional, ou quando tiverem adquirido direito a (sic) aposentadoria, nos seus prazos mínimos.

E) Estão excluídos desta garantia os empregados vitimados em acidente de trajeto, cujo meio de transporte não seja fornecido pela empresa ou os meios tradicionais de transporte coletivo público.

F) Os empregados contemplados com as garantias previstas nesta cláusula, se obrigam a participar de processo de readaptação e requalificação para nova função existente na empresa. Tal processo quando necessário, será preferencialmente aquele orientado pelo Centro de Reabilitação Profissional do INSS ou instituição credenciada por aquele Instituto. O empregado que comprovadamente não colaborar no processo de readaptação ou requalificação profissional, está excluído da garantia desta cláusula" (fls. 9 e 10).

O Órgão julgador de origem manteve as cláusulas acima, a despeito de os empregadores não as haverem inserido no acordo homologado, sob a justificativa seguinte: "Tratam-se de cláusulas que estiveram a viger por mais de 20 (vinte) anos, de natureza eminentemente social e que não podem ser suprimidas, sob pena de verdadeira subversão à ordem social, porquanto se eventualmente extirpados estes benefícios da norma coletiva, os portadores de doença profissional ou ocupacional ou vitimados por acidente de trabalho estarão efetivamente desprotegidos, fato inaceitável na atual conjuntura sócio-econômica do país, não bastasse ainda a fragilidade da Previdência Social para com os inativos".

O representante patronal renova argumentos no sentido de que a matéria prestar-se-ia melhor à autocomposição. Evoca precedentes com a finalidade de demonstrar o deferimento da suspensão dos efeitos da mesma cláusula (ES-1.227/2002).

Efetivamente, a solução negociada, espontânea, é sempre a mais adequada, seja qual for o tema objeto de conflito coletivo. O reconhecimento disso, todavia, não autoriza concluir-se, em termos generalizantes e taxativos, pela existência de tema ou matéria afetos às relações coletivas de trabalho cuja regulamentação não se possa fazer senão mediante instrumento de produção autônoma. Tal raciocínio implica a negativa do poder normativo à Justiça do Trabalho e, por conseguinte, a ignorância da previsão expressa no artigo 114, § 2º, da Constituição Federal, compreendida essa regra em harmonia com a do artigo 5º, inciso XXXV, da mesma Carta Política e com a dos artigos 10 e seguintes da Lei n. 10.192/2001. No texto da sentença normativa — enquanto esse instrumento for sucedâneo de todo processo de auto-regulamentação de interesses ou autocomposição de conflitos coletivos malogrados — é possível abarcar-se toda e qualquer questão que haja emergido do processo negocial e conciliatório a ela antecedente.

O fato é que, na hipótese em exame, enquanto o julgador manteve as normas pretéritas por razões contundentes, o setor patronal apresenta evasivas, mas não motivos significativos que o impeçam de dar continuidade à prática de inquestionável repercussão social.

Se é verdade que não se pode, na atual sistemática, simplesmente compreender conquistas anteriores da categoria profissional como direito adquirido dos trabalhadores que a integram, isso não quer dizer que os Tribunais do Trabalho não possam adotar as mesmas cláusulas uma vez fixadas, em julgamento ou por acordo, em nova sentença normativa. Mormente quando, em face do conjunto probatório produzido, conclui-se que o patronato não demonstra a ocorrência de alterações significativas nas condições objetivas, factuais, que as haviam determinado.

Assim, caberá à SDC reavaliar o conteúdo dos documentos com os quais foi instruído o feito, a fim de confirmar ou não as conclusões a que se chegou na origem.

Por ora, o interesse público recomenda que se mantenha produzindo efeitos o comando normativo, o qual representa uma solução, ainda que não definitiva, para o conflito latente entre as partes, a fim de que não se prejudique a negociação em curso para as próximas datas-base.

Indefiro.

3 — CLÁUSULA 61 — PARTICIPAÇÃO SINDICAL NAS NEGOCIAÇÕES COLETIVAS

"As empresas recolherão as suas expensas diretamente para a respectiva Entidade Sindical Profissional dos empregados abrangidos por este Acordo, a título de participação sindical nas negociações coletivas, o equivalente a 13% (treze por cento), em 04 (quatro) parcelas, sendo 03 (três) parcelas de 4% (quatro por cento) e 01 (uma) parcela de 1% (hum (sic) por cento), conforme deliberação das respectivas assembléias e aditamento em audiência de instrução e conciliação, na forma e condições abaixo explicitadas:

A) A base de incidência tem como referência o salário base de cada um dos empregados beneficiados por este Acordo, vigente em 31 de outubro de 2001, observado o teto de APLICAÇÃO DE R$ 1.980,00 (um mil, novecentos e oitenta reais);

B) A primeira parcela de 4% (quatro por cento), será recolhida até o dia 10 de dezembro de 2001, em conta a ser informada pela Entidade Sindical Profissional respectiva;

C) A segunda parcela de 4% (quatro por cento), será recolhida até o dia 10 de março de 2002, EM CONTA A SER INFORMADA PELA ENTIDADE SINDICAL PROFISSIONAL RESPECTIVA;

D) A terceira parcela de 4% (quatro por cento), será recolhida até o dia 10 de maio de 2002, em conta a ser informada pela Entidade Sindical Profissional respectiva;

D.1) A quarta e última parcela, de 1% (um por cento), será recolhida até o dia 10 de junho de 2002, diretamente à Federação dos Trabalhadores Metalúrgicos, em conta a ser por ela informada.

E) Quaisquer ônus financeiros que as empresa (sic) venham a ter em razão de eventuais ações judiciais ou administrativas, que tenham por objeto o assunto desta cláusula, serão integralmente assumidas pelas ENTIDADES REPRESENTATIVAS DOS TRABALHADORES;

F) Eventuais dúvidas que os trabalhadores de uma empresa possam ter a respeito desta cláusula deverão ser esclarecidas e resolvidas pelas entidades representativas dos trabalhadores" (fls. 13/14).

Acerca do estabelecimento de taxas em favor de entidades sindicais, a propósito do desempenho de tarefas que respeitam à própria razão de ser das instituições, o entendimento predominante nesta Corte está traduzido nos precedentes reunidos sob *o n. 17 do Boletim de Orientação Jurisprudencial da SDC*, cujo conteúdo o breve trecho do acórdão proferido no julgamento do Processo n. TST-ROAA-424.275/98, da relatoria do Ministro Ursulino Santos, sintetiza com propriedade: "Tal como proclama o recurso, a instituição de taxa em favor do sindicato profissional, para homologação de rescisões contratuais, fere a ordem jurídica (art. 477, § 7º, da CLT), que reputa gratuito o serviço, sendo este um múnus público imposto às entidades sindicais".

Esse precedente ajusta-se com perfeição ao caso dos autos.

Ora, se a Constituição da República (artigo 8º, inciso V) determina a participação obrigatória dos sindicatos na negociação coletiva, é inadmissível a cobrança pretendida, assim como é de todo impróprio e inconveniente o relacionamento mercantil que se pretende estabelecer entre o setor patronal e as entidades sindicais representativas dos trabalhadores, tal como salientam os Requerentes ao evocar a Convenção n. 98 da OIT e a jurisprudência específica deste Tribunal (folha 16).

Defiro.

Concedo, em parte, efeito suspensivo ao recurso ordinário interposto à sentença normativa proferida pelo TRT da 2ª Região no julgamento do Dissídio Coletivo n. 356/2001-9, relativamente à Cláusula 61.

Oficie-se aos Requeridos e ao egrégio TRT da 2ª Região, encaminhando-lhes cópia deste despacho.

Publique-se.

Brasília, 13 de maio de 2002.

Francisco Fausto Paula de Medeiros

Ministro Presidente do Tribunal Superior do Trabalho

(*Diário da Justiça*, n. 98, 24 de maio de 2002, p. 305-306)

Bibliografia

ALMEIDA, Renato Rua de. "Das cláusulas normativas das convenções coletivas de trabalho: conceito, eficácia e incorporação nos contratos individuais de trabalho". *Revista LTr.* São Paulo: LTr, v. 60, n. 12, 1996.

_____. "A pequena empresa e os novos paradigmas do direito do trabalho". *Revista LTr.* São Paulo: LTr, v. 64, n. 10, 2000.

_____. "A denúncia da convenção coletiva de trabalho". *Revista LTr.* São Paulo: LTr, v. 66, n. 05, 2002.

AZEVEDO, Gelson de. "Contrato coletivo de trabalho". In: FILHO, Georgenor de Sousa Franco (coord.). *Curso de direito coletivo do trabalho: estudos em homenagem ao Ministro Orlando Teixeira da Costa.* São Paulo: LTr, 1998.

BATALHA, Wilson de Souza Campos. *Sindicatos sindicalismo.* São Paulo: LTr, 1992.

BELTRAN, Ari Possidonio. *Dilemas do trabalho e do emprego na atualidade.* São Paulo: LTr, 2001.

BENITES FILHO, Flávio Antonello. *Direito sindical espanhol — a transição do franquismo à democracia.* São Paulo: LTr, 1997.

BERNARDES, Hugo Gueiros. "Contrato coletivo de trabalho". *Revista LTr.* São Paulo: LTr, v. 60, n. 1, 1996.

CALDEIRA, Liliana. "Contrato coletivo de trabalho". *Revista LTr.* São Paulo: LTr, v. 57, n. 11, 1993.

CANTAL, Wellington. "Convenções coletivas de trabalho". *Revista LTr.* São Paulo: LTr, v. 46, n. 2, 1982.

CARRION, Valentin. *Nova jurisprudência em direito do trabalho.* São Paulo: Saraiva, 1997, 1º sem., ementa 2.212.

CATHARINO, José Martins. *Tratado elementar de direito sindical.* São Paulo: LTr, 1977.

CORDEIRO, Wolney de Macedo. "A composição dos conflitos coletivos de trabalho — alternativas". *Revista LTr.* São Paulo: LTr, v. 62, n. 6, 1998.

COSTA, Dilvanir José da. "A natureza jurídica da convenção coletiva de trabalho". *Revista LTr.* São Paulo: LTr, v. 41, 1977.

COSTA, Orlando Teixeira da. *Direito coletivo do trabalho e crise econômica*. São Paulo: LTr, 1991.

COUTO MACIEL, José Alberto. "O contrato coletivo e o poder normativo". *Revista LTr.* São Paulo: LTr, v. 57, n. 10, 1993.

COSSERMELLI, Noemia C. Galduróz. "O direito do trabalho e suas perspectivas numa sociedade em transformação". *Revista LTr.* São Paulo: LTr, v. 65, n. 10, 2001.

CRUZ NETO, Eurico. "Manutenção de cláusulas preexistentes — direito adquirido (§ 1º da Lei n. 8.542 de 23.12.92, e art. 18 da Medida Provisória n. 1.079 de 28.7.95)". *Revista LTr.* São Paulo: LTr, v. 59, n. 11, 1995.

CUNHA, Alexandre Sanches. *Todas as constituições brasileiras*. 1ª ed., Campinas: Editora Bookseller, 2001.

DE LUCA, Carlos Moreira. *Convenção coletiva do trabalho: um estudo comparativo*. São Paulo: LTr, 1991.

ECO, Umberto. *Como se faz uma tese*. 15ª ed., São Paulo: Editora Perspectiva, 1999.

FERRARI, Irany. "Vale-transporte em dinheiro — possibilidade de sua concessão por meio de instrumento normativo". *Suplemento Trabalhista LTr.* São Paulo: LTr, n. 144-00, ano 36, 2000.

FRANCO FILHO, Georgenor de Sousa. *Globalização do trabalho: rua sem saída*. São Paulo: LTr, 2001.

FRANCO, Gustavo. "Relações de trabalho flexíveis". *Revista Veja*, 21 de novembro de 2001, p. 145.

FREITAS, Manoel Mendes de. "Convenção e acordo coletivos". In: FILHO, Georgenor de Sousa Franco (coord.). *Curso de direito coletivo do trabalho: estudos em homenagem ao Ministro Orlando Teixeira da Costa*. São Paulo: LTr, 1998.

GIGLIO, Wagner D. "Convenções coletivas de trabalho". *Revista LTr.* São Paulo: LTr, v. 46, n. 3, 1982.

_____. "A prevalência do ajustado sobre a legislação". *Revista LTr.* São Paulo: LTr, v. 66, n. 04, 2002.

GOMES, Orlando. "Da convenção ao contrato coletivo do trabalho". *Revista LTr.* São Paulo: LTr, v. 51, n. 3, 1987.

_____. *A convenção coletiva de trabalho*. Ed. fac-similada, São Paulo: LTr, 1995.

GOMES, Orlando; GOTTSCHALK, Elson. *Curso de direito do trabalho*. 16ª ed. rev. e atual. de acordo com a Constituição de 1988. PINTO, José Augusto Rodrigues (atualizador) São Paulo: Forense, 2001.

GRILLO, Umberto. "Eficácia no tempo das condições estipuladas nos acordos ou convenções coletivas e sentenças normativas". *In*: TEIXEIRA FILHO, João de Lima (coord.). *Relações coletivas de trabalho: estudos em homenagem ao Ministro Arnaldo Süssekind*. São Paulo: LTr, 1989.

JEVEAUX, Geovany Cardoso. "A eficácia dos instrumentos coletivos no contrato individual do trabalho". *Revista LTr*. São Paulo: LTr, v. 65, n. 09, 2001.

LAVOR, Francisco Osani de. "Formas alternativas de solução dos conflitos individuais e coletivos de trabalho". *Revista Jurídica Trimestral — Trabalho & Doutrina*. São Paulo: Saraiva, v. 20, 1999.

LEITE, Carlos Henrique Bezerra. "A quem interessa o modelo negociado sobre o legislado no Brasil?". *Repertório IOB de Jurisprudência*, n. 03-2002, caderno 2, 1ª quinzena de fevereiro de 2002.

LIMA FILHO, Francisco das C. "Alteração do art. 618 da CLT — Ilegitimidade constitucional". *Repertório IOB de Jurisprudência*, n. 08-2002, caderno 2, 2ª quinzena de abril de 2002.

LOPES, Mônica Sette. *A convenção coletiva e sua força vinculante*. São Paulo: LTr, 1998.

MAGANO, Octavio Bueno. *Convenção coletiva do trabalho*. São Paulo: LTr, 1972.

_____. "Fundamentos do direito coletivo do trabalho". *Revista LTr*. São Paulo: LTr, v. 45, n. 4, 1981.

_____. *Direito coletivo do trabalho*. 2ª ed. rev. e atual., v. III, São Paulo: LTr, 1990.

_____. "Lei e convenção coletiva". *Revista LTr*. São Paulo: LTr, v. 56, n. 4, 1992.

_____. "A flexibilização do direito do trabalho". *Revista do Advogado* [da Associação dos Advogados de São Paulo]. Temas Atuais de Direito do Trabalho. São Paulo: AASP, n. 54, dezembro/98.

MANNRICH, Nelson. *Inspeção do trabalho*. São Paulo: LTr, 1991.

_____. "As convenções e acordos coletivos em face da portaria GM-MTb n. 865 de 14.9.95". *Revista LTr*. São Paulo: LTr, v. 59, n. 10, 1995.

MANUS, Pedro Paulo Teixeira. *Negociação coletiva e contrato individual de trabalho*. São Paulo: Atlas, 2001.

_____. *Direito do trabalho*. 6ª ed., São Paulo: Atlas, 2001.

MARANHÃO, Délio. "A propósito do enunciado n. 277 do egrégio TST". Revista LTr. São Paulo: LTr, v. 52, n. 7, 1988.

_____. "Dos instrumentos trabalhistas normativos e do limite de sua eficácia no tempo". In: FILHO, João de Lima Teixeira (coord.). Relações coletivas de trabalho: estudos em homenagem ao Ministro Arnaldo Süssekind. São Paulo: LTr, 1989.

MARTINS, Nei Frederico Cano. "Os princípios do direito do trabalho e a flexibilização ou desregulamentação". Revista LTr. São Paulo: LTr, v. 64, n. 07, 2000.

MARTINS, Sérgio Pinto. Direito do trabalho. 11ª ed. rev., atual. e amp., São Paulo: Atlas, 2000.

MARTINS FILHO, Ives Gandra da Silva. Manual esquemático de direito e processo do trabalho. 9ª ed. rev. e amp. São Paulo: Saraiva, 2001.

MARTINS JÚNIOR, José da Fonseca. "A cláusula rebus-sic-stantibus e os convênios coletivos de trabalho". Revista LTr. São Paulo: LTr, v. 54, n. 9, 1990.

MIRANDA, Pontes de. Tratado de direito privado. 3ª ed., v. 47. São Paulo: Revista dos Tribunais, 1984.

MORAES, Evaristo de. Apontamentos de direito operário. 4ª ed., São Paulo: LTr, 1998.

MORAES FILHO, Evaristo de. "Evolução do direito das convenções coletivas no Brasil". Revista LTr. São Paulo: LTr, v. 37, 1973.

MOREIRA, Gerson Luis. "Apontamentos sobre negociação coletiva". Repertório IOB de Jurisprudência, n. 03-2002, caderno 2, 1ª quinzena de fevereiro de 2002.

NASCIMENTO, Amauri Mascaro. "Novos problemas de direito do trabalho". Revista LTr. São Paulo: LTr, v. 48, n. 4, 1984.

_____. "A negociação coletiva no contexto democrático: sistema brasileiro e avaliação de experiências pós-corporativas estrangeiras". Revista LTr. São Paulo: LTr, v. 49, n. 10, 1985.

_____. "Resultado da pesquisa realizada no VI congresso de direito coletivo do trabalho e no V seminário constitucional do trabalho". Revista LTr. São Paulo: LTr, v. 56, n. 1, 1992.

_____. "Contrato coletivo como alteração do modelo de relações de trabalho". Revista LTr. São Paulo: LTr, v. 57, n. 02, 1993.

_____. "Tendências de flexibilização das normas reguladoras das relações de trabalho no Brasil". *Revista LTr.* São Paulo: LTr, v. 59, n. 8, 1995.

_____. "Questões atuais do direito do trabalho". *Revista LTr.* São Paulo: LTr, v. 61, n. 1, 1997.

_____. *Iniciação ao direito do trabalho.* 23ª ed., São Paulo: LTr, 1997.

_____. *Compêndio de direito sindical.* 2ª ed., São Paulo: LTr, 2000.

_____. "O debate sobre negociação coletiva". *Revista LTr.* São Paulo: LTr, v. 64, n. 09, 2000.

_____. "Limites da negociação coletiva na perspectiva do projeto de flexibilização da CLT". *Revista LTr.* São Paulo: LTr, v. 65, n. 12, 2001.

NATAL, Anita. "Da convenção coletiva de trabalho". *Revista LTr.* São Paulo: LTr, v. 44, n. 10, 1980.

NEVES, Marcelo. "Da autopoiese à alopoiese do direito". *Revista Brasileira de Filosofia.* São Paulo: vol. XLII, fac. 178, abril-maio-junho, 1995.

NUNES, Luiz Antonio Rizzatto. *Manual da monografia jurídica.* São Paulo: Saraiva, 1997.

OLIVEIRA, Francisco Antonio de. *Comentários aos Enunciados do TST.* São Paulo: Revista dos Tribunais, 1991.

OLIVEIRA, Paulo Eduardo Vieira de. *Convenção coletiva de trabalho no direito brasileiro — setor privado.* São Paulo: LTr, 1996.

PASSOS, Edésio; PINTO, José. "Comentários a (*sic*) nova lei de política salarial". *Revista LTr.* São Paulo: LTr, v. 57, n. 02, 1993.

PASSOS, J. J. Calmon de. "A constitucionalização dos direitos sociais". *In*: PINTO, José Augusto Rodrigues (coord.). *Noções atuais de direito do trabalho: estudos em homenagem ao Professor Elson Gottschalk.* São Paulo: LTr, 1995.

PESSOA, Roberto. "A ultra-atividade das normas coletivas". *In*: RIBEIRO, Lélia Guimarães Carvalho; FILHO, Rodolfo Pamplona (coords.). *Direito do trabalho: estudos em homenagem ao Prof. Luiz de Pinho Pedreira da Silva.* São Paulo: LTr, 1998.

PINTO, Almir Pazzianotto. "Convenções coletivas de trabalho — análise crítica". *Revista LTr.* São Paulo: LTr, v. 39, 1975.

PINTO, José Augusto Rodrigues. *Direito sindical e coletivo do trabalho.* São Paulo: LTr, 1998.

PINTO, Raymundo Antônio Carneiro. *Enunciados do TST comentados.* 4ª ed. rev. e atual., São Paulo: LTr, 1998.

PRADO, Roberto Barretto. *Tratado de direito do trabalho.* 2ª ed. atualizada, rev. e aum., v. 2. São Paulo: Revista dos Tribunais, 1971.

_____. *Curso de direito sindical.* 3ª ed. rev. e atual., São Paulo: LTr, 1991.

REIS, Murilo Gouvêa dos. "Contrato coletivo de trabalho — uma modernização nas relações capital x trabalho — uma maior conscientização do atual estado do mundo com relação à produção". *Revista LTr.* São Paulo: LTr, v. 58, n. 3, 1994.

ROBORTELLA, Luiz Carlos Amorim. "Relações de trabalho no Brasil — experiências e perspectivas". *In*: MALLET, Estêvão; ROBORTELLA, Luiz Carlos Amorim (coords.). *Direito e processo do trabalho: estudos em homenagem a Octavio Bueno Magano.* São Paulo: LTr, 1996.

_____. "Prevalência da negociação coletiva sobre a lei". *Revista LTr.* São Paulo: LTr, v. 64, n. 10, 2000.

RODRIGUES, Antonio Carlos M. "Vantagens salariais coletivas — vigência". *Revista LTr.* São Paulo: LTr, v. 54, n. 10, 1990.

ROMAR, Carla Teresa Martins. *Alterações do contrato de trabalho — função e local.* São Paulo: LTr, 2001.

ROMITA, Arion Sayão. "Extinção de convênios coletivos: efeitos sobre os contratos de trabalho". *Revista LTr.* São Paulo: LTr, v. 51, n. 5, 1987.

_____. *Os direitos sociais na constituição e outros estudos.* São Paulo: LTr, 1991.

_____. "A questão da incorporação das cláusulas normativas da convenção ou acordo coletivo de trabalho aos contratos individuais". *Repertório IOB de Jurisprudência,* n. 9-2000, caderno 2, 1ª quinzena de maio de 2000.

RUSSOMANO, Mozart Victor. *O empregado e o empregador no direito brasileiro.* 7ª ed., 1º vol., Rio de Janeiro: Forense, 1984.

_____. *Comentários à consolidação das leis do trabalho.* 17ª ed., vol. II, Rio de Janeiro: Forense, 1997.

SAAD, Eduardo Gabriel. *Constituição e direito do trabalho.* 2ª ed. rev. e atual., São Paulo: LTr, 1989.

_____. "Convenção coletiva perpétua". *Suplemento Trabalhista LTr.* São Paulo: LTr, n. 030-02, ano 38, 2002.

SANTOS, Ursulino. "A convenção e o acordo coletivo na ótica da nova Constituição". *In*: FRANCO FILHO, Georgenor de Sousa (coord.). *Curso de direito coletivo do trabalho: estudos em homenagem ao Ministro Orlando Teixeira da Costa.* São Paulo: LTr, p. 319-321, 1998.

SCHUELTER, Cibele Cristiane. "Exame jurídico da convenção de trabalho no Brasil". *Revista LTr.* São Paulo: LTr, v. 61, n. 11, 1997.

SEVERINO, Antonio Joaquim. *"Metodologia do trabalho científico"*. 20ª ed., rev. e amp., São Paulo: Cortez Editora, 1997.

SILVA, Antônio Álvares da. *Pluralismo sindical na nova Constituição — perspectivas atuais do sindicalismo brasileiro.* Belo Horizonte: Livraria Del'Rey, 1990.

_____. "Contratação coletiva". *In*: MALLET, Estêvão; ROBORTELLA, Luiz Carlos Amorim (coords.). *Direito e processo de trabalho: estudos em homenagem a Octavio Bueno Magano.* São Paulo: LTr, 1996.

_____. "Depois da vitória de Pirro". *Folha de São Paulo*, São Paulo, 29 de novembro de 2001.

SILVA, C. A. Barata. "A negociação coletiva de trabalho". *Revista LTr.* São Paulo: LTr, v. 39, 1975.

SILVA, Eduardo de Azevedo. "Autonomia coletiva". *Revista Jurídica Trimestral — Trabalho & Doutrina.* São Paulo: Saraiva, v. 20, 1999.

SOBRINHO, Zéu Palmeira. "O contrato coletivo de trabalho". *Revista LTr.* São Paulo: LTr, v. 62, n. 5, 1998.

SOUZA, Ronald Amorim e. "A questão atual do contrato coletivo de trabalho". *In*: OLIVEIRA, Antonio Carlos de; FILHO, Rodolfo Pamplona (coords.). *Estudos de direito: homenagem ao Professor Washington Luiz da Trindade.* São Paulo: LTr, 1998.

STODIECK, Henrique. "Convenção coletiva de trabalho". *Revista LTr.* São Paulo: LTr, v. 32, 1968.

SÜSSEKIND, Arnaldo. *Convenções da OIT.* São Paulo: LTr, 1994.

_____. *Direito constitucional do trabalho.* São Paulo: Renovar, 1999.

SÜSSEKIND, Arnaldo; MARANHÃO, Délio; VIANNA, Segadas. *Instituições de direito do trabalho.* 14ª ed., v. 2, São Paulo: LTr, 1994.

TEIXEIRA, João Régis Fassbender e SIMM, Zeno. *Teoria prática do direito do trabalho.* São Paulo: Revista dos Tribunais, 1981.

TEIXEIRA JÚNIOR, João Régis. *Convenção coletiva de trabalho.* São Paulo: LTr, 1994.

VIANA, Márcio Túlio. "Quando a livre negociação pode ser um mau negócio". *Suplemento Trabalhista LTr.* São Paulo: LTr, n. 003-02, ano 38, 2002.

VIANNA, Segadas. *Direito Coletivo do Trabalho.* São Paulo: LTr, 1972.

Diário de São Paulo, São Paulo, 5 de dezembro de 2001, p. B6.

Diário de São Paulo, São Paulo, 26 de fevereiro de 2002, Caderno Trabalho, p. B4.

Diário de São Paulo, São Paulo, 12 de março de 2002, p. B4.

Diário de São Paulo, São Paulo, 8 de abril de 2002, p. B-6.

Diário de São Paulo, São Paulo, 26 de maio de 2002, p. A8.

Diário do Grande ABC, Santo André, 16 de setembro de 2001, Caderno de Economia, p. 5.

Folha de São Paulo, São Paulo, 4 de dezembro de 2001, Caderno Dinheiro, p. B 6.

Folha de São Paulo, São Paulo, 25 de novembro de 2001, Folha Dinheiro 2, p. especial B1.

Folha de São Paulo, Tendências — Debates, "A flexibilização da CLT a ser votada no Senado beneficia o trabalhador?", 29 de dezembro de 2001.

Folha de São Paulo, São Paulo, 24 de março de 2002, Caderno Especial Trabalho, p. 1-8.

Informativo STF n. 167, Brasília, 18 a 22 de outubro de 1999.

Jornal do Advogado, São Paulo, maio de 2002, n. 259, ano XXVII, p. 6.

Jornal Tribuna do Direito, São Paulo, p. 26.

Repertório IOB de Jurisprudência, 2ª quinzena de setembro de 1998, caderno 2, p. 383.

Repertório IOB de jurisprudência, n. 10-2002, caderno 2, 2ª quinzena de maio de 2002, p. 259.

Revista LTr, São Paulo: LTr, v. 56, n. 01, 1992, p. 9.

Revista LTr, São Paulo: LTr, v. 60, n. 12, 1996, p. 1.598.

Revista LTr, São Paulo: LTr, v. 61, n. 12, 1997, p. 1.594.

Revista LTr, São Paulo: *LTr,* v. 62, n. 09, 1998, p. 12.

Revista LTr, São Paulo: *LTr,* v. 65, n. 02, 2001, pp. 183-4.